토지보상법과 건축물

건축물 수용과 보상의 법적 쟁점

토지보상법과 건축물

건축물 수용과 보상의 법적 쟁점

박건우 지음

경인문화사

머리말

우리나라에서는 수용제도를 운용하는 현장에서 토지소유권자와 같이 제도적으로 강력한 보호를 받는 재산권자조차도 제도적 미비 및 실무 관행에 따라 절차적 권리와 정당한 보상금을 보장받지 못하는 경우가 존재합니다. 더욱 심각하게 문제되는 것은 토지에 비해 그동안 제도적으로 관심을 기울이지 못한 건축물에 얽힌 권리관계입니다. 수용대상 토지에 존재하는 건축물의 세입자와 같이 수용절차에서 목소리를 반영할 수 있는 제도적 수단 자체가 존재하지 않는 사각지대가 존재하고, 제도 운용 과정에서 수용에 관한 헌법 원칙을 관철하고 감독할 수단이 미비하여 '용산참사'와 같은 사회적 참사의 발생을 방지하지 못하고 있습니다.

건축물은 사람이 실제 거주하는 공간 구조라는 특성을 가지고 있기 때문에, 수용의 집행단계에서 생활근거의 박탈을 목전에 둔 점유자가 정당한 보상의 지급을 요구하면서 인도를 거부하는 등 다양한 유형의 절박하고도 심각한 갈등이 발생하는 영역입니다. 우리의 법제도와 실무가 건축물의 수용에 있어서 공익성과 정당한 보상이라고 하는 헌법이 요구하는 제도적 통제가 관철될 수 있도록 제대로 기능하고 있는지에 대한 점검이 반드시 필요한 실제적 이유입니다. 학문의 영역에서 토지의 수용과 보상에 관하여는 상당히 많은 공법학적 선행연구가 있었으나, 건축물의 수용과 보상을 본격적으로 논의한 연구는 거의 찾아보기 어렵습니다. 건축물의 수용과 보상에 관한 현행법의 실제에 대한 진단과 체계적인 법리적 해명이 필요한 시점이라고 생각됩니다.

우리나라의 수용법제는 일본 법제의 영향을 받아 건축물을 다른 지장물과 동일하게 취급하고 있어 사업시행자의 건축물 취득은 외관상으로는 토지수용과 마찬가지의 재산권 취득으로 보이지만, 양자는 법적으로 전혀 다른 논리 구조를 가지고 있습니다. 그러나 하위규범과 실무에서는 양자가 혼동됨으로 인하여 다양한 오류와 혼선이 발생하고 있습니다. 이 책에서는 사업시행자의 토지 취득과 건축물 취득의 법적 구조가 서로 다르다는 점을 명확히 규명하고자 하였습니다. 다음으로는 우리나라의 건축물 수용과 보상 제도를 헌법상 수용의 원칙과 제도의 본질적 기능에 비추어 진단하고, 제도 자체에 내재한 문제점과 실무상의 문제점을 각각 분석하였습니다. 또한 이를 극복하기 위한 나름의 대안으로서 체계정합적인 해석론과 바람직한 제도개선방안을 각각 제시하였습니다.

이 책은 저자가 2020년부터 2년간 서울법대 학문후속세대양성센터의 연구펠로우 사업의 연구 지원을 받아 작성한 법학박사 학위논문을 일부 수정하고 보완한 글입니다. 지면을 빌어 서울법대의 여러 선생님들께 감사드립니다.

저의 은사님이신 김종보 서울대학교 법학전문대학원 원장님과 저를 낳아주시고 길러주신 부모님께 존경과 사랑과 감사의 말씀을 드립니다. 제 삶의 모든 순간에 함께 하시고 인도하신 저의 하나님 주 예수 그리스도께 말로 표현할 수 없는 사랑과 감사를 드립니다.

2023년 1월

박 건 우

목 차

머리말

제1장

서 론

제1절 연구의 필요성 및 목적

I. 연구의 필요성

어느 나라에서든 공용수용은 소유권 또는 재산권 질서에 관하여 공권력과 사유재산의 대결과 조정의 역사적 발전과정을 보여준다.[1] 수용제도는 사유재산의 보장과 공공필요의 실현이라는 두 가지 충돌하는 가치를 그 사회가 합의하는 적정한 수준에서 조화롭게 구현하는 법 원칙과 기술이다.

공익을 실현하는 기능과 그로 인하여 희생되는 권리자의 권익을 보호하는 기능을 동시에 담당하는 수용 제도의 설계와 실행은 공법질서의 핵심 영역 중 하나라고 말할 수 있다. 수용제도가 한 사회에서 어떠한 형태로 운용되고 있는지를 진단하여 보면 행정에 대한 권한부여와 행정의 권한통제라는 행정법의 이중적 임무가[2] 제대로 수행되고 있는지를 확인할 수 있고, 그 나라 공법질서와 문명의 수준을 가늠할 수 있다.

우리나라에서는 아직까지 수용제도를 운용하는 현장에서 토지소유권자와 같이 제도적으로 강력한 보호를 받는 재산권자조차도 제도적 미비 및 이른바 실무 관행에 따라 절차적 권리와 정당한 보상금을 보장받지 못하는 경우가 존재한다. 더욱 심각하게 문제되는 것은 제도 설계상 중점을 두고 있는 토지와 달리 종래 제도적으로 관심을 기울이지 못한 건축물에 얽힌 권리관계이다. 특히 수용대상 토

---

[1] 서원우, "공용수용제도의 발달", 『행정논집』 제5집, 동국대학교 행정대학원, 1974, 117면 참조.
[2] 박정훈, 『행정법의 체계와 방법론』, 박영사, 2005, 52-53면; 320면 참조.

지에 존재하는 건축물의 세입자 등 수용절차에서 보상권리자가 목소리를 낼 수 있는 제도적 수단 자체가 존재하지 않거나 또는 제도 운용 과정에서 수용에 관한 헌법 원칙을 관철하고 감독할 수단이 미비하여 건축물을 둘러싼 갈등이 빈발하고 있다.[3]

학문의 영역에서 토지의 수용과 보상에 관하여는 많은 공법학적 선행연구가 있었으나, 건축물의 수용과 보상을 본격적으로 논의한 연구는 거의 찾아보기 어렵다. 건축물은 사람이 실제 거주하는 공간 구조라는 특성을 가지고 있기 때문에, 현실적으로 수용의 집행에 있어서 생활근거의 박탈을 목전에 둔 점유자가 정당한 보상의 지급을 요구하면서 인도를 거부하는 등 다양한 유형의 절박하고도 심각한 갈등이 발생하는 영역이다. 우리의 법 제도와 실무가 건축물의 수용에 있어서 공익성과 정당한 보상이라고 하는 헌법이 요구하는 제도적 통제가 관철될 수 있도록 제대로 기능하고 있는지에 대한 점검이 반드시 필요한 실제적 이유이다. 그럼에도 불구하고 이 분야에 대해서는 아직 공법학적 연구가 본격적으로 이루어지지 않았기 때문에 건축물의 수용과 보상에 관한 현행법의 실제에 대한 진단과 체계적인 법리적 해명이 반드시 필요하다.

II. 연구의 목적

건축물은 토지와는 달리 공익사업의 목적상 필요하지 않은 지장

---

[3] 용산 4구역 도시환경정비사업의 구역 내 건축물 세입자의 주거보상비 및 영업보상을 둘러싼 갈등이 격화되어 2009년 1월 20일 건물 철거에 반대하는 철거민의 농성과 진압 과정에서 6명이 사망하고 30명이 부상을 입은 대참사인 '용산 참사'가 대표적인 사례이다. 관련 형사판결로 대법원 2010. 11. 11. 선고 2010도7621 판결 참조.

물로 취급되는 것이 보통이다. 우리 수용법제는 일본 법제의 영향을 받아 지장물은 사업구역 바깥으로 이전하도록 하는 이전주의 원칙을 채택하면서, 이전이 불가능하거나 이전에 너무 많은 비용이 드는 경우에는 다시 사업시행자가 소유권을 취득하도록 하는 예외를 인정하는 기본 구조를 가지고 있다. 건축물을 다른 지장물과 동일하게 취급하는 현행 수용법제상 사업시행자의 건축물 취득은 외관상으로는 토지와 마찬가지의 재산권 취득으로 보이지만, 양자는 법적으로 전혀 다른 논리 구조를 가지고 있다. 그러나 하위규범과 실무에서는 양자가 혼동됨으로 인하여 다양한 오류와 혼선이 발생하고 있다. 본 연구는 사업시행자의 토지 취득과 건축물 취득의 법적 구조가 서로 다르다는 점을 명확히 규명하는 것을 제1차적인 목적으로 한다.

다음으로는 우리나라의 건축물 수용과 보상 제도를 헌법상 수용의 원칙과 제도의 본질적 기능에 비추어 진단하고, 제도 자체에 내재한 문제점과 실무상의 문제점을 각각 분석하고자 한다. 구체적으로는 첫째, 행정에 대한 권한부여라는 측면에서 과연 현행 수용제도가 공익사업시행에 필요한 재산을 적정한 절차 내에서 취득할 수 있도록 하는 기능을 수행하고 있는지를 점검하고자 한다. 특히 수용절차를 통하여 지장물인 건축물을 원활하게 이전·제거함으로써 사회적으로 요구되는 수준에서 재산취득기능을 발휘하고 있는지 여부를 살펴보고자 한다.

두 번째로는 행정의 권한통제라는 측면에서 과연 건축물의 수용과 보상에 있어서 헌법상 수용의 원칙이 관철되고 있는지 여부를 점검하고자 한다. 법령상 점유박탈과 견련되어 있는 보상항목이 사업시행자에 대한 점유이전시점까지 빠짐없이 지급되도록 제도적으로 통제하고 있는지 여부와, 이들 보상권리자의 절차적 권리 보장 및 권리구제수단에 제도적 누수 내지는 공백이 없는지가 중점적으로 다루어질 필요가 있다.

이상과 같이 현행 제도 및 제도운용실태의 문제점을 구체적으로 분석하고, 이를 극복하기 위한 대안으로서 체계정합적인 해석론과 바람직한 제도개선방안(입법론)을 각각 제시하고자 한다.

제2절 연구의 범위와 방법

우리나라는 전통적인 법제에서 수용에 해당하는 제도와는 무관하게, 일제 식민당국에 의하여 서구의 수용법제를 이식받았다.[4] 일제 이전 왕조시대의 수용법제는 근대적인 수용법제와 전혀 다른 형태일 뿐만 아니라 대한민국 건국 이후의 수용법제와 아무런 제도적 연속성을 가지고 있지 않다. 그러므로 우리나라의 현행 수용법제의 정확한 제도적 전개과정과 위치를 가늠하여 보기 위해서는 우리가 현재 가지고 있는 수용법제의 연원이 되는 서구 각국의 수용법제 및 특히 일본의 법제와 비교하여 살펴볼 필요가 있다.

이 책에서는 문헌분석을 기본으로 관련 법령과 판례를 검토하고, 우리나라 법제의 연혁과 그에 영향을 미친 일본 법제의 변천 과정을 추적하면서 현행 제도의 설계 및 운용실태의 타당성을 면밀히 검토하였다. 필요한 경우에는 독일, 프랑스, 영국, 미국의 제도를 함께 검토하였다.

이 책의 제2장에서는 본격적인 건축물 수용과 보상 제도의 연구에 앞서 예비적 고찰로서 헌법상 수용의 개념과 수용의 헌법 원칙을 살펴보고(제1절), 토지보상법에 규정된 수용과 보상 제도를 개관하였다(제2절). 여기에서는 이후의 논의에서 전제가 되는 헌법상 수용의 제1원칙(공공필요의 원칙), 제2원칙(정당보상의 원칙)과 수용 제도의 본질적 기능인 사업시행자의 재산 취득 기능에 대하여 살펴보고, 토지 수용에 대한 원칙적 규율과 그에 비교되는 건축물 수용의 특성을 공공필요 판단의 단계별로 개관하였다.

---

[4] 한반도에서 최초로 시행된 근대적 형태의 수용법제는 「토지수용령」(1911. 4. 17. 제정 조선총독부 제령 제3호)이다.

제3장에서는 건축물의 수용과 보상을 통상적인 경우인 지장물 수용(제1절, 제2절, 제3절)과 예외적인 경우인 공익사업에 필요한 건축물의 수용(제4절)으로 나누어 본격적으로 검토하였다.

제4장에서는 특수한 건축물 수용과 보상 문제로서 무허가건축물을 다루었다. 특기할 것은 무허가건축물에 대하여는 최근 김현근(2020), 이수안(2015)의 선행연구(각 법학석사 학위논문)가 발표된 바 있다. 이수안(2015)의 연구에서는 무허가건축물의 개념과 건축경찰법상의 건축통제를 중심으로, 우리나라 무허가건축물에 대한 행정통제의 이중적인 태도와 그 배경을 분석하고 이를 바탕으로 보상에 관한 제도를 분석하였다. 김현근(2020)의 연구에서는 무허가건축물에 대한 공법적 통제와 재산권 보장의 문제를 검토하였으며, 무허가건축물의 불법성의 양태와 정도에 따라 보상의 차등이 필요하다고 주장하고, 재건축사업에서 조합원 지위는 인정하기 어렵다는 주장을 제시하였다.

이 연구의 제4장에서는 위 선행연구의 성과에서 더 나아가 무허가건축물의 보상을 규율하는 각국의 입법례를 조사하여 무허가건축물의 보상에 관한 입법주의를 크게 두 가지로 분류하고, 우리나라의 현행 무허가건축물 보상 제도가 어떤 입장을 취하고 있는지를 분석하였다. 무허가건축물에 대한 보상을 부지(토지), 건축물, 그 밖의 생활보상으로 나누어 검토하고, (i) 부지에 대하여는 합법화 조항을 통하여 과도한 보상을 부여하고, (ii) 건축물의 불법성과 연관성이 적은 인적 손실인 생활보상은 광범위하게 제한하면서도, (iii) 정작 불법성이 직접 존재하는 건축물 자체의 보상에는 아무런 제한을 가하지 않고 있는 제도적 불균형을 확인하였다. 또한 이처럼 건축물 자체의 보상에 관하여 특별한 제한을 두고 있지 않은 현행 법제의 태도가, 실제와 괴리되어 명목상 이전주의(이전비보상) 원칙을 채택하고 있는 지장물인 건축물 처리 제도로부터 발생하는 착시와 연관이 있을 가능성을 지적하였다.

제5장에서는 수용재결의 효과로서 피수용자의 건축물 인도 및 이전의무를 집중적으로 살펴보았다. 인도의무와 이전의무의 구별(제1절), 행정상 강제집행(제2절 I), 민사집행(제2절 II)의 순으로, 현행법상 수용의 효과에 따른 건축물 점유이전의무의 규율에 있어서 헌법상 정당보상 원칙이 관철되고 있는지 여부와 사업시행자의 절차 내 재산취득기능이 제도적 누수 없이 구현되고 있는지 여부를 면밀히 검토하였다.

저자는 이 연구를 진행하는 과정에서 우선 제3장의 중요 쟁점인 지장물인 건축물의 수용절차와 가격보상에 관한 생각을 정리하여 2021년 8월에 행정법이론실무학회에서 발간하는 『행정법연구』(제65호)에 학술논문으로 게재한 바 있다.[5] 따라서 이 연구의 제3장의 논리와 생각들은 상당 부분 위 학술논문에서 발표된 내용과 일치한다는 것을 미리 밝혀두고자 한다.

---

[5] 拙稿, "공용수용절차에서 지장물인 건축물의 보상과 소유권 취득", 『행정법연구』 제65호, 2021. 8, 65-90면.

제2장

헌법상 수용과 토지보상법

제1절 헌법상 수용

Ⅰ. 헌법상 수용의 개념

1. 우리 헌법의 수용규정

현행 「대한민국 헌법」은 공공필요에 의한 재산권의 수용·사용 또는 제한 및 그에 대한 보상은 법률로써 하되, 정당한 보상을 지급하여야 한다고 규정한다(제23조 제3항). 헌법 제23조 제3항은 수용의 요건으로서 (i) 공공필요라는 목적적 요소와 (ii) 그 대상으로서의 재산권, (iii) 규범 형식으로서 법률을 규정하고 있고, (iv) 보상의 범위로서 정당한 보상을 규정하고 있다. 헌법재판소는 헌법 제23조 제3항의 해석으로서 공용수용이란 "공공필요에 의한 재산권의 공권력적, 강제적 박탈을 의미"한다고 하고, 공용수용의 요건으로 (i) 국민의 재산권을 그 의사에 반하여 강제적으로도 취득해야 할 공익적 필요성이 있을 것, (ii) 수용과 그에 대한 보상은 모두 법률에 의한 것, (iii) 정당한 보상을 지급할 것"의 요건을 제시하고 있다.[6]

헌법재판소가 제시하고 있는 공용수용의 요건은 헌법상 보호되는 재산권의 존속보장을 가치보장으로 전환할 수 있는 헌법적 요건을 의미한다.[7]

---

[6] 헌법재판소 1998. 3. 26. 93헌바12 결정; 헌법재판소 2000. 6. 1. 98헌바34 결정; 헌법재판소 2010. 3. 25. 2008헌바102 결정 등.

[7] 同旨 : 표명환, "헌법상 공용수용규정과 헌법재판소의 해석 법리에 관한 고찰", 『토지공법연구』 제57집, 2012. 5, 132면 참조.

2. 종래의 수용 개념 이해

현행 헌법의 조항에서 사용된 용어로서 "재산권의 수용, 사용, 제한"의 의미에 대하여 헌법학의 일반적인 견해는 '수용'은 재산권의 박탈로, '사용'은 재산권에 대한 일시적 사용으로, '제한'은 개인의 사용·수익을 한정하는 것으로 이해하고 있다.[8] 이는 대체로 행정법학에서도 공통되는 이해방식인 것으로 보인다.[9] 일반적으로 행정법 각론의 공용부담법에서 하나의 주제로 다루어지는 공용수용은 공익사업을 위하여 법률에 의거하여 타인의 토지등의 재산을 강제적으로 취득하는 것을 말한다고 정의된다.[10]

그런데 실제 교과서들의 설명을 찾아보면 거의 한결같이 공용수용에 관한 제도는 수용재결이라는 처분에 따라 재산권을 박탈하는 경우로 한정하여 해설하고 있다.[11] 현재까지 우리나라의 법실무와 이론에서 공용수용은 「공익사업을 위한 토지 등의 취득 및 보상에 관한 법률」(이하 '토지보상법')에 따른 수용재결이라는 특정한 처분의 형식을 통하여 발생하는 공법상 법률관계(공용수용 = 수용재결에 의한 수용)인 것으로 인식되고 있는 것이 일반적이다.

---

8) 성낙인, 『헌법학』, 법문사, 2010, 658면; 정종섭, 『헌법학원론』, 박영사, 2016, 718-720면; 한국헌법학회, 『헌법주석(Ⅰ)』, 박영사, 2013, 865면(김문현 집필부분) 참조.

9) 金道昶, 『行政法各論』, 박영사, 1956, 197면, 207면; 김동희, 『행정법 Ⅱ』, 박영사, 2019, 379면, 383면, 387면; 김남진/김연태, 『행정법 Ⅱ』, 법문사, 2021, 604면, 615면; 김성수, 『개별행정법』, 법문사, 2004, 603면; 한견우, 『행정법 Ⅱ』, 홍문사, 1996, 176면, 183면 참조.

10) 김동희, 『행정법 Ⅱ』, 387면 참조.

11) 김동희, 『행정법 Ⅱ』, 391면 이하; 김남진/김연태, 『행정법 Ⅱ』, 616면 이하; 김성수, 『개별행정법』, 615면 이하; 박균성, 『행정법론(하)』, 박영사, 2019, 483면 이하; 한견우, 『행정법 Ⅱ』, 홍문사, 1996, 186면 이하; 홍정선, 『행정법원론(하)』, 박영사, 2021, 632면 이하 참조.

3. 우리 헌법상 수용의 최소 개념요소와 본질

우리 헌법에 나타나 있는 공용수용의 개념 표지는 (i) 공공필요, (ii) 법률의 근거, (iii) 재산권의 강제적 이전(취득), (iv) 정당한 보상이다. 그 중 행정작용이라는 측면에서 수용의 핵심을 나타내는 가장 최소한의 요소는 재산권의 강제적 취득이다. 학설상 일반적으로 수용의 개념은 '공익사업을 위하여 법률에 의거하여 타인의 토지등의 재산을 강제적으로 취득하는 것'으로 정의된다.[12] 이러한 개념 정의에 따를 때에도 다른 수식 요소를 모두 제외하면 남는 최소한의 개념요소는 재산권의 강제적 취득이다.

수용은 특정한 권리의 취득을 위한 제도로서 오로지 상대방의 권리의 박탈을 목적으로 하는 행위(몰수)와 구별된다. 물론 수용에 있어서도 원권리자의 권리소멸은 필연적이다. 독일에서 수용을 뜻하는 Enteignung이나 영국의 Expropriation은 재산을 빼앗는다(entziehen)는 의미를 가지고 있는 낱말이다. 독일에서는 수용의 개념 정의에 있어서 피수용자의 시선에서 재산권의 박탈(Entziehung)이라는 측면을 강조한다. 현재 독일 판례상 일반적으로 인정되고 다수설이 동의하고 있는 개념에 따르면 공용수용은 특정한 공공업무를 수행하기 위하여 의도된 고권적 법률행위를 통한 재산가치가 있는 법적 지위의 완전한 혹은 부분적인 박탈이다.[13]

반면 일본에서는 사업시행자 또는 행정주체의 입장에서 바라본 권리 취득이라는 효과를 개념의 본질적 요소로 강조한다.[14] 수용제

---

[12] 김동희, 『행정법 Ⅱ』, 387면; 김철용, 『행정법』, 고시계사, 2019, 897면; 김남진/김연태, 『행정법 Ⅱ』, 615면 참조.

[13] BverfGE 24, 367, 394; 66, 248, 257; 70, 191, 199; 72, 66, 76; BverwGE 77, 295, 297; 81, 329, 340; 84, 361, 366; 87, 241, 243. H. Maurer, Allgemeines Verwaltungsrecht, 18. Aufl., 2011, S. 727에서 재인용.

[14] 小澤道一, 『逐條解說 土地收用法(上)』, ぎょうせい, 2019, 48면 참조.

도의 주안은 수용자가 필요로 하는 권리를 취득하는 것에 있으므로 원권리자의 권리상실은 그 (반사적) 결과에 지나지 않고, 수용은 그 점에서 몰수와는 전혀 다른 성질을 가지고 있다고 한다.[15] 초기 일본 학설은 독일의 수용 개념이 재산권자의 권리 소멸에만 주안을 두는 경향이 있어, 사업시행자의 권리취득이라는 본질적 요소를 해명하지 못한 것이라고 비판하였다.[16]

오늘날 우리 헌법상 수용의 개념 정립에 있어서는 수용의 공익목적(행정주체 또는 사업시행자의 권리취득)과 행정의 상대방의 권리침해(원권리자의 소유권 상실)의 측면을 모두 수용 제도를 바라보는 중요한 주안점으로 두고 헌법이 요구하는 공익상 필요와 정당보상의 요구를 조화롭게 해석하여야 한다. 수용이 몰수와 구별된다는 것은 명확하지만 그것은 몰수 제도의 본질이 공익을 위한 특별한 희생에 있는 것이 아니라 물건에 존재하는 위험성의 제거와 징벌에 있기 때문이고, 양자의 개념 구별이 수용에서 피수용자의 권리소멸의 측면을 경시할 이유가 되지는 못한다.

수용을 통하여 재산권을 강제적으로 취득하는 것은 그 재산권이 특정 공익의[17] 목적 달성을 위하여 필요하기 때문이다(필요성). 조세 또는 벌과금의 부과나 위험한 물건의 몰수 등과 같이 수용 이외에도 사인의 재산권을 공적 주체가 강제적으로 취득하는 경우는 다양하게 존재한다. 이러한 행정작용과의 구별을 위해 공용수용의 본질 내

---

15) 美濃部達吉, 『公用收用法原理』(行政法叢書 第1券), 有斐閣, 2012(復刻板, 初版發刊: 1936), 13면 참조.

16) 美濃部達吉, 앞의 책, 15면 참조.

17) '공익사업'은 「토지보상법」의 용어이다. 실정법이 규정하고 있는 강제적 권리취득 제도가 헌법상 수용에 해당함에도 동법의 규율을 받지 않고 있는 경우가 얼마든지 존재할 수 있고, 개발사업을 목적으로 하지 않는 수용도 존재하므로 여기에서는 중립적 의미인 '특정 공익'이라는 용어를 사용하고자 한다.

지는 최소한의 개념 요소에는 수용목적에 관한 요소를 포함하여야 한다. 이에 따르면 '특정 공익'을 위하여 재산권을 이전한다는 '필요성'은 수용 개념의 본질적 요소에 해당한다. 필요성은 헌법이 규정하는 공공'필요'에서 강조되고 있다. 가령 개발사업을 위한 수용을 예로 들면 헌법상 공공필요는 첫째, 당해 개발사업 자체가 헌법상 재산권 박탈을 정당화할만한 공익을 충족하여야 하고(공익성), 둘째, 그 개발사업의 시행을 위하여 수용되는 당해 재산권이 필요하다(필요성)는 두 가지 의미를 모두 담고 있다.[18] 어떤 공용수용이 실제로는 공익성 또는 필요성 중 하나라도 결여된 것으로 밝혀지면 위법하게 되는데, 이것은 사후적·규범적 평가의 영역으로 수용의 개념 본질과는 다른 차원의 문제이다.

4. 재결수용보다 넓은 헌법상 수용의 개념

현행 헌법 제23조 제3항은 그 적용 대상인 '재산권의 수용'을 반드시 「토지보상법」에 따른 재결(동법 제34조)이라는 특정한 처분 형식을 채택하는 경우로 한정하고 있지 않다. 이 둘을 명확히 구별하기 위하여 이하에서는 「토지보상법」에 규정되어 있는 재결이라는 처분에 따라 재산권 박탈의 효과를 야기하는 형태의 수용을 '재결수용'이라고 지칭하고, 헌법에서 규정하고 있는 "재산권의 수용"을 -재결수용과는 구분되는, 또한 그를 포함하는 개념으로서- '헌법상 수용'으로 지칭하기로 한다.

헌법이 직접 수용 제도를 규정하고 있는 이유는 크게 두 가지이다. 그 첫 번째 이유는 공공필요를 위하여 행정주체가 국민의 재산권을 박탈할 수 있는 제도의 근거를 마련하고자 함이다(행정에 대한

---

18) 헌법재판소 2014. 10. 30. 2011헌바129, 172(병합) 결정.

권한부여). 두 번째 이유는 그 재산권 박탈에 대하여 법률로써도 폐지하거나 변경할 수 없는 공법적 통제의 원칙을 마련하고 이를 준수하도록 강제하기 위함이다(행정의 권한통제). 그 중 특히 후자, 즉 공법적 통제 기능은 재결이라는 특정한 처분 형식을 취하였는지 여부에 따라 적용 여부가 결정될 수는 없고, 헌법이 스스로 규정한 기준에 따라 '재산권의 수용'에 해당하는 국가 작용에 대하여서는 수용권을 규정한 법률이 재결이라는 처분의 형식에 의하도록 정하고 있는지 여부와 무관하게 헌법이 요구하고 있는 공법적 통제가 준수되어야 한다.

헌법 제23조 제3항에 규정된 '재산권의 수용'이란 「토지보상법」이라는 법률이 규정하고 있는 수용재결이라는 처분과 동의어가 아니다. 「토지보상법」이 규정한 재결수용 이외에도 헌법 제23조 제3항이 규정한 '재산권의 수용'에 해당하는 제도는 얼마든지 존재할 수 있다. 수용은 주로 국가나 공공단체의 행정행위(수용처분)에 의하지만, 수용자와 피수용자 사이의 공법상 계약(협의)에 의하기도 하며, 때로는 수용자의 의사표시에 의하지 않고 법률의 규정에 의하여 직접 행하여지기도 한다.[19] 헌법상 수용은 공공필요에 따라 재산권자의 의

---

[19] 가령 현행 「하천법」 제4조 제2항은 "하천을 구성하는 토지와 그 밖의 하천시설에 대하여는 사권(私權)을 행사할 수 없다."고 규정한다. 이 규정은 1961. 12. 법률 제892호로 제정된 「하천법」이 "하천은 이를 국유로 한다"(제4조)고 규정한 이래 수 차례 개정을 거쳐 현재와 같은 형태에 이르렀다. 우리나라의 하천구역법정(河川區域法定) 제도는 유수의 경로 변경과 같은 자연적 사건으로 토지가 하천구역에 편입되면 별도의 집행행위 없이 국유로 귀속시키는 형태이었다. 헌법재판소는 「하천법」의 규정은 하천관리라는 공익 목적을 위하여 국민의 특정 재산권을 직접 법률에 의하여 강제적으로 국가가 취득하는 재산권의 수용에 해당하는데, 입법적 수용 역시 법률에 의한 수용이라는 헌법적 요청을 충족한 것이고, 하천구역을 일률적으로 법률에 의하여 국유화할 공익적 필요가 있으므로 헌법에 위반되지 않는다고 결정하였다(헌법재판소 1998. 3. 26. 93헌바12결정).

사에 반하여 행하여지는 재산권 박탈 일반을 의미한다.[20] 헌법재판
소도 동일한 입장에서 「징발재산정리에관한특별조치법」상 징발매매
는 피징발자가 국방부장관의 매수통지에 응하지 않더라도 결국 국
방부장관의 매수결정에 의하여 일방적으로 성립되는 것이어서 매매
라는 법형식과는 관계없이 실질적으로 헌법 제23조 제3항에 의한 수
용에 해당한다고 하였다.[21]

5. 헌법상 수용 개념의 유용성

헌법상 수용 개념은 강제적 재산권 박탈에 대한 헌법적 통제의
적용범위를 확정하고, 그 원칙이 실행되도록 하는데 기여한다. 종래
일반적으로 공용수용이라고 인식되어 온 재결수용 이외에도 우리
현행법은 다양한 형태로 공익 목적의 재산권 박탈 제도를 도입하고
있다. 현재와 같이 재결수용을 중심으로 또는 그에 한정하여 헌법이
요구하는 공법적 통제가 적용된다고 이해하는 경우 광범위한 공법
적 사각지대가 발생하는 문제가 있다.

헌법상 수용 개념은 입법자가 특정 공익 목적의 재산권 박탈의
근거 규정을 창설하면서 그 구체적인 제도 설계에 있어 어떠한 형식
을 취하든, 가령 그 절차를 「토지보상법」에 따른 수용재결 절차와 연
동되도록 규정하고 있든 그렇지 않든, 재산권 수용의 효과가 있는
곳에서는 반드시 헌법이 요구하는 수용의 요건과 원칙에 부합하는
내용으로 제도를 설계하여야 할 의무에 구속된다는 점에서 입법자
에 대한 통제 기능을 발휘한다. 또 현재 운용되고 있는 법 실무는 재

---

[20] 강신은, "재개발사업에 따른 수용과 손실보상", 『건설법연구』 제2호, 2019.
10. 5면 참조.
[21] 헌법재판소 1996. 4. 25. 95헌바9 결정(發財産整理에관한特別措置法 제20조
제1항 違憲訴願).

결수용이 아닌 형태로 존재하는 다양한 방식의 헌법상 수용에 대하여 헌법이 정하는 수용에 해당한다는 인식 자체를 가지고 있지 못하여, 그 권한 담당자인 행정기관이나 법원이 제도 운용의 절차와 과정에서 헌법상 통제기능을 사실상 거의 발휘되지 못하고 있는 경우가 많다. 헌법상 수용 개념은 이러한 경우 헌법상 수용을 실행하는 각 단계에서 권한을 행사하는 기관의 권한의 목적과 내용을 합헌적으로 인식하고 재구성함으로써 실무를 개선하는 기능을 발휘한다.

II. 수용에 관한 헌법 원칙

1. 공공필요의 원칙

헌법이 수용에 관하여 정하고 있는 원칙은 토지 수용과 건축물 수용에 공히 적용된다. 수용에 관한 헌법 원칙은 크게 두 가지로 나누어볼 수 있다. 그 첫 번째는 공공필요의 원칙이다. 수용의 절대적 요건으로서 공공필요의 존재는 "공용수용"이라는 용어 자체에 내포되어 있다.[22]

입법의 단계에서는 입법자가 헌법상 수용에 해당하는 재산권 박탈제도를 설계하면서 비록 「토지보상법」상의 재결의 형식을 취하지 않더라도, 가령 강제매매와[23] 같은 외견상 私法의 형식으로 수용절

---

22) 프랑스에서는 l'expropriation pour cause d'utilité publique, 독일 각 주의 토지수용법에서는 aus Gründen des öffentliche Wohles 또는 für öffentlichen Nutzen 또는 öffentliche Nützlichkeit 이라고 하거나 für ein dem öffentlichen Nutzen gewidmetes Unternehmen 이라고 한다. 미국에서는 public use 라는 용어를 사용한다.

23) 초기의 수용제도는 강제매매의 형태를 가지고 있는 경우가 많았다. 가령 프랑스국왕 필리프 4세(Philippe IV, 1268~1314)의 1304년 칙령은 교회 목적

차를 규정하더라도 그 목적상 헌법이 규정하는 공공필요(공익성)이 명확하게 확인되지 않는다면 위헌이다. 법 실무의 측면에서는 제도 운용의 각 단계에 관여하는 권한 있는 행정기관 또는 법원에 대하여 사업의 공익성을 검증하고 만약 공익성이 인정되지 않는다면 재산권 박탈의 효과를 부여하는 것을 거절할 의무를 요구한다. 공공필요의 원칙은 헌법상 수용의 제1원칙에 해당한다.

2. 정당보상의 원칙

두 번째는 정당보상의 원칙이다. '정당보상 없이는 수용 없다'는 원칙은 다시 두 가지 헌법상의 원리에 기초하고 있다. 그 첫째는 재산권 보장의 원리로서, 정당보상은 공익필요에 따라 재산권의 존속 보장을 유지할 수 없는 불가피한 경우에 그 재산권의 객관적 가치를 보장할 것을 요구한다. 다른 한편, 정당한 보상의 지급은 평등원칙의 실현이라는 관점에서 특별한 희생으로 발생한 손실의 전부에 대하여 보상을 지급함으로써 전체 공동체가 그 희생을 공평하게 분담하게 한다는 측면을 가지고 있다.[24]

우리 헌법의 문언상 '공공필요'는 '정당한 보상'에 앞서 등장하지만, 오늘날 제도 운용의 실제에 있어서 헌법상 수용 개념의 핵심 기능은 정당보상의 관철에 있다고 할 수 있다. 근대적 야경국가에서와 달리 오늘날 국가 임무의 전방위적 확대와 민간투자에 의한 기반시

으로 사인의 재산을 강제로 매입할 수 있는 권리인 *"justo praetio"*를 인정하고 있다. William D. McNulty, "Eminent Domain in Contiental Europe", The Yale Law Journal, vol. 21. no. 7, May, 1912, p. 556, 560. 참조. 1304년 칙령이 왕실의 승인 없이 교회 스스로 수용권을 행사할 수 있도록 한 것인지 여부는 명확하지 않다는 주장으로는 Susan Reynolds, Before Eminent Domain, The University of North California Press, 2010, p. 60.

[24] 今村成和, 『損失補償制度の研究』(オンデマンド版), 有斐閣, 2004. 39면 참조.

설 조성사업의 일상화로 현재로서는 무엇이 재산권 침해를 정당화
하는 공익인지에 관한 입법자의 판단을 정치적 책임을 지지 않는 법
관이 사법심사를 통하여 통제하는 것은 사실상 거의 어려워졌고, 이
에 따라 입법자의 공익성 판단에 대한 대폭적인 존중이 부여되고 있
다.25) 오늘날 각국에서 헌법상 수용의 제1원칙인 공익성 통제 기전
이 상당히 약화되어 있는 것은 부인할 수 없는 세계적 추세이기 때
문에, 실제 헌법상 수용의 핵심 기능은 제2원칙인 정당보상의 관철
기능으로 그 무게 중심이 옮겨졌다고 말할 수 있다. 현재 일본의 다
수설도 일본국 헌법 제29조 제2항이 정하고 있는 수용이란 재산권
보장의 관점에서 "보상을 필요로 하는 경우"를 널리 지칭하는 것이
라고 해석하고 있다.26) 미국 연방대법원 판례가 연방헌법의 수용 조
항은 사유재산에 대한 "정부의 간섭 자체를 제한하기 위한 것이 아
니라 수용으로 인하여 사유재산에 대한 간섭이 행하여지는 경우 그
에 대한 보상을 관철하기 위하여 설계된 것"이라고 판시한 것은27)
이러한 헌법상 수용 원칙의 중심 이동을 보여준다고 하겠다.

III. 재산취득의 보장

헌법이 수용제도를 규정하고 있는 취지는 법률로도 폐지할 수 없
는 수용권 발동의 조건과 한계를 설정하는 것에 있다. 이는 공공필

---

25) 다만 무엇이 공익성 있는 수용적격사업인지를 규정하는 입법적 판단에 대
한 존중이 이루어지고 있다 하더라도, 수용절차에 있어서는 공익성 판단과
그에 대한 사법심사가 철저하게 이루어져야 한다. 입법과 집행의 모든 단
계에서 공익성 통제를 포기하는 것은 곧 헌법의 포기를 의미하는 것이기
때문이다.
26) 今村成和, 앞의 책, 20-21면 참조.
27) Lingle v. Chevron, 544 U.S. 528(2005).

요의 원칙과 정당보상의 원칙이라는 위의 두 가지 헌법 원칙으로 요약될 수 있다.

다른 한편 헌법이 수용제도를 규정하는 이유는 공공필요를 위하여 행정주체가 국민의 재산권을 박탈할 수 있는 제도의 근거를 마련하고자 함이다. 수용 제도의 개념 본질상 사업시행자의 재산 취득을 일정한 절차 내에서 확보하는 힘을 발휘하여야 할 것이 요청된다(수용의 본질적 기능). 전통적으로 수용은 시장 원리에 맡겨둘 경우 필요한 수준만큼 공급되지 않는 기반시설 등 공익성을 갖는 시설을 행정주체가 공급할 수 있도록 하는 제도적 수단이다.[28] 만약 사업인정과 같이 법률이 정하는 공익성 결정을 거친 공익사업에 관하여, 사업구역 내 토지등 사업시행에 필요불가결한 재산의 취득을 제도적으로 확보하여 주는데 실패한다면 법률이 수용제도를 규정하고 있는 취지가 몰각된다. 사업시행자가 법정 절차에 따라 공익성을 인정받은 사업의 시행을 위하여 필요한 사인의 재산을 취득할 수 있도록 보장하는 것은 수용 제도의 개념 본질에서 도출되는 기능이다.

---

28) 만약 수용제도가 존재하지 않으면 공공재(public goods)의 무임승차(free rider) 문제로 민간시장에서 이러한 상품은 공급부족으로 이어지고, 정부는 결국 공공재에 보조금을 지급하거나 공공재 공급을 모두 인수한 다음 세금 징수를 통하여 소비자에게 비용 지불을 강요하여야 한다. Miceli, Thomas J./Kathleen Segerson, The Economics of Eminent Domain : Private Property, Public Use, and Just Compensation, 2007, pp. 11-12.

제2절 토지보상법의 수용과 보상

I. 토지보상법의 지위와 기능

1. 헌법과 토지보상법의 지위

우리 헌법은 공공필요가 있는 경우 반드시 국회가 제정한 형식적 의미의 법률에 따라 재산권을 박탈하도록 규정하고 있을 뿐, 문언상 반드시 동일한 하나의 법률 안에 수용과 손실보상에 관한 모든 규범을 규정하도록 강제하고 있는 것은 아니다.[29] 따라서 헌법이 수용의 근거 법률과 보상을 정하는 규범을 서로 다른 법률에서 규정하는 것을 금지하는 것은 아니다.[30] 예컨대 수용의 근거 규정은 개발사업법 자체에 두고, 보상의 근거 규정은 「토지보상법」의 일반규정에 따르도록 하는 방식이 얼마든지 가능하며,[31] 실제 이러한 형태의 입법이 일반적이다.

2. 토지보상법의 사실상 일반법적 기능과 그 한계

「토지보상법」과 그 하위법령인 「토지보상법 시행령」(대통령령), 「토지보상법 시행규칙」(국토교통부령)은 수용의 절차와 보상에 관하여

---

[29] 김종보, "特殊한 形態의 收用과 補償 -都市開發法·都市再開發法을 중심으로-", 『토지보상법연구』 제3집, 2003. 2, 58-59면 참조.
[30] 우리 헌법 제23조 제3항을 독일연방기본법 제14조 제3항과 동일한 형태의 결합조항(또는 결부조항)으로 해석하기 어려운 이유에 관하여 金文顯, 『社會·經濟秩序와 財産權(憲法學硏究 I)』, 法元社, 2001, 345면; 435-436면 참조.
[31] 강신은, "재개발사업에 따른 수용과 손실보상", 5면 참조.

상세하게 규정하고 있기 때문에, 보통 우리나라의 현행 법제상 수용
과 손실보상에 관한 일반법에 해당하는 것으로 이해되고 있다.[32] 우
리나라에서 대다수를 차지하는 통상적인 형태의 수용 제도 설계의
방식은 개발사업의 근거가 되는 개별 법률(개발사업법)에서 수용의
근거 조항을 규정하면서, 수용절차와 보상의 기준은 「토지보상법」을
준용하도록 하는 형태이다. 이러한 경우로 한정하여 보면, 개발사업
자체의 사업시행과 그 절차는 근거법인 개발사업법에 따르고, 「토지
보상법」은 수용절차와 보상기준에 관한 규범으로 작동하는 방식으로
서로 역할을 분담하게 되므로 「토지보상법」이 가지는 '수용절차와 보
상에 관한 일반법'으로서의 지위는 일응 인정할 수 있다.

　유의할 것은 「토지보상법」이 수용권이 발동하는 모든 개별 제도
에서 당연히 수용과 보상의 일반적인 근거규범으로 적용될 수 있는
것은 아니라는 점이다. 「토지보상법」은 토지나 물건을 수용할 수 있
는 '공익사업'에 대하여 사업인정과[33] 수용재결이라는[34] 일련의 각
처분 절차를 거칠 것을 예정하고 있다. 따라서 「토지보상법」은 어떠
한 방식으로든 개별 개별사업법의 절차가 「토지보상법」의 사업인정
이라는 처분과 연동되어 그 후속 절차인 수용재결을 통하여 목적물
을 취득하는 경우에 한하여 적용될 수 있다.[35] 우리나라에서 수용권

---

32) 김동희, 『행정법 II』, 391면; 김철용, 『행정법 II』, 549면 참조. 「토지보상법」
　　은 토지수용에 관한 일반법에 준하는 성격을 가지고 있지만 현행법상 엄밀
　　하게는 수용에 관한 일반법은 존재하지 않는다는 점을 지적한 문헌으로 박
　　균성, 『행정법론(하)』, 486면.

33) 「토지보상법」 제20조.

34) 「토지보상법」 제34조.

35) 대법원 판례 중에는 공유수면매립사업의 시행으로 인한 어업권 손실에 관
　　하여 보상의 근거규정이 없는 경우에도 공공용지의취득및손실보상에관한
　　특례법시행규칙의 보상 규정을 유추적용하여 보상의무를 인정한 사례(대
　　법원 1999. 11. 23. 선고 98다11529 판결)가 있으나, 이 판례는 엄밀히는 보
　　상금 청구사건이 아니라 불법행위를 원인으로 하는 손해배상청구사건에서

발동의 근거 조항을 두고 있는 개별 개발사업법은 통상 스스로 예정하고 있는 사업시행인가나 실시계획인가 등 사업시행을 위한 일정한 처분의 단계에 이르면, 「토지보상법」에 따른 사업인정을 받은 것으로 의제하도록 하는 의제조항을 두어 「토지보상법」의 수용절차와 보상기준이 적용되도록 하는 통로를 만들고 있다.36) 이러한 경우 「토지보상법」이 준용되는 형태로 동법의 보상에 관한 각종 규정이 해당 개발사업의 보상기준으로 작동되게 된다. 주요 개발사업법상 사업인정 의제 규정과 의제 시점은 아래 표와 같다.

〈표 1〉 주요 개발사업법상 사업인정 의제 시점

개발사업의 진행단계	사업인정 의제 시점				
	국토계획법 (도시계획시설 사업)	도시개발법 (수용방식의 도시개발 사업)	도시정비법		택지개발 촉진법 (택지개발사업)
			주택 재개발	주택 재건축	
❶개발계획수립 및 구역지정		개발계획의고시 (수용토지 세목고시) (§ 22 ③)			택지개발지구 지정·고시 (§ 12 ②)
❷사업 시행인가/ 실시계획인가	실시계획인가 및 고시 (§ 96 ②)		사업시행 인가고시 (§ 65 ②)	의제 규정 없음	
❸권리배분계획 (관리처분계획)					
❹준공 (사업완료)					

위 시행규칙의 보상기준에 따른 보상금 상당액을 손해액으로 산정한 것이고, 구체적 타당성을 위한 예외적인 사례이어서 일반화하기에는 한계가 있다.
36) 김종보, 『건설법의 이해』, 도서출판 피데스, 2018, 340면 참조.

반면, 개발사업의 근거법에서 사업인정의 의제조항을 두지 않아
수용재결을 거치지 않는 각종 수용 제도들은 「토지보상법」의 규정과
아무런 연관을 가지지 못하고 절연된 상태에 있다. 「도시 및 주거환
경정비법」(이하 '도시정비법')상 주택재건축사업의 매도청구제도(동
법 제64조)가 대표적인 예이다. 이러한 경우 해당 개발사업의 근거법
률이 정하고 있는 독자적인 절차와 보상기준에 따라 수용과 보상이
이루어지며, 「토지보상법」에 따른 수용절차 및 보상기준은 전혀 적
용되지 않는다. 따라서 「토지보상법」이 우리 법제에서 수용과 보상
에 관한 사항을 완결적 또는 보충적으로 규율하고 있는 일반법의 지
위에 있다는 통념은 엄밀히 말하면 일종의 착시라고 할 수 있으며,
실정법상 「토지보상법」이 적용되지 않는 헌법상 수용 제도는 다양하
게 존재하고 있다.37)

Ⅱ. 토지보상법에 따른 수용의 절차와 건축물

1. 여러 단계에 걸쳐서 판단되는 공공필요와 정당보상

현행 「토지보상법」이 규정하고 있는 수용절차는 헌법상 수용의
요건인 공공필요와 정당보상을 한 차례의 결정으로 판단하도록 하
고 있는 것이 아니라, 여러 단계로 나누어서 각 단계별 판단을 거치
도록 하고 있다. 이는 규범 명목상으로는 토지와 건축물 수용에 있
어서 공통되는 절차이다.

---

37) 주택재건축사업의 매도청구제도(「도시정비법」 제64조) 외에도 「징발법」의
    징발(동법 제7조), 「도시개발법」의 환지처분(동법 제40조) 등이 그 예에 해
    당한다.

2. 토지를 중심으로 설계되어 있는 공익성과 보상 판단절차

그런데 현행 토지보상법제의 수용 절차는 제도 설계의 중심이 토지에 맞춰져 있어서, 건축물이 사업 목적에 필요하여 수용되는 예외적인 경우(후술하듯이 이를 '공익사업에 필요한 건축물의 수용'이라고 한다. 제3장 제4절 참조)에도 원칙적으로 토지에 관한 수용 절차와 보상 규정을 적용하도록 하여 건축물의 실질과 잘 맞지 않는 경우가 있다. 또 토지만 사업시행에 필요하고 건축물은 사업 목적상 필요하지 않아 건축물이 지장물로서 수용되는 일반적인 경우에는 그에 관한 섬세한 규정이 마련되어 있지 않아, 정당보상의 판단에 있어서 건축물의 고유한 특성을 제대로 고려하지 못한다는 문제점이 있다.

3. 제1단계 : 추상적 수용적격 판단

(1) 개념

재산권 수용을 위한 가장 첫 단계로서 일정한 개발사업(공익사업)을 시행하기 위하여 사인의 재산권을 강제적으로 박탈할 수 있다는 일반적이고 추상적인 형태의 공공필요 판단이 이루어진다. 이 결정은 헌법의 요구에 따라 반드시 입법자에 의하여 형식적 법률의 형태로 이루어져야 한다(헌법 제23조 제3항). 이 책에서 이를 추상적 수용적격 판단이라고 부르기로 한다. 많은 국가에서 이 단계의 공익성 판단은 법률의 형태로 이루어지도록 하고 있다.38)

「토지보상법」에는 수용권이 발동될 수 있는 수용적격사업으로서

---

38) 독일 연방기본법 제14조 제3항, 미합중국 헌법 수정 제5조, 일본국 헌법 제29조.

공익사업의 목록이 나열되어 있다. 즉 추상적 수용적격 판단은 「토지보상법」상으로는 공익사업의 목록을 규정하는 형태로 표현되고 있다(제4조 및 별표). 추상적 수용적격을 판단하는 입법부의 결정은 그 국가의 당대의 사회통념과 여론의 강력한 영향을 받는다. 예컨대 우리나라의 제정 「토지수용법」은 공익사업의 하나로 "제철, 비료 기타 각령의 정하는 중요산업에 관한 사업"을 규정하여39) 당시의 절박한 경제적 필요를 반영하고 있다. 위와 같은 요소들은 법률에 규정된 공익사업의 범위를 해석하는 사법부의 판단에도 영향을 미치는데, 외국인을 대상으로 하는 나이트클럽 등 위락시설을 포함한 '워커힐(Walker Hill) 관광서비스 제공시설'을 당시 「토지수용법」 제3조 제1항 3호의 '문화시설'로 판단한 1971년의 대법원 판례를 예로 들 수 있다.40)

1927년의 일본 「토지수용법」은 수용적격사업의 목록을 규정한 제2조에서 제2호로 "황실능묘의 영건, 신사(神社)·관공서의 건설에 관한 사업"을 들고 있고 "공용 목적에 따른 국가(國), 도(道), 부현(府縣), 시정촌(市町村) 기타 공공단체에 의한 시설사업"은 제5호에서야 열거하고 있어 일왕 중심 제국주의의 시대적 분위기 속에서 공익성 판단이 왜곡되는 방식을 보여준다.41)

---

39) 제정 「토지수용법」 [1962. 1. 15. 법률 제965호로 제정된 것] 제3조 제6호. 이 규정은 1999년 개정 「토지수용법」까지 유지되다가, 2002년 「토지보상법」의 제정 과정에서 삭제되었다.

40) 대법원 1971. 10. 22. 선고 71다1716 판결. 5. 16. 군사쿠테타로 수립된 군사정권이 추진한 워커힐 건설사업의 과정과 역사적 배경에 관하여는 손정목, 『서울 도시계획이야기 I』, 2003, 139면 이하 참조.

41) 이 시기 일본 문헌을 보면 "황실능묘의 영건은 우리 國體상 당연한 공공의 이익을 위한 사업이다. 황실능묘로 내정된 토지의 매수를 거부하는 자는 없을 것으로 생각되나, 그 가격에 관한 협의가 되지 않는 경우가 절대 없다고는 할 수 없으므로 수용심사회의 재결에 의하여 상당가격을 정할 필요가 있을 수 있다." 라고 하고, 신사에 대해서는 "경신숭조(敬神崇祖)의 사상"

이 단계에서 공익성 판단을 그르친 경우에는 법률 규정의 위헌성이 문제되므로, 위헌법률심판 또는 헌법소원심판 제도를 통하여 그 위헌성을 제거하여야 한다.[42]

(2) 건축물을 고려하기 어려운 추상적 수용적격 판단

추상적·일반적 형태의 수용적격 판단에 있어서는 해당 개발사업으로 추구하는 공공필요(공익)의 내용 및 정도와 그로 인하여 희생이 예상되는 사익을 비교형량하여야 한다. 이는 아직까지 구체적인 사업 계획이나 사업의 대상구역이 결정되지 않은 단계이므로 그 판단은 추상적이고 일반적인 형태로 이루어지며, 공익성 판단의 결과 법률의 규정으로 표현되는 수용적격사업의 묘사도 해당 사업의 대체적인 범주와 내용을 통상적인 일반인의 상식 범위에서 인식할 수 있는 정도에 그친다.[43]

따라서 수용 목적물인 토지상에 존재하는 건축물의 가치를 이 단계의 공공필요 판단에서 반영하는 것은 어렵다. 다만, 「도시정비법」상 "노후·불량건축물이 밀집한 지역"을 정비사업대상으로 규정하고 있는 경우와 같이 존재가 예상되는 건축물을 지장물 수용의 대상으로 겨냥하고 추상적 수용적격 판단이 행하여지는 경우가 존재한다.[44]

운운하고 있다. 武井群嗣, 『土地收用法』(現代法学全集 第二十五卷), 日本評論社, 1930, 15면.

[42] 「헌법재판소법」 제2조 제1호, 제5호.

[43] 일본의 현행 「토지수용법」(제3조)에서는 수용적격사업을 단순히 개발사업법의 법률명을 인용하는 방식으로 표시하는 것이 아니라 그 사업을 통하여 설치되는 시설을 상세히 열거하는 방식으로 구체적으로 규정한다. 반면, 우리 「토지보상법」은 수용적격사업을 개발사업의 근거가 되는 법률명과 그 법률에서 붙인 사업 명칭으로만 나열하고 있어 공익사업의 내용을 추론해 보기 어렵다는 점에서 개선을 요한다는 지적이 있다. 입법론으로서 경청할 필요가 있다고 생각된다. 정기상, 『공용수용과 손실보상법 실무연구』, 2017, 31-32면 참조.

(3) 추상적 수용적격판단과 정당보상

헌법은 추상적 수용적격 판단을 담은 법률에서 공공필요의 판단과 함께 보상의 근거와 원칙을 동시에 규정하든지, 또는 최소한 보상 규정을 담고 있는 다른 법률(주로 「토지보상법」)의 규정과 입법적으로 결부시켜야 할 것을 요구한다.

4. 제2단계 : 구체적 수용적격 판단

(1) 개념

그 다음 단계의 공공필요 판단의 근거 규범은 헌법에서 법률의 차원으로 내려온다. 「토지보상법」이 규정하고 있는 제2단계의 공공필요 판단은 수용을 필요로 하는 사업의 구체적 내용을 바탕으로 사업의 공공필요와 사업지구의 재산권 특성 등을 고려하여 법률이 정하고 있는 수용적격사업에 해당하는지 여부를 결정하는 절차이다. 이 책에서 이를 법률의 형식으로 결정하는 추상적 수용적격 판단과 구별하여 구체적 수용적격 판단이라고 부르기로 한다. 이 단계의 공공필요 판단은 구체적 '사업' 단위의 판단이다.

현행 「토지보상법」상 구체적 수용적격 판단은 사업인정이라는 처분의 형태로 이루어지고 있다(제20조). 또는 사업인정으로 의제되는 개별 개발사업법상의 인·허가·승인도 행정처분의 형태로 이루어진다.[45] 「토지보상법」은 사업인정을 "공익사업을 토지등을 수용하거나 사용할 사업으로 결정하는 것"으로 정의하고 있다(제2조 제7호). 사업인정에 의하여 발생하는 효과는 사업시행자에게 수용권이 부여

---

44) 「도시정비법」 제2조 제2호 가목, 나목.

45) 예컨대 「국토의 계획 및 이용에 관한 법률」에 따른 도시계획시설 실시계획인가(동법 제88조), 「택지개발촉진법」의 구역지정(동법 제3조), 「도시정비법」의 도시재개발구역 지정(동법 제16조) 등은 모두 행정처분이다.

(설정)되는 것이지만 그 본질적 징표는 공익사업에 해당한다는 행정
청의 인정이다.46)

(2) 구체적 수용적격 판단 절차에 관한 비교법적 검토

1) 프랑스, 일본, 미국

대부분의 법제에서 구체적 수용적격 판단에 해당하는 절차는 행정
처분의 형태로 이루어진다. 프랑스의 공익성 인정선언(la déclaration
d'utilté publique),47) 일본의 사업인정은48) 모두 행정처분의 형태로
이루어지는 경우이다. 그러나 구체적 수용적격 판단이 본질상 반드
시 행정처분에 의하여야 하는 것은 아니다. 미국에서 통상 수용범위
의 확정은 의회의 권한에 속하나, 공익성의 인정은 법원의 권한에
속한다.49) 현재는 일본에서도 사업인정을 사법(司法)절차로 전환하
여야 한다는 입법론이 제기되고 있다.50)

다만 프랑스는 공용수용절차가 행정적 절차(la phase administrative)
와 사법적 절차(la phase judiciaire)의 두 단계로 구성된다는 점에서
특이성이 있다.51) 공익사업의 구체적 수용적격의 판단은 공익성 인
정선언이라는 행정절차에 따른다. 공익성 인정선언은 우리법제나
일본법제의 사업인정과 유사하게 공공필요를 판단하는 절차로서,

---

46) 김종보, 앞의 책, 340면 참조.
47) 프랑스에서 사업 시행을 위한 수용에 앞서 사업의 공익성을 선언하는 절차
    이다. 공익성 인정선언은 국참사원(꽁세유데따, Conseil d'État)의 명령이나
    부령 또는 도지사가 발하는 규칙의 형식에 의한다.
48) 일본 「토지수용법」 제20조.
49) 中村孝一郎, 『アメリカにおける公用收用と財産權』, 大阪大學出版會, 2009,
    12면 이하 참조.
50) 楊官鵬, 『日中の土地收用制度の比較法的研究』, プログレス, 2017, 82면 참조.
51) 강지은, "프랑스 수용제도상 공공필요(utilité publique)와 비용편익분석
    (théorie du bilan coût-avantage)", 『행정법연구』 제51호, 2017. 12, 26면 참조.

권한 있는 중앙부처의 장관이나 도지사(le préfet)가 해당 개발사업이 수용에 필요한 공익성을 충족하고 있음을 확인하는 결정이다.[52] 공익성 인정선언의 형식은 부령이나 도지사령 또는 꽁세유데따 데끄레로 한다. 프랑스에서는 수용을 할 수 있는 사업의 종류가 법률에 한정적으로 열거되어 있지 않고, 공익성 인정선언이 있으면 반드시 법률의 명시적 근거가 없더라도 수용이 가능하다.[53] 이는 수용의 근거를 반드시 법률에 명시하여야 한다는 헌법 원칙을 가지고 있는 우리나라나 독일, 일본의 법제와는 다른 관점이다.[54] 공익성 인정선언은 우리나라의 항고소송과 비견되는 월권소송(recours pour excès de pouvoir)의 대상이 된다.[55]

2) 독일

독일은 추상적 수용적격 판단을 거친 사업 목록을 법률상 비교적 엄격하고 상세하게 규정하여 놓고, 구체적 수용적격 판단의 주요내용은 계획확정절차(Planfeststellungsverfahren)를 통하여 이루어지도록 한다.[56] 수용 절차상으로 엄밀하게는 우리 법제의 사업인정과 동일

---

52) 변해철, "프랑스 공용수용법제에 대한 연구", 토지공법연구 제73집 제2호, 2016. 2, 34면; 전훈, "프랑스 공용수용법제의 특징과 시사점", 『유럽헌법연구』 제25호, 2017. 12, 258면 참조.

53) 오승규, "프랑스법상 공용수용과 보상에 관한 고찰과 시사점", 『토지공법연구』 제81집, 2018. 2, 77면; 이순우, "프랑스 公用收用法에 있어서 公益概念의 司法的 統制", 『한양법학』 제19권 제3호(통권 제24집), 2008. 10, 304면; 전훈, 앞의 논문, 259면 참조.

54) 이러한 맥락에서 프랑스 공용수용에 있어서 판례가 중요한 法源이라고 말한다. 한견우, "프랑스 공용수용법제에 있어서 사법절차", 『저스티스』 제29권 제3호, 1996. 12. 197면 참조.

55) 전훈, 앞의 논문, 258면 참조. 월권소송의 개념과 제도본질에 대하여는 정호경, "글로벌 시대의 행정소송의 전망과 과제", 『저스티스』 통권 제158-3호, 2017. 2, 13-14면 참조.

56) 가령 바이에른 토지수용법 제28조, 참고사례: 신동호, "독일 도르트문트시

한 내용의 제2단계의 공공필요 판단 절차가 별도로 존재하지 않는
다. 독일의 계획확정절차는 우리 법제상으로는 개발사업법에 따른
사업계획(실시계획, 사업시행계획 등) 수립절차와 유사하다고 할 수
있다. 수용결정은 계획확정절차를 통하여 개발계획이 확정력을 갖
게 되는 즉시 수용결정이 내려질 수 있는 방식으로 수행되어야 한
다.[57] 이 규정의 해석상 원칙적으로 개발계획이 확정력을 갖게 된
경우에만 수용 결정이 내려질 수 있다.[58]

3) 중국

한편, 법제에 따라서는 사업의 공익성 인정 절차가 제도적으로
확립되지 않은 경우도 있다.[59]

(3) 건축물을 고려하기 어려운 현행 사업인정 제도

사업인정기관은 당해 개발사업이 헌법상 공공필요를 충족하고
그 사업을 위해 수용이 반드시 필요한 것인지 여부, 즉 당해 구역 내
토지의 수용이 공익사업의 합리적인 수행을 위하여 불가피한 것인

의 도시재개발 사업: 피닉스와 슈타트크로네지구에 대한 사례연구", 『부동
산연구』 제24집 제4호, 2014. 12. 44면.

[57] §108 Abs. 2 BauGB.

[58] Battis/Krautzberger/Löhr, Baugesetzbuch Kommentar, 12. Aufl., 2014, S. 994

[59] 중국 헌법(中华人民共和国宪法)은 "국가는 공공이익의 필요를 위하여 법률
이 정하는 바에 따라 공민의 사유 재산을 징수하거나 징용하고 보상을 할
수 있다."고 규정한다(제13조). 사회주의 국가인 중국 법제상 부동산에 관
한 사유 재산으로는 토지사용권과 가옥(건물) 소유권을 인정한다. 도시 내
토지는 국가소유, 농촌 토지는 주로 집단소유인 二元的 토지 소유법제 하
에서 수용에 해당하는 제도는 실정법상 '징수(征收)' '징용(征用)' '회수(回
收)'라는 용어를 사용한다. 가령 2019년의 「토지관리법」은 토지에 대한 수
용을 '토지징수(征收土地)'라고 한다(제47조). 그러나 중국 수용법제상 구체
적 수용적격 판단절차로서 사업인정에 상응하는 공익성 인정 절차는 확립
되어 있지 않다. 楊官鵬, 앞의 책, 109면 참조.

지 여부를 심사하여야 한다.[60] 현행법상 명문의 규정은 없으나,[61] 관련 규정의 취지를 종합하면 사업인정기관은 사업인정 절차에서 승인대상 사업의 공공성, 수용의 필요성, 수용으로 인하여 제한을 받는 재산의 가치를 종합적으로 판단하여 공공필요가 존재하는지 여부를 판단하여야 한다(토지보상법 제21조 제3항, 동법 시행령 제11조의 2 참조). 그 심사를 위하여 사업시행자는 판단의 자료로서 구체적인 사업계획과 수용 또는 사용할 토지의 세목을 제출하여야 한다(동법 시행령 제10조 제2항 제7호).

실제 사업인정에서 형량요소로 고려되는 것은 주로 구역 내의 토지이고, 그 지상 건축물의 현황이나 가치는 판단과정에서 제대로 고려되기 어렵다. 사업시행자가 심사의 기초자료로 제출하고 있도록 하고 있는 서류도 토지를 중심으로 작성되고 지상 건축물에 관하여는 형식적·개괄적으로 기술되고 있을 뿐이다. 가령 법령상 사업시행자는 사업인정신청시 '토지'의 세목을 제출할 의무가 있을 뿐 그 지상 '건축물'의 세목을 제출할 의무가 있는 것은 아니다. 토지의 세목조서에는 '관계인'으로서 건축물 소유자가 기재되도록 되어 있기는 하나, 당연히 토지의 현황과 권리관계를 중심으로 작성되도록 되어 있다(동법 시행규칙 별지 제12호). 사업시행자가 제출하는 토지·물건조서에도 건축물의 구조와 면적, 관계인 정도가 개괄적으로 기재될

---

60) 김종보, 앞의 책, 340면 참조.
61) 일본 「토지수용법」은 사업인정의 요건으로 "토지의 수용 또는 사용이 공익상의 필요에 따른 것이어야 한다는 점"을 명시하고 있는 반면(제20조 제4호), 우리 현행 「토지보상법」은 아직 사업인정의 요건에 관한 명문 규정을 가지고 있지 못하다. 다만 사업인정 신청시 심사를 위하여 제출하도록 하는 자료에 관한 규정 및 제도의 목적과 취지를 종합적으로 고려하면 공공필요를 심사하여야 한다는 해석을 도출할 수 있다. 사업인정 처분의 근거조문만을 둘 뿐, 사업인정의 요건에 관하여 규정을 전혀 두고 있지 않은 「토지보상법」은 입법개선을 요한다.

뿐 그 가치를 구체적으로 판단할 수 있는 자료는 제출되지 않는다. 만약 사업인정을 신청하는 사업시행자가 사업인정기관에 건축물에 관하여 충분한 정보를 제출하지 않는다면 건축물 소유자 등 권리자가 사업인정 판단과정에서 목소리를 낼 수 있는 절차가 실효적으로 운영되어야 하는데, 우리 현행법은 후술할 광범위한 사업인정의제 제도를 통하여 대부분의 경우 사업인정의 절차 자체를 생략하도록 하고 있다. 결국 현행 제도상으로는 구체적 수용적격판단에 있어서 사업구역에 편입된 건축물의 가치를 대략적으로나마 고려하기 어려운 한계가 있다.

(4) 사업인정 의제 조항의 남발과 형량 누락

1) 사업인정 의제의 개념

다양한 개발사업법에서는 스스로 예정하고 있는 개발사업의 절차에서 일정한 단계의 사업처분을 받으면 「토지보상법」에 따른 사업인정도 받은 것으로 의제하도록 규정하고 있다. 이를 사업인정의 의제라고 한다. 인·허가의제란 주된 허가, 특허 등을 받으면 그 시행에 필요한 다른 법률에 따른 인·허가도 받은 것으로 간주하는 제도이다.[62] 인·허가의제 제도를 통하여 신청인은 행정에 대한 창구가 단일화되고 수 개의 인·허가를 위한 심사가 통합됨으로써 절차 간소화의 편익을 누리게 된다.[63]

일본의 예를 보면, 일본 「토지수용법」은 수용적격사업의 종류를 상세히 열거하면서[64] 「토지수용법」에 의하지 않고 다른 개발사업법

---

62) 김동희, 『행정법 I』, 박영사, 2015, 186면 참조.
63) 최계영, "건축신고와 인·허가의제", 『행정법연구』 제25호, 2009. 12, 166면 참조.
64) 일본 「토지수용법」 제3조.

에 의하여 수용적격사업을 규정할 수 있는 가능성도 인정하고 있다.[65] 일본에서 개별 개발사업법상 수용적격사업을 규정한 경우는[66] 우리나라에 비하여 현저히 적다. 그러나 사업인정의제 제도가 주요 국가의 입법에서 유례없는 제도라는 분석은[67] 반드시 정확하지는 않다. 일본 「도시계획법」은 동법이 정하는 도시계획사업에 대하여는 「토지수용법」 제20조의 규정에 따른 사업인정은 받지 않고, 「도시계획법」 제59조에 따른 허가 또는 승인으로써[68] 이에 갈음한다고 규정하여(제70조 제1항) 사업인정 의제 제도를 두고 있다. 일본의 도시계획사업은 계획의 수립단계에서부터 실시계획의 승인에 이르기까지 공청회 및 도시계획안의 공람과 지방의회의 의결 등의 절차를 거치며, 도시계획사업으로 설치되는 시설들도 전형적인 기반시설에 해당하므로 토지수용법상 사업인정절차를 생략할 수 있도록 하고 있다.[69]

---

65) 동법 제4조 참조.
66) 일본 「도시계획법」 제69조, 「토지구획정리법」 제79조, 「도시재개발법」 제69조, 「주택지개량법」 제11조, 제13조, 제15조, 「측량법」 제19조, 「광업법」 제104조, 제105조, 「채석법」 제35조, 「삼림법」 제50조, 「일본국과아메리카합중국간의상호협력및안전보장조약제6조에따른시설및구역에관한일본국에있어서합중국군대의지위에관한협정의실시를위한토지등의사용에관한특별조치법」 제3조, 「일본국에있어서국제연합의군대의지위에관한협정의실시를위한토지등의사용및어업의조업제한등에관한법률」, 「하수도법」 제32조, 「재해구조법」 제9조, 「사방법」 제22조, 「해안법」 제18조, 「전기사업법」 제58조, 「전기통신사업법」 제27조, 「해항어장(海港漁場)정비법」 제24조, 「국토조사법」 제27조, 「공유수면매립법」 제14조, 「산사태(地すべり)등방지법」 제16조, 「급경사지의붕괴에따른재해의방지에관한법률」 제17조, 「자위대법」 제103조, 제103조의2 등 총 20여개의 법률이 그것이다. 小澤道一, 『逐條解說 土地收用法(上)』, 121-122면 참조.
67) 정기상, 앞의 책, 33면; 한국개발연구원, 앞의 보고서, 153면.
68) 도시계획사업의 인가를 말한다.
69) 荒 秀/小高 剛, 『都市計劃法規槪說』, 信山社, 1998, 234면 참조.

2) 광범위한 사업인정 의제 조항으로 기능이 축소된 토지보상법

문제는 일본은 개별 개발사업법상 사업인정의제 규정을 쉽게 찾기 어려운 반면, 우리나라에서는 사업인정의제에 따라 사업인정 절차를 생략하는 경우가 본래의 사업인정 절차를 거치는 경우보다 훨씬 많아 본래의 사업인정을 압도한다는 점이다. 아래 표는 중앙토지수용위원회(이하 '중토위')가 수용재결한 사업 중 사업인정 절차에 따른 경우와 사업인정이 의제된 경우의 비중을 보여준다.[70]

〈표 2〉 2015년부터 2019년까지 중토위의 수용재결 대상 사업 중
사업인정과 사업인정의제 사업의 건수

구 분	2015	2016	2017	2018	2019	합 계
사업인정	6	5	10	7	39	43
사업인정의제	-	889	2,959	3,098	3,155	6,946
합 계	6	894	2,969	3,105	3,166	6,989

표에서 나타나듯이 2015년부터 2019년까지 5년간 중토위가 수용재결을 한 공익사업 중 실제로 사업인정의 절차를 거친 개발사업의 비중은 약 0.6%에 불과하다. 법률의 규정상으로도 대부분 각종 개발사업법은 스스로 정한 사업 인·허가만 받으면 바로 사업인정으로 의제하여 수용권이 부여되도록 규정하고 있고, 별도로 「토지보상법」에 따른 사업인정 절차를 밟도록 하는 경우는 매우 드물다.[71] 이처럼 우리나라의 현행 제도상 개별 개발사업법들은 각자 추구하는 개발사업의 신속한 추진에 치중하여 「토지보상법」이 예정하고 있는 사업

---

[70] 중앙토지수용위원회, 재결통계(2019)
[71] 「토지보상법」 별표에 규정된 112개의 공익사업 중 「2018 평창 동계올림픽대회 및 동계패럴림픽대회 지원 등에 관한 특별법」에 따른 특구개발사업 등 93개의 공익사업이 사업인정 의제 조항에 따라 해당 개발사업의 인허가만 받으면 별도로 사업인정을 받지 않고 수용권을 부여받는다. 나머지 19개의 공익사업은 사업 인·허가 외에 별도로 사업인정을 받도록 하고 있다.

인정 절차를 생략하도록 하고 있다. 이로 인해 현행 「토지보상법」은 수용 절차법으로서의 기능을 거의 상실하고, 보상에 관한 기본규범 정도로만 축소 운용되고 있다.[72]

「토지보상법」은 2015년 법률개정을 통하여 사업인정으로 의제되는 개발사업법상의 처분을 할 때에는 중앙토지수용위원회와 협의를 거치도록 하고 이해관계인의 의견을 듣도록 하는 규정을 신설하였다(제21조 제2항).[73] 그러나 본래의 사업인정권자인 국토교통부장관이 아닌 중앙토지수용위원회와 협의하도록 규정한 것은 재검토를 필요로 한다. 또한 협의를 요청한 날로부터 30일(1회 연장 가능)이 경과하면 협의가 완료된 것으로 보는 규정을 두어 협의절차에 실효성이 있을지도 의문이 있다(같은 조 제7항).[74] 실무상 중토위는 '의견없음'으로 협의결과를 회신하는 경우가 대부분이다.[75]

---

[72] 현재 「공익사업을 위한 토지 등의 취득 및 보상에 관한 법률」은 '공익사업법', 즉 수용권 발동의 요건으로 공익사업을 인정(사업인정)하는 절차 규범으로서의 기능은 거의 대부분 상실하였고, '토지보상법', 곧 토지의 보상기준을 정하는 규범 정도로서의 사실상 반쪽의 기능에 한정되어 운용되고 있다. 대법원 판례는 법 제정 당시부터 비교적 최근까지도 동법의 제명을 「공익사업법」으로 약칭하여 왔으나, 오늘날 실무와 학계의 대세는 동법을 「토지보상법」이라고 지칭하고 있는 것도 동법의 실제 기능 또는 운용 실태와 무관하지 않다. 한국개발연구원, 앞의 보고서, 42면, 83면도 토지보상법이 사업인정 단계에서 공공필요성 판단에 관한 기본법으로서의 기능을 거의 상실하였고, 보상과 관련한 기본법으로서의 기능 정도만을 수행하고 있다고 하여도 과언이 아니라고 언급한다.

[73] 중앙토지수용위원회 및 이해관계인의 의견청취에 관한 규정은 2015. 12. 29.의 법률개정(법률 제13677회)으로 신설된 것이고, 2015년 개정 당시에는 중토위도 의견청취의 대상으로 규정되어 있었으나 2018. 12. 31. 법률개정(법률 제16138호)에 따라 "협의" 대상으로 바뀌었다.

[74] 이와 달리 협의 규정의 신설로 공익성 통제 기능이 상당히 강화되었다고 평가하는 견해로 석호영, "사업인정제도에 있어 공익성 판단에 관한 비교법적 고찰", 『토지공법연구』, 제85집, 2019. 2, 39면.

[75] 정기상, 앞의 책, 38면 참조. '의견없음'은 사실상의 동의 취지라고 하나, 이

3) 사업인정 의제 조항과 건축물에 관한 권리자

현행 법제와 제도 운용 하에서 사업인정의제 규정은 사업인정의 요건인 공공필요에 관한 심사를 개발사업법의 사업 인허가 요건 심사로 대체하거나, 또는 사업인정의 요건 심사를 생략한 채 사업시행자에게 수용권을 설정하여 주도록 하는 역할을 수행하고 있다. 이는 사실상 수용권 발동에 있어서 공익성 판단 절차를 생략하거나 그 기능을 정상적으로 발휘하지 못하도록 하는 방식으로 개발사업의 추진을 용이하게 하는 장치로 작동하고 있어 위헌성을 내포한다. 그 결과 토지에 관한 권리자는 물론이고 본래 사업인정의 제도설계에서도 주변부에 있는 건축물 소유자나 세입자 등에게는 한층 더 절차에 참여하여 목소리를 낼 기회를 박탈하는 위험성을 초래하고 있다.

(5) 보론 - 사업인정의 판단구조

대법원 판례는 "사업인정처분이라 함은 공익사업을 토지 등을 수용 또는 사용할 사업으로 결정하는 것으로서 단순한 확인행위가 아니라 형성행위이므로, 당해 사업이 외형상 토지 등을 수용 또는 사용할 수 있는 사업에 해당된다 하더라도 행정주체로서는 그 사업이 공용수용을 할 만한 공익성이 있는지의 여부와 공익성이 있는 경우에도 그 사업의 내용과 방법에 대하여 사업인정처분에 관련된 자들의 이익을 공익과 사익간에서는 물론, 공익 상호간 및 사익 상호간에도 정당하게 비교·교량하여야 하고, 그 비교·교량은 비례의 원칙에 적합하도록 하여야 할 것"이라고 한다.[76]

위 판시내용과 같이 수용은 공익사업을 위하여 타인의 특정한 재

는 가부간에 특별히 제시할 의견이 없다는 뜻에 불과하고 해당 사업 내용의 공익성 심사 결과 사업인정 요건을 갖추었음을 확인한다는 '동의'와는 다른 것이므로 책임 있는 형태의 실무운용이라고 말하기는 어렵다.

[76] 대법원 2005. 4. 29. 선고 2004두14670 판결.

산권을 법률에 의하여 강제적으로 취득하는 것을 내용으로 하므로 그 공익사업을 위한 필요가 있어야 하고, 그 필요가 있는지에 대하여는 수용에 따른 상대방의 재산권 침해를 정당화할 만한 공익의 존재가 쌍방의 이익의 비교형량의 결과로 입증되어야 한다.[77] 구체적으로는 사업의 내용과 방법에 대하여 사업인정처분에 관련된 자들의 이익을 공익과 사익 간에서는 물론, 공익 상호간 및 사익 상호간에도 정당하게 비교·교량하여야 하고, 이 때 비교·교량은 비례의 원칙에 적합하도록 하여야 한다.[78] 또한 사업시행자에게 해당 공익사업을 수행할 의사와 능력이 있어야 한다는 것도 사업인정에서 심사하여야 할 하나의 요건이다.[79]

그러나 사업인정이 마치 2단계의 판단구조로 구성되는 것과 같이 판시한 내용에 대하여는 검토를 요한다. 위 판례에서는 사업인정의 판단내용에 관하여 ① 당해 사업이 외형상 토지 등을 수용 또는 사용할 수 있는 사업에 해당되는지 여부와 ② 만약 그러한 사업에 해당한다면 그 사업이 공용수용을 할 만한 공익성이 있는지 여부를 판단하여야 하는 것처럼 판시하고 있다.

일본의 주류적 학설은 사업인정처분은 단순히 그 사업이 법률이 규정하고 있는 종류의 사업에 해당하느냐 해당하지 않느냐를 인정하는 것이 아니라 ① 그 사업이 법률이 규정하고 있는 종류의 사업에 해당하는지 여부(이른바 '形式的 適格')를 판단한 후에 그에 대하여 적극적 판단이 내려진 경우 ② 공익상의 필요가 있는지 없는지(이른바 '實質的 公共性')를 심사하는 것이라고 하고 있다.[80] 이는 사업

---

77) 대법원 2005. 11. 10. 선고 2003두7507 판결.
78) 대법원 2005. 4. 29. 선고 2004두14670 판결.
79) 대법원 2011. 1. 27. 선고 2009두1051 판결; 대법원 2019. 2. 28. 선고 2017두71031 판결.
80) 美濃部達吉, 앞의 책, 100면; 見上崇洋, "土地收用における公益性判斷の裁量統制", 『政策科學』 13券 3号, 2006, 166면; 楊官鵬, 『日中の土地收用制度

인정처분의 설권행위성과 행정청의 판단여지를 확보하기 위한 논리 구성이나, 우리나라의 헌법과 「토지보상법」의 체계 하에서 위와 같은 이론을 그대로 수용하는 것은 再考를 필요로 한다.

우리 법제상 법률이 규정하고 있는 수용적격사업으로서 공익사업과 사업인정처분을 받는 공익사업은 서로 다르지 않고, 양자는 항상 동일하여야 한다. 그것이 바로 현행 헌법 제23조 제3항에서 법률로 공익사업을 규정하도록 하고 있는 취지이기 때문이다. 우리 헌법이 예정하고 있는 수용의 법체계는 법률에서 수용적격사업으로 규정하고 있는 사업의 범주가 사업인정의 대상이 되는 공익사업의 외연보다 더 넓은데, 사업인정이라는 처분 절차를 통하여 그 외연을 좁혀나가는 구조가 아니다. 물론 사업인정기관에게는 불확정법개념으로 규정된 공공필요 또는 공익성의 심사에 있어서 판단여지 또는 요건 재량으로서 일정한 자유의 여지가 있다.81) 그러나 이는 법률의 규정으로 표현되는 추상적 수용적격의 판단 시점에서는 구체적인 사업계획과 사업구역 및 그 안에 존재하는 수용 목적물의 재산가치가 인식될 수 없으므로, 이러한 정보가 확정되어 구체적으로 인식될 수 있는 단계에서 행하여질 또 다른 행정적 판단을 예정하고 있기 때문이고, 헌법이 공공필요가 존재하는 사업과 함께 공공필요가 존재하지 않는 사업도 포함하여 저인망(底引網)식으로 공익사업을 폭넓게 입법할 수 있도록 허용하기 때문이 아니다.82)

の比較法的硏究』, プログレス, 2017, 93면 참조.

81) 불확정법개념과 요건재량에 관하여는 朴正勳, 『행정소송의 구조와 기능』, 박영사, 2006, 52면(각주 23); 朴正勳, "불확정개념과 판단여지", 『행정작용법』(中凡金東熙敎授停年記念論文集), 2005, 250면 이하 참조.

82) 헌법재판소는 구 「국토계획법」의 체육시설의 정의조항에 대한 헌법불합치 결정에서, 국토계획법은 수용권을 발동할 수 있는 도시계획시설사업의 하나로 체육시설을 규정하고 있지만, 체육시설 중 공공필요가 인정되는 범위로 정의조항을 한정해 두어야 함에도 체육시설의 내용을 대통령령에 포괄

어떤 사업시행자가 수용적격사업을 규정한 법률 규정만을 근거로 수용권을 발동할 수 있는 것은 아니고, 실제 수용권을 발동하기 위하여서는 사업인정이라는 행정처분의 절차를 추가로 필요로 한다. 그러나 어떤 구체적인 개발사업도 수용적격사업에 요구되는 공공필요를 갖추었든지 갖추지 못하였든지 둘 중 하나의 판단을 받을 수 있을 뿐이다. 그 판단에 관하여 추상적 수용적격을 결정하는 법률과 구체적 수용적격을 결정하는 사업인정 처분에서 서로 다른 판단을 가지고 있는 것은 아니다.[83]

5. 제3단계 : 개별적 수용적격 판단

(1) 다양한 개별적 수용적격 판단 제도

구체적 '사업' 단위의 공공필요 판단인 구체적 수용적격 판단에 이어서, 최종적으로 수용 대상이 되는 개별 '재산' 단위의 공공필요 판단이 이루어진다. 이 책에서 이를 개별적 수용적격 판단이라고 부르기로 한다. 개별적 수용적격 판단에서는 '해당 재산'이 과연 사업

위임함에 따라 기반시설로서의 체육시설의 구체적인 범위를 결정하는 일을 전적으로 행정부에게 일임한 결과가 되어 버렸고, 이로 인해 공공필요를 인정하기 곤란한 일부 골프장과 같은 시설까지도 체육시설의 종류에 속하는 것으로 규정되는 경우 수용권이 과잉행사될 우려가 발생하게 되므로 헌법에 합치되지 않는다고 판시하였다. 헌법재판소 2011. 6. 30. 2008헌바 166 등 결정(판례집 23-1하, 288).

83) 대법원은 '휴양형 주거단지'는 국내외 관광객, 특히 고소득 노년층을 유치하여 중장기 체재하도록 함으로써 관광수익을 창출하는 것을 주된 목적으로 하는 시설로서, 국토계획법에 정한 기반시설인 '유원지'와는 그 개념과 목적이 달라 국토계획법령이 정하는 도시계획시설인 유원지에 해당하지 아니한다는 이유로 휴양형 주거단지를 개발하는 내용의 도시계획시설사업 실시계획인가가 무효라는 취지로 판단한 바 있다(대법원 2015. 3. 20. 선고 2011두3746 판결).

목적상 불가피하게 '필요'한가라는 관점에서 형량이 이루어진다. 우리나라에서 개별적 수용적격 판단은 보통 토지수용위원회에 의한 수용재결(행정처분)의 형태로 행해진다. 그런데 이는 「토지보상법」이 예정하고 있는 사업인정 및 수용재결 절차를 거치는 수용제도에 한정되는 것이고, 실정법상 존재하는 다양한 헌법상 수용 제도 중 수용재결과 절연되어 있는 형태의 수용은 재결이 아닌 다른 형태로 개별적 수용적격 판단이 이루어진다. 가령 「징발법」상 징발에 있어서 개별적 수용적격 판단은 징발영장 발행[84]이라는 처분의 형태로 이루어진다. 우리나라에서 소송절차에 의하여 개별적 수용적격을 판단하도록 하는 예는 「도시정비법」상 주택재건축정비사업의 매도청구제도(동법 제64조)이다.[85] 사업시행자(조합)가 사업에 반대하는 토지 또는 건축물 소유자, 즉 피수용자를 상대로 제기한 매도청구소송(소유권이전소송)에서 수소법원이 개별적 수용적격 판단을 하게 된다. 이는 소송의 형태를 가지고 있지만 그 실질은 개별적 수용적격 판단을 하는 수용처분이다(수용소송으로서 매도청구소송). 이 때 수소법원은 실질적으로 수용처분의 주체가 되고, 수소법원이 판단하여야 할 실체적 쟁점은 개별적 재산권을 수용할 필요라는 측면에서의 공공필요와 정당한 보상이라는 두 가지 사항이다.

(2) 개별적 수용적격 판단절차에 관한 비교법적 검토

1) 프랑스

프랑스에서 개별적 수용적격은 일차적으로 행정청이 판단하도록 하면서도 실제 재산 이전의 효과는 사법(司法)절차에 의하도록 하고

---

84) 「징발법」 제7조.
85) 김종보, "새로운 재건축제도의 법적 쟁점", 『한국 공법이론의 새로운 전개』(牧村金道昶博士八旬記念論文集), 2005, 104-107면 참조.

있다. 즉 프랑스의 개별적 수용적격 판단은 이원화되어 있다. 수용의 대상이 되는 목적물의 확정은 토지조사 후에 양도명령(arrêté de cessibilité)를 통하여 이루어진다. 양도명령은 도지사령(아레떼)의 형식으로 발해지며, 그 효과는 수용될 재산이 이전될 수 있다는 것을 선언하는 것으로[86] 곧바로 소유권 이전의 효과를 가져오는 것은 아니고 후속하는 사법절차에서 판사의 수용명령(l'ordonnance d'expropriation)의 기초가 된다. 물론 양도명령은 월권소송의 대상이 된다. 양도명령에 대한 월권소송을 제기하면서 부수적 통제로 공익성 인정선언의 위법을 다툴 수 있다.[87] 이어지는 사법절차에서 수용명령이 내려진다. 수용명령은 일반법원(1심 사법법원: Tribunal de grande instance)의 관할에 속한다. 그 재판 형식은 대심적 구조에 따른 판결이 아니라 결정의 형식이다.[88] 이 수용명령은 수용목적물의 소유권 이전을 초래하는 국가작용이라는 점에서 우리 「토지보상법」상 수용재결에 상응하는 기능을 수행한다.

2) 독일

① 개요

독일 수용법제에서는 구체적 수용적격에 해당하는 일부의 판단과 개별적 수용적격 판단을 포함하는 형태의 처분인 수용결정(Enteignungsbeschluß) 절차를 두고 있다.[89] 독일에서는 통상 개발사

---

86) 이러한 이유에서 양도명령을 이전가능성 결정이라는 용어로 번역하기도 한다. 박균성, "프랑스 공용수용법제와 그 시사점", 『토지공법연구』 제30집, 2006. 3. 176면.

87) 전훈, 앞의 논문, 261면 참조.

88) 한견우, 앞의 논문, 199면 참조.

89) 연방건설법전상 수용결정은 상급 행정청(höheren Verwaltungsbehörde)의 처분이고(§112, §113 BauGB), 주(州)법상으로는 통상 광역지방자치단체의 행정

업의 계획확정절차를 통하여 구체적 수용적격 판단이 이루어지고, 수용절차로서는 우리 「토지보상법」상의 수용재결에 상응한다고 할 수 있는 수용결정이라는 행정행위가 예정되어 있다. 수용처분의 절차를 설계하는 입법자는 토지소유권 자체를 박탈당하는 자의 절차적 권리나 보상받을 권리는 비교적 섬세하게 규율하지만, 토지나 건축물의 기타 권리자는 그에 비하여 소홀히 취급하기 쉽다. 아래에서 살펴보듯이 독일의 수용결정 제도는 이들에 대한 절차적 권리 보장과 정당보상의 관철이라는 측면에서 세심한 배려를 기울이고 있다.

② 구두변론절차 및 통지와 공고에 의한 절차참여권 보장

독일은 토지수용을 행정행위에 의하도록 구성하고 있는 법제임에도 그 수용절차는 소송절차를 방불케하는 구두변론(mündliche Verhandlung)의 기일을 지정함으로써 개시된다(연방건설법전 제105조, 제108조).[90]

구두변론절차에서 수용청은 토지소유자, 관계인, 사업시행자 및 관계 행정청에 의사표명의 기회를 제공하여야 한다. 수용결정이 구두변론절차를 근거로 행하여진다고 하여 구두변론에서 당사자에 의하여 주장된 사항에 한하여서만 판단할 수 있다는 것을 의미하지는 않는다.[91] 구두변론에는 사업시행자(신청인), 토지소유자, 그 밖의 등기부상에 권리자로 표시된 관계인과 지방자치단체가 모두 출석하여 의견을 진술한다. 이들 전원에게 구두변론 기일로부터 1개월 이

청(가령 바이에른 토지수용법 제19조)의 처분이다(동법 제30조, 제31조).

[90] 독일 연방건설법전의 우리말 번역본으로는 한국토지개발공사의 1984년 번역본(獨逸 聯邦建築法)과 신봉기 교수님의 2008년 번역본(독일 건설법전, 경북대학교 『法學論攷』 제29집, 2008. 12)이 있다. 이 책에서 인용한 독일 연방건설법전 조문은 이들 국역본을 참조하여 번역한 것임을 밝힌다.

[91] Battis/Krautzberger/Löhr, Baugesetzbuch Kommentar, 12. Aufl., Berlin, 2014, S. 1005 참조.

전에 송달되는 출석요구서(Ladung)에는 ① 수용신청인(사업시행자) 및 수용대상토지의 표시, ② 수용신청서 및 첨부자료를 수용청에서 열람할 수 있다는 뜻과 수용신청의 요지, ③ 수용신청에 대한 이의는 가능한 한 구두변론 전에 수용청에 서면으로 제출하거나 문서에 의한 의사표시를 하도록 하는 요청, ④ 만약 출석하지 않더라도 수용결정이 내려질 수 있다는 뜻이 포함되어야 한다(동법 제108조 제3항). 수용절차의 개시는 관계인에게 개별적으로 통지될 뿐 아니라 널리 이해관계인에게 알리기 위하여 해당 지방의 관례에 따라 공고되어야 하고(같은 조 제5항), 수용절차의 개시가 토지 등기부에 기재되도록 촉탁한다(같은 조 제6항). 관례에 따른 공고는 개별적으로 소환되지 않은 관계인이나 등기부상 권리자로 표시되지 못한 권리자들에게 수용절차를 알리는 역할을 한다.[92] 독일의 수용결정은 필요적 구두변론절차와 그에 앞선 통지와 공고 및 공시제도를 운용함으로써, 다양한 보상권리자들이 수용절차에 참여할 수 있는 가능성을 높이고, 개별적 수용적격판단과 보상판단에서 이들 보상권리자들이 누락되지 않고 고려될 수 있도록 하는 제도적 장치를 마련하고 있다.

특히, 우리나라의 수용 실무에서 「토지보상법」 제15조 또는 제26조에 따른 보상계획공고시에 구체적인 수용의 목적물을 인식할 수 있는 자료가 되는 토지 및 물건조서의 내용을 법문에 따라 일간신문에 그대로 공고하지 않고 '열람장소에 비치'하였다고 기재하는 식으로 생략하는 경우가 많으며, 토지소유자 및 관계인에 대한 개별통지시에도 역시 토지 및 물건조서의 내용을 생략하는 경우가 많아[93] 수용을 당하게 되는 사람 입장에서 토지 및 건축물이 공익사업에 편입된다는 사실 자체를 인지하지 못하게 될 위험성이 상존하고 있다. 여기에 더하여 현재의 수용재결제도는 불고불리[94]·비공개[95]·서면심

---

92) Battis/Krautzberger/Löhr, a.a.O., S. 995 참조.
93) 장인태/조장형, 『토지보상법 이해』, 법률출판사, 2021, 133면 참조.

리를[96] 원칙으로 운용되고 있어 소유자가 아닌 토지나 건축물의 점유자들은 재결의 상대방이 되어 절차에 참여할 수 있는 가능성이 희박하다는 점과 대비하여 보면, 피수용자에 대한 정보제공과 절차적 권리 보장의 측면에서 독일의 구두변론절차 및 통지와 공고제도는 많은 시사점을 제공한다.

③ 소유권 이외의 권리들도 고려하도록 하는 수용결정

수용절차 개시 후 협의가 성립하지 않으면 수용청은 구두변론을 거친 심리 결과에 따라 결정(Entscheidung)을 내려야 한다(연방건설법전 제112조 제1항). 수용청이 사업시행자의 수용신청을 인용하는 결정을 내리는 경우에는 ① 소유권 이외의 권리 중 수용대상인 토지 위에 존속되는 권리, ② 수용대상인 토지, 대체지 또는 기타 토지에 어떤 권리가 설정되는지, ③ 대체지 보상의 경우에는 소유권의 이전에 대하여 동시에 결정하여야 한다(같은 조 제3항). 수용결정은 행정행위로서 사법심사의 대상이 된다.

수용청의 수용결정은 토지소유자 등 관계인에게 송달되어야 한다(동법 제113조 제1항). 수용결정서에는 ① 수용관계인 및 수용신청인(사업시행자), ② 기타 관계인, ③ 수용목적 및 토지를 예정된 목적에 이용해야 할 기간, ④ 수용 목적물, ⑤ 토지에 대한 권리 설정의 경우 그 종류, 권리의 순위, 권리자, ⑥ 수용 전후의 소유권관계 및 기타 법률관계, ⑦ 보상의 종류와 금액 등이 표시되어야 한다. 특히 수용 목적물의 표시에 있어서는 ① 토지의 소유권이 수용목적물인 경우에는 토지의 면적과 등기부상·토지대장상·기타 관례상의 표시,

---

94)「토지보상법」제50조 제2항.

95)「중앙토지수용위원회운영규정」(2019. 7. 1. 개정) 제7조(회의의 비공개)

96)「토지보상법」제32조 제2항,「중앙토지수용위원회운영규정」제8조의2(서면의결).

② (토지소유권 외에) 토지상의 기타의 권리가 독립적인 수용목적물인 경우에는 이러한 권리의 내용과 등기부상의 표시, ③ 토지의 취득, 점유 및 사용권한을 부여하거나 의무자에게 토지의 사용을 제한하는 인적 권리가 독립적인 수용의 목적물인 경우 그 권리의 내용과 성립원인 등이 포함되어야 한다(같은 조 제2항). 보상에 관하여서는 누가 누구에게 지급하여야 하는가를 특정한 보상의 종류 및 금액을 항목별로 구분하여 기재하여야 한다(같은 조 제2항 제8호). 이로써 법률에 정통하지 않은 사람이라 하더라도 수용의 영향을 받는 사람과 물건 및 수용의 효과를 명확히 인식할 수 있도록 하고 있다.[97]

이와 같이 독일의 수용결정은 소유권의 상실 그 자체 뿐 아니라 그 이외의 권리들을 수용결정에서 고려하도록 하고, 이들에 대한 보상이 수용결정에서 누락되지 않고 판단될 수 있도록 세심한 주의를 기울여 제도를 설계하고 있다. 또한 수용결정이 위와 같은 권리자들에게 송달되도록 함으로써 불복의 기회를 보장하고 있다.

3) 미국

미국은 주로 소송(수용소송)에 의한 개별적 수용적격 판단 절차를 채택하고 있다. 미국의 수용 절차는 연방과 주의 수용절차가 나누어지고, 대부분의 수용이 이루어지는 주의 수용절차는 각 주 별로 입법하고 있으므로, 단일한 특정 절차에 의하지는 않는다. 수용절차는 주별로 행정절차를 채택하는 경우가 있고, 사법절차에 의하는 경우가 있으나, 대부분의 주는 사법절차를 택하고 있다.[98]

연방 차원의 수용에 적용되는 연방법인 1970년의 「표준 이주지원 및 부동산취득법」(Uniform Relocation Assistance and Real Property

---

97) Battis/Krautzberger/Löhr, a.a.O., S. 1008 참조.
98) Julius Sackman/Russel van Brunt/Patrick J. Rohan/Melvin Reskin/Tony Prince Brigham, Nichols on Eminent Domain, Matthew Bender, 1997, §24. 02.

Acquisition Act of 1970)에 따르면[99] 사업시행자와 재산권자 사이의
협의취득이 우선 행하여지고, 협의취득이 이루어지지 않을 경우 사
업시행자가 주 법원 또는 연방법원에 수용절차(condemnation
proceeding)을 신청함으로써 공용수용소송이 개시된다. 그 구체적 소
송절차는 「연방민사소송규칙」(Federeal Rules of Civil Procedure for
the United states Distict Courts) 제9장(title IX)에 규정된 특별 소송절
차(special proceedings)에 따른다.

한편, 주(state) 차원의 수용의 예로서 캘리포니아 주의 수용절차
를 살펴보면, 행정에 의한 필요결정(resolution of necessity)을 거친 이
후 실제로 재산을 강제취득하기 위하여 재산권자를 상대로 법원에
공용수용소송(eminent domain action)을 제기하도록 하는 방식을 채
택하고 있다. 캘리포니아 주 헌법은 공용수용에 관한 규정을 명시하
고 있다.[100] 이 규정에서는 정당보상의 결정이 배심에 의하여 판단
되도록 한다.[101] 배심은 지역 주민들로 구성되어 민주적 정당성이
확보되고, 사실요소에 관한 경험적 정보를 보유하고 있을 것이므로
합리적인 보상 판단을 도출할 가능성이 높기 때문이다.[102]

---

[99] 40 U.S.C. 3114. 이 법률은 연방의 직할사업 및 연방의 보조를 받아 주나
자치단체 등이 시행하는 사업(federal and federally assisted programs)에 적
용된다. 최환용, "미국의 손실보상기준(Relocation Act)에 관한 연구 -특히
이주대책과 생활재건조치를 중심으로-", 부동산연구 제15권 제1호, 2005.
6. 28면 참조.

[100] California Constitutuion Art. 1 § 19

[101] 캘리포니아 주의 공용 수용절차에 관하여는 정하명, "영·미의 공용수용과
보상제도", 『토지공법연구』 제49집, 2010. 5, 138면 이하; 유현숙, "미국의
재산권 수용제도", 『토지보상법연구』, 제16집, 2016. 2, 66면 이하를 참조하
였음.

[102] 정하명, 앞의 논문, 141면 참조. 캘리포니아 주의 구체적 수용절차는 다음
과 같다. ① 최초접촉(initial contact): 행정기관이 재산권자에 대하여 재산
에 대한 수용의사와 감정기일 등을 알려준다. ② 재산감정(appraisal of the
property): 수용하고자 하는 재산의 가격을 책정하고, 소유권자에게 매매의

4) 일본

일본은 우리나라와 마찬가지로 행정부에 속하는 수용위원회에 의한 수용재결제도를 규정하고 있다(일본 토지수용법 제47조의2, 제48조, 제49조).

(3) 개별적 수용적격 판단절차로서 수용재결

우리나라의 「토지보상법」상 전체로서의 수용절차는 ① 구체적 수용적격 결정인 사업인정 절차와 ② 개별적 수용적격 결정인 수용재결 절차로 구성된다. 특정 개발사업에 대하여 구체적 수용적격 판단(사업인정)을 받은 것을 전제로 실제 사업지구 내에 존재하는 개별적인 특정 토지 및 건축물 등의 소유권을 최종적·종국적으로 박탈하여도 좋다는 판단을 하게 된다. 이는 사업인정을 통하여 공익사업으로

청약(offer to purchase)을 한다. 재산권자가 청약을 받아들이면 수용절차는 종결된다. ③ 공청회(public hearing): 청약이 거부된 경우 공청회를 개최하고 이해관계인 등의 의견을 수렴한다. ④ 필요결정(resolution of necessity): 필요결정은 행정기관이 특정 재산을 수용을 통하여 취득하겠다는 공적 견해 표명이다. 필요결정을 하기 위해서는 재산권의 취득을 요하는 개발계획이 필요하고, 그 개발계획의 시행을 위해 해당 재산이 필요하며, 그 개발계획은 최소한의 권리 침해로 최대한의 공익을 제공할 수 있어야 하고, 매매의 청약이 행하여졌다는 행정기관의 사실인정(finding)이 있어야 한다. ⑤ 공용수용소송(eminent domain action): 행정기관은 필요결정 이후 재산권자를 상대로 법원에 공용수용소송을 제기한다. 행정기관이 공용수용소송을 제기하기 위해서는 필요결정이 사전에 갖추어져 있어야 한다. 수소법원은 디스커버리(discovery) 절차를 거쳐 수용 목적 재산의 공정시장가격을 결정한다. 수용당사자가 보상액에 관한 합의에 도달하지 못하면 판결에 의하여 결정한다. 이 때 먼저 배심이 공정시장가격을 정하는 평결을 하고, 판사는 평결에 근거하여 최종적으로 판결을 내린다. 판사는 특별한 사유가 없는 한 배심의 평결을 존중하여야 한다. ⑥ 보상금의 지급과 재산의 이전: 행정기관은 판결 선고일로부터 30일 이내에 재산권자에게 보상금을 지급하여야 하고, 해당 재산의 권리(title)는 판결의 효력에 의해 행정기관에게 이전된다.

인정받은 해당 사업 시행을 위하여 특정한 재산권을 수용하여도 좋다
는 '개별 재산권' 단위의 공공필요 판단이다. 「토지보상법」상 개별적
수용적격 판단으로서 수용재결은 곧 수용처분(Enteignungsverfügung)이
된다.103)

　　구체적 수용적격 판단과 달리 개별적 수용적격 판단의 단계에서
는 해당 사업계획 자체의 '공익성'이 아니라, 수용대상이 된 특정 재
산권을 박탈할 '필요성'이 있는지에 주목한다. 구체적 수용적격 판단
이 구체적인 개발'사업'의 사업계획을 중심으로 이루어지는 반면, 개
별적 수용적격 판단은 특정한 '재산권'을 수용할만한 필요성에 주목
한다.104) 현행 「토지보상법」은 토지수용위원회의 재결사항으로 ①
수용하거나 사용할 토지의 구역 및 사용방법, ② 손실보상, ③ 수용
또는 사용의 개시일과 기간 ④ 그 밖에 법률에서 규정한 사항을 규
정하고 있다(제50조). 법률이 재결사항의 첫 번째 항목으로 "수용하
거나 사용할 토지의 구역"을 들고 있는 것은 사업인정으로 결정된
사업구역을 그대로 재결서에 옮겨 적으라는 뜻이 아니라 재결 절차
를 통하여 수용 목적물인 토지의 개별적 공공필요('필요성')를 판단
하라는 취지로 해석된다.105)

　　수용은 공익사업을 위하여 타인의 특정한 재산권을 법률의 힘에
의하여 강제적으로 취득하는 것이므로 수용할 목적물의 범위는 원
칙적으로 사업을 위하여 필요한 최소한도에 그쳐야 한다. 구체적 수
용적격 판단과 개별적 수용적격 판단의 구체적 기준은 모두 비례의
원칙이다.106) 그런데 양 절차에서 비례의 원칙이 적용되는 양상은

---

103) 대법원 1990. 6. 12. 선고 89누8187 판결; 장인태/조장형, 앞의 책, 219면 참
　　조. 反對: 美濃部達吉, 225면.
104) 사업인정과 마찬가지로, 현행 「토지보상법」은 수용재결 처분의 근거 조문
　　만을 둘 뿐, 그 요건에 관한 명시적 규정을 두고 있지 않아 입법개선을 요
　　한다.
105) 유사한 취지: 정기상, 앞의 책, 82-83면.

서로 다르다. 구체적 수용적격 판단에서 비례의 원칙은 사업계획으로 달성하고자 하는 공공필요와 해당 사업지구 내에 존재하는 전체 토지재산권의 제약으로 인한 침해를 포괄적으로 저울질하는 형태로 적용된다. 반면, 개별적 수용적격 판단에서 비례의 원칙은 개발사업으로 달성하고자 하는 공공필요가 수용의 목적물이 된 특정한 재산권을 박탈하는 것을 정당화할 수 있는가라는 개별적인 비교형량의 형태로 적용된다.

(4) 건축물 수용의 공공필요 통제와 수용재결

1) 구체적 수용적격에서 인정된 공공필요 판단의 존중

일반적으로 구체적 수용적격 판단인 사업인정이 있으면 사업 구역 내에 존재하고 있는 모든 토지 및 그 지상 정착물은 원칙적으로 수용될 것으로 일응 결정된 것이라고 보아도 좋다. 전체로서의 사업의 공익성은 사업인정을 통하여 이미 판단되었으므로 사업인정이 취소되지 않는 한 토지수용위원회가 수용재결 단계에서 사업인정 자체를 무의미하게 하는, 즉 사업의 시행이 불가능하게 되는 것과 같은 재결을 행할 수는 없다.107) 이러한 구조는 후술하듯이 일본과 독일에서도 유사한 법 원칙으로 발견된다. 현재 우리나라 중토위의 재결 실무는 사업인정이 있었던 이상 재결단계에서 토지수용에서 제외하여 달라는 주장은 받아들이지 않는 것으로 운용되고 있다.108)

---

106) 대법원 2005. 11. 10. 선고 2003두7507 판결; 대법원 1987. 9. 8. 선고 87누395 판결, 1994. 1. 11. 선고 93누8108 판결 등.

107) 대법원 1994. 11. 11. 선고 93누19375 판결; 대법원 2007. 1. 11. 선고 2004두8538 판결.

108) 중앙토지수용위원회 재결례[수용-토지수용재결 제외요청에 대한 재결(09. 12. 17)]

2) 사업인정 단계에서 건축물 권리자의 절차참여를 보장하는 일본

일본은 2001년 「토지수용법」 개정으로 토지소유자 및 관계인이 사업인정에 대한 불복에 관한 사항을 수용재결절차에서 주장할 수 없다는 명문의 규정을 두고 있다(제43조 제3항, 제63조 제3항). 그 이유로는 사업인정에서 판단되어야 할 사항이 수용재결절차에서 다투어져 재결심리가 장기화되는 사태가 많았던 바 수용재결은 본래의 역할인 정당보상의 실현기능에 집중하도록 하기 위함이라고 한다.109) 현재 일본에서 통용되는 해석론은 수용절차란 크게 ① 사업인정절차와 ② 재결절차로 구성되는데 사업인정절차(①)는 공공필요를 인정하는 역할을, 수용재결절차(②)는 정당한 보상을 확정하는 역할을 분담한다고 한다.110)

일본에서 개정 전 「토지수용법」의 주요 문제점으로 꼽고 있었던 것은 첫째, 사업인정의 공익성 판단에 다툼이 많았으며 이해관계인의 목소리를 낼 수 있는 공청회의 개최를 바라는 요구가 많았다는 점, 둘째, 수용재결절차에 이르러 비로소 사업의 공익성을 다투는 쟁점이 많이 제기되어 절차가 지연되었고 트러스트 운동(トラスト運動)과 같은 사업반대운동으로 이어졌다는 점이었다. 이러한 문제점에 따라 일본에서는 대체로 전체로서의 수용절차내에서 2단계의 명확한 역할분담 구조를 형성할 필요를 느끼고 있었다.111)

이에 일본의 2001년 개정 「토지수용법」은 사업인정절차에서의 정보공개, 공청회 및 사업설명회 개최 의무화 등으로 독일과 유사하게 이해관계인과 주민의 의견청취의 통로를 법정화하고 공익성 판단절차를 대폭 강화하는 동시에, 다른 한편 수용재결절차에서는 보상금

---

109) 國土交通省 綜合政策局 土地收用管理室, 『改正土地收用法の解説』(補訂版), 大成出版社, 2004, 163면 참조.
110) 國土交通省 綜合政策局 土地收用管理室, 앞의 책, 6면 참조.
111) 國土交通省 綜合政策局 土地收用管理室, 앞의 책, 7면 참조.

을 확정하는 데에만 전념하도록 명문의 제한규정을 둔 일종의 타협의 결과이다. 이처럼 일본은 수용재결 전 단계의 공공필요 판단인 사업인정의 절차를 대폭 강화하여 토지 뿐 아니라 절차 내에서 목소리를 내기 어려운 건축물 권리자들까지 접근장벽이 낮은 공청회나 사업설명회를 통하여 사업인정의 판단 절차에 참여할 수 있도록 보장하고 있다. 그리고 일본은 법제상 개발사업에서 정식의 사업인정을 거치는 경우가 대부분이고 사업인정의제조항을 통하여 절차가 생략되는 비중은 우리나라에 비하여 훨씬 낮다.

3) 계획확정절차를 통하여 절차 참여를 보장하는 독일

독일도 수용결정에 앞선 단계인 계획확정절차(Planfeststellungsver-fahren)에서 이미 사업의 허용성과 사업실현의 방법으로서 수용권 부여에 대하여 구속적 결정이 내려진 경우 불가쟁력이 발생한 그 결정은 수용결정을 하는 행정청에 대하여 구속력을 갖는다.[112]

독일의 계획확정절차는 사업 인·허가권자인 행정청으로부터 독립된 청문주재자가 절차를 진행하므로 공정성의 측면에서 특장점을 갖는다. 청문주재자가 진행하는 절차는 다수 당사자가 다양하게 자신이 입장을 밝히는 구조로 사실조사, 전문가의견, 이해관계인 주장 등이 폭넓게 제시될 수 있도록 되어 있다. 특히 다수 당사자의 이의 제기와 공동토론을 위한 토론기일은 절차상 중요한 특징이다(독일

---

[112] BVerwG NJW 1986, 1508; 또한 바이에른 토지수용법 제28조. Hoppenberg/de Witt(Hrsg.), Handbuch des Öffentlichen Baurechts Band Ⅱ, München, 2005, §§15a, 15b. 참조. 독일 행정절차법상 계획확정절차는 법률이 정하는 일정한 행정계획에 대해 적용될 것을 예정하고, 보통의 행정행위의 절차와는 다른 특별 규정들을 두고 있다. 법령에 의해 계획확정절차가 적용되는 행정계획은 주로 대형국책사업 등에 관한 것들이다. 김종보, "계획확정절차의 도입 - 계획확정절차의 형식과 실질 -", 『행정법학』, 제5호, 2013. 9, 155면 참조.

행정절차법 제73조 제6항 1문).[113] 이처럼 계획확정절차를 통하여 사업의 공익성에 관한 충분한 의견수렴과 판단 절차를 확보하고 있는 독일이나 그와 유사한 절차를 도입한 일본과 달리 우리나라에서 수용재결의 전 단계인 사업인정은 대부분 의제조항을 통하여 공익성에 대한 심사 자체가 형해화(形骸化)되어 있으므로 독일과 동일한 방식으로 선행 처분의 구속력을 강력하게 인정할 정당성은 박약하다.

4) 우리나라의 수용재결 절차에서 판단될 공공필요의 내용

우리 「토지보상법」의 해석상으로도 수용재결 절차에 있어서 사업인정이라는 선행 처분의 목적과 취지를 훼손하는, 즉 사업시행을 불가능하게 하는 방식의 재결은 허용되지 않는다.[114] 그러나 일본의 「토지수용법」과 같이 수용재결 절차에서 공공필요에 관한 주장을 할 수 없다는 제한 규정을 두고 있지 않은 우리 「토지보상법」의 해석으로는 수용재결절차에서 개별 재산의 수용 필요성에 관한 소극적 형태의 판단이 다시 행하여지는 것이 전적으로 금지되지는 않는다고 해석된다.

구체적으로는 첫째, 사업인정 이후 사정변경으로 해당 사업이 공익성을 상실하거나 관련 이익이 현저하게 비례원칙에 어긋나게 되

---

[113] 김종보, "계획확정절차의 도입-계획확정절차의 형식과 실질-", 156면 참조.
[114] 대법원 2007. 1. 11. 선고 2004두8538 판결: "구 토지수용법(2002. 2. 4. 법률 제6656호 공익사업을 위한 토지 등의 취득 및 보상에 관한 법률 부칙 제2조로 폐지)은 수용·사용의 일차 단계인 사업인정에 속하는 부분은 사업의 공익성 판단으로 사업인정기관에 일임하고 그 이후의 구체적인 수용·사용의 결정은 토지수용위원회에 맡기고 있는바, 이와 같은 토지수용절차의 2분화 및 사업인정의 성격과 토지수용위원회의 재결사항을 열거하고 있는 같은 법 제29조 제2항의 규정 내용에 비추어 볼 때, 토지수용위원회는 행정쟁송에 의하여 사업인정이 취소되지 않는 한 그 기능상 사업인정 자체를 무의미하게 하는, 즉 사업의 시행이 불가능하게 되는 것과 같은 재결을 행할 수는 없다."

었거나 사업시행자가 해당 공익사업을 수행할 능력이나 의사를 상실한 경우 수용재결신청을 기각하여야 한다.115) 둘째, 개별적 수용적격의 판단 절차를 통하여 특정한 토지 및 건축물은 수용대상에서 제외하더라도 개발사업의 목적달성에 지장이 없고, 해당 토지 및 건축물은 존속보장을 유지할만한 특별한 이유가 존재하는지를 판단하는 소극적 형태의 공공필요 심사는 이루어져야 한다고 해석된다.116) 특히 문제가 되는 건축물을 보존하더라도 사업시행의 목적 달성을 불가능하게 하거나 저해하는 것이 아니고, 사업시행계획의 주된 효력을 해하지 않고 보존이 가능한 반면 해당 건축물의 가치는 매우 높은 경우라면 수용재결 절차에 이르러 수용 목적물에서 제외할 가능성은 여전히 남아있다고 본다.117)

최근 사업인정이 의제되는 개발사업의 사업시행인가의 단계에서 사업구역 내 존재하는 건축물의 가치를 전혀 고려하지 못하고 사업처분이 발급된 후에, 보상 협의 단계에 이르러 비로소 해당 건축물의 보존 여부가 논란이 되자 지방자치단체가 개발사업 전체를 중단하는 극단적인 대책을 발표함으로써 심각한 갈등과 비효율을 초래한 사례가 나타난 바 있다.118) 이 사례가 보여주듯 현행 법제상 사업

---

115) 대법원 2011. 1. 27. 선고 2009두1051 판결; 박균성, 『행정법론(하)』, 511면 (수용권의 남용).

116) 유사한 취지: 정기상, 앞의 책, 88면.

117) 관련기사: "소리 없이 헐리는 근대 건축물…관리·보존대책 시급"(전남일보 2020.10.21.자); "기억 또렷한 인천 역사현장…개발 등에 밀려 철거·매각위기"(연합뉴스 2018.1.19.자); "도시재생사업 한다며 보존가치 큰 건물 허무는 강서구"(국제신문 2020.5.31.자); "옛 도시산업선교회마저… 인천 근대 건축물 또 철거 논란"(한국일보 2021.7.20.자); "70년 역사 교회 2곳, 택지개발로 나란히 철거 위기"(서울신문 2019.8.23.자) 등.

118) 관련기사: "을지로 노포 철거 논란… 박원순 "보존방향으로 재설계 요청""(조선일보 2019.1.16.자); "박원순 "을지로 재개발 전면 재검토"…쓸 수 있는 카드 있나?"(한겨레 2019.1.21.자); "을지면옥 강제철거 안한다…서울시, 재개발 사업 중단"(중앙일보 2019.1.23.자); "박원순 시장, 을지로·청계천 재

인정 단계에서 개별 토지는 물론이고 지상 건축물의 고유한 가치는 더더욱 구체적으로 들여다볼 제도적 장치가 부실한데다가, 사업인정 의제 제도의 남발로 인하여 피수용자 측이 입게 될 사익의 요소가 수용재결 이전 단계에서 사실상 거의 고려되지 못하는 한계가 있다는 점을 고려하면 위와 같은 해석의 정당성은 더욱 높아진다.

5) 기존 건축물의 존치제도와 수용재결에서 건축물의 공공필요 판단

참고로, 현행 개발사업법상으로도 공익사업의 사업지구 내에 있는 기존 건축물을 수용대상에서 제외하기 위한 특별 규정을 두고 있는 경우가 있다. 가령 「택지개발촉진법」은 택지개발지구에 있는 기존의 건축물을 이전하거나 철거하지 않아도 사업에 지장이 없다고 인정하는 건축물을 존치하게 할 수 있다고 규정한다.[119] 이러한 존치 건축물로는 해당 건축물을 존치하는 것이 공익상 또는 경제적으로 현저히 유익하고, 택지개발사업의 준공 이후까지 장기간 활용될 것으로 예상되는 것이나, 관계 행정기관의 장이 문화적·예술적 가치가 있다고 인정하여 존치를 요청한 건축물이 있다.[120] 이와 유사한 규정을 「물류시설의 개발 및 운영에 관한 법률」,[121] 「산업업지 및 개발에 관한 법률」에서도[122] 찾아볼 수 있다.

「택지개발촉진법」상 택지개발지구를 지정·고시하면 그와 동시에 「토지보상법」에 따른 사업인정이 있은 것으로 의제된다.[123] 따라서 이미 택지개발지구 내에 존재하는 모든 건축물은 수용 대상으로 일응 확정된 것이나, 존치 필요성이 있는 건축물로 인정되면 사업인정

개발 제동 건 이유는?"(동아일보 2019.1.23.자) 등.
119) 「택지개발촉진법」 제12조의2.
120) 「택지개발촉진법 시행령」 제9조의3.
121) 「물류시설의 개발 및 운영에 관한 법률」 제30조(시설의 존치)
122) 「산업업지 및 개발에 관한 법률 시행령」 제28조(기존공장 등의 존치)
123) 「택지개발촉진법」 제12조 제2항.

의 효과가 발생한 이후라도 여전히 수용 대상에서 제외될 수 있도록 하고 있다.[124]

위와 같은 제도를 참고하여, 「토지보상법」에도 수용재결 단계에서 불확정개념에 속하는 '역사적 가치', '공공성' 등 건축물의 고유한 가치의 판단을 최대한 객관적으로 판단할 수 있는 명문의 규정을 신설하고, 재결기관의 주관적 취향에 따라 공익사업 전체에 지장을 초래하는 결과를 방지하기 위한 제도적 통제장치도 아울러 마련할 필요가 있다. 또한 수용재결 절차의 판단에 따라 일부 건축물 등이 수용대상에서 제외됨으로써 사업시행계획의 변경이 필요한 경우 경미한 계획 변경 절차를 통하여 신속하게 사업시행계획을 변경하게 할 수 있도록 하는 절차적 특례가 추가적으로 보완되어야 한다.

(5) 집행권원으로서의 수용재결의 기능

1) 보상금 지급의무의 집행권원

① 개요

현행 토지수용절차에서 수용재결은 구체적인 수용 목적물의 취득과 이전 및 보상금을 결정하는 최종 단계의 처분이다. 따라서 우선 수용재결은 보상권리자(피수용자인 토지소유자 및 건축물 소유자, 건축물 세입자 등) 입장에서는 법령이 보장하고 있는 보상금의 집행권원으로 기능하여야 한다.

---

[124] 실무상 존치 건축물의 범위는 실시계획에 반영하도록 하고 있어 실시계획 승인 단계까지 확정되어야 하는 것으로 운용되고 있다. 신경직, 『손실보상법 해설』, 진원사, 2020, 911면 참조.

② 집행권원의 효력을 인정하는 독일과 일본

독일 연방건설법전 및 주법인 토지수용법은 손실보상에 관하여 수용결정에 집행권원의 효력을 인정하는 명문의 규정을 두고 있다.[125] 일본 토지수용법 제90조 제10항은 손실보상 재결에 대하여 집행권원으로서 효력을 인정하여 강제집행을 할 수 있도록 하고 있고, 관할 수용위원회 회장이 집행문을 부여할 수 있도록 규정하고 있다(같은 조 제11항). 이들 규정은 손실을 받은 자(보상권리자)가 따로 확정판결을 받지 아니하고도 직접 재결의 보상금 결정을 집행권원으로 사업시행자의 보상금 지급의무에 관한 강제집행을 할 수 있도록 하는 근거 규정이다.[126]

③ 우리 수용재결의 불완전한 집행권원 기능

우리 「토지보상법」은 보상권리자가 원래의 수용재결에 불복하여 이의재결을 거친 경우에는 보상에 관한 재결이 집행권원이 되도록 규정하고 있다(동법 제86조 제1항). 이 규정을 반대해석하면 이의재결을 거치지 않은 통상의 수용재결은 사업시행자의 보상금 지급의무에 관한 집행권원이 될 수 없는 것으로 해석할 수 있다. 이의재결을 거치든 거치지 않든 우리나라에서 피수용자가 수용재결의 보상금 지급 명령을 사업시행자에 대한 집행권원이라고 인식하고 강제집행을 시도하는 예는 없어 보인다. 이는 주요 국가의 보상법제와 비교할 때 정당보상 보장의 측면에서 미흡한 제도 설계 및 운용인 것으로 평가될 수 있다.

---

125) §122 BauGB; Battis/Krautzberger/Löhr, a.a.O., S. 1037-1039 참조, 또한 가령 바이에른 토지수용법 제38조 제1항.

126) 小澤道一, 『逐條解說 土地收用法(下)』, ぎょうせい, 2019, 425면 참조.

2) 재산이전의무의 집행권원

① 개요

수용재결은 사업시행자의 입장에서도 수용 목적물인 재산의 지배권 취득을 위한 집행권원으로 기능하여야 한다. 토지소유자 및 관계인과 토지소유자나 관계인에 포함되지 아니하는 자로서 수용하거나 사용할 토지나 그 토지에 있는 물건에 관한 권리를 가진 자는 수용 또는 사용의 개시일까지 그 토지나 물건을 사업시행자에게 인도하거나 이전하여야 한다.127) 원래 「토지보상법」상 수용재결은 피수용자가 수용재결로 확정된 목적물 인도 또는 이전의무를 이행하지 않거나 할 수 없는 경우 행정대행(代行)128) 또는 행정대집행의129) 근거가 되도록 설계되어 있다. 그러나 뒤에서 살펴보겠지만 현행법상 행정대행 또는 행정대집행은 사실상 그 기능을 발휘하지 못하고 있다.130)

사업시행자의 수용 목적물 취득을 위한 피수용자의 의무는 크게 (i) 목적물에 관한 소유권 이전등기의무와 (ii) 점유이전의무로 나누어 살펴볼 수 있다. 「토지보상법」은 사업시행자는 수용의 개시일에 토지나 물건의 소유권을 취득한다고 규정하고 있으므로(제45조 제1항), 토지나 건축물의 소유권이전등기는 권리취득의 요건은 아니고 단지 제3자에게 처분하기 전에 필요한 절차일 뿐이다(민법 제187조 참조). 그럼에도 수용재결은 소유권이전등기의무에 관하여는 집행권원의 기능을 발휘하고 있다. 「부동산등기법」이 수용재결을 득한 사업시행자는 단독으로 등기이전을 할 수 있도록 규정하고 있기 때문이다(동법 제99조). 이 때 수용재결서는 소유권등기이전소송에서 등

---

127) 「토지보상법」 제43조.
128) 「토지보상법」 제44조.
129) 「토지보상법」 제89조.
130) 제5장 제2절 I. 4. 참조.

기이전의무의 이행을 명하는 확정판결과 같은 기능을 한다.

② 건축물의 점유이전의무의 집행권원으로 기능하지 못하는 수용재결

어떤 의무이행을 명하는 문서가 집행권원(Vollstreckungstitel)으로 기능하기 위해서는 제1차적으로 집행의 내용 및 범위와 방법을 명확히 특정할 수 있어야 한다.[131] 수용 토지상에 지장물인 건축물이 존재하는 경우, 토지와 함께 그 건축물을 사업시행자가 취득한 경우에도 수용재결서가 토지인도의무 및 건축물 철거를 위한 건축물 인도의무의 집행권원으로 기능하기 어렵다. 수용재결로써 점유이전의무에 관한 집행의 범위와 방법이 구체적으로 확정되지 못하기 때문이다. 이에 따라 실제로 사업시행자가 목적물의 점유이전을 받기 위해서는 수용재결과 별도의 집행권원을 취득하기 위하여 민사소송의 방법으로 수용이 확정된 토지 또는 건축물의 인도청구소송(명도소송)을 제기하여야 한다.[132]

현재의 수용재결서는 재결 주문에서 지장물인 건축물을 사업시행자가 취득하게 한다는 것인지 또는 사업시행자가 아닌 어떤 의무자로 하여금 사업구역 바깥으로 이전하게 명한다는 것인지를 명확히 구분하고 있지 않다. 지장물의 처리와 점유이전에 수반되는 보상에 있어서도 건축물 이전비 또는 건축물 자체의 가격 뿐만 아니라 건축물 안에 거주하는 사람들을 위한 영업보상, 이사비, 이주대책 등 다양한 보상항목이 존재하는데, 현행 수용재결시스템에서 토지수용위원회가 이러한 각 보상항목들을 빠짐없이 명확하게 결정하지 못하고 있다. 이처럼 현재 우리나라의 수용재결은 점유이전과 관련하여 구체적인 의무의 내용과 범위 및 이행의 방식, 의무자, 의무이행

---

131) 전원열, 『민사소송법 강의』, 제2판, 박영사, 2021, 34면 참조.
132) 가령 국가철도공단, 『용지보상업무 편람』, 2013, 186면 참조.

에 수반하는 각각의 보상항목을 사전에 누락 없이 명확하게 결정하여 주지 못하는 결함이 있기 때문에, 점유이전의무를 강제하는 집행권원으로서의 효용은 거의 발휘되기 어렵다.133)

---

133) 이에 대하여서는 뒤에서 자세히 살펴보기로 한다. 점유이전에 수반되는 보상항목을 결정하지 못하는 수용재결의 한계에 대하여서는 제3장 제3절 I. 5., 점유이전에 관련한 의무의 내용을 구체적으로 명확하게 재결하지 못하는 문제점에 대하여서는 제5장 제2절 I. 3. 참조.

제3장

건축물의 수용과 보상

제1절 지장물의 법체계

I. 수용법제에서 건축물 규율의 개관

1. 건축물 규율의 법체계

건축물은 토지에 정착한 지상물 중에서 가장 대표적이고도 중요한 비중을 차지하는 물건이다. 건축물은 私法과 公法의 양 영역에서 각각 규율을 받고 있다. 민법은 건축물(법률상으로 '건물'이라는 용어를 사용한다. 가령 민법 제280조)을 토지에 고정적으로 정착한 건축적 시설로 파악하지만 토지와는 독립된 부동산(재산)으로 규율한다. 우리나라의 민법은 토지와 건축물의 이원적 소유권 구조를 채택하고 있으므로, 민법에서는 건축물이 건축과정상 어느 단계에 도달하여야 '토지로부터 독립한' 부동산이 될 수 있는가에 초점을 맞추어 건축물의 개념을 정의한다.134)

건축물을 규율하는 공법 체계로는 가장 먼저 사람의 생명·신체를 위협하는 위험한 건축물의 출연을 방지하기 위하여 건축허가절차를 규정하고 있는 건축경찰법을 들 수 있다. 실정법상으로는 「건축법」이 여기에 해당한다.135) 「건축법」상 건축물의 정의는 "토지에 정착하는 공작물 중 지붕과 기둥 또는 벽이 있는 것과 이에 딸린 시설물, 지하나 고가(高架)의 공작물에 설치하는 사무소·공연장·점포·차고·

---

134) 대법원 1990. 7. 27. 선고 90다카6160 판결 참조.
135) 김종보, 앞의 책, 30면 참조. 다만 우리나라의 「건축법」에는 연혁적인 이유로 도시계획법적 규정이 다수 포함되어, 「건축법」은 건축에 관한 기본법처럼 운용되고 있다.

창고 그 밖에 대통령령으로 정하는 것"이다(동법 제2조 제1항 제2호). 「건축법」은 건축물을 만들어내는 행위, 즉 '건축물의 건축'을 건축허가의 대상으로 정하고, 허가를 받지 아니하고 건축되는 건축물을 불법건축물로 통제하는 기본구조를 가지고 있다.

건축규제에 관한 또 다른 중요한 공법체계로는 도시계획법(실정법상 「국토의 계획 및 이용에 관한 법률」, 이하 '국토계획법')이 있다. 도시계획법은 건축경찰법과는 다른 목적에서 건축물의 건축행위를 규제대상으로 삼는다. 건축경찰법은 건축물의 위험방지를 목적으로 허가요건을 정하는 반면, 도시계획법은 토지의 합리적 이용을 목적으로 건축물의 입지 및 용도와 형태를 규제한다. 도시계획법은 동법에 따라 수립·확정된 도시계획에 부합하지 않는 건축행위를 통제함으로써 최종적으로는 건축허가절차를 통하여 자신이 의도하는 건축물의 입지 및 용도와 형태 규제를 실현한다.

건축물을 규제하는 중요한 공법체계인 건축경찰법과 도시계획법 이외에도 각종 법률(공법)의 규정들은 각자 추구하는 고유한 입법목적에 따라 건축물을 통제하고 있다. 가령 「군사기지 및 군사시설 보호법」은 군사시설의 보호를 목적으로 군사보호구역 내의 건축을 제한하고, 「문화재보호법」은 문화재의 보존에 영향을 미칠 수 있는 건축물의 건축행위를 제한한다.

공법상의 건축물 규제에 저촉되는 건축물의 위법성을 수용에 따른 건축물에 대한 보상에서 반영할 것인지 여부, 또한 어느 정도로 반영할 것인지는 무허가건축물의 보상 문제로서, 제4장에서 자세히 살펴볼 것이다.

수용·보상법제에서 건축물은 수용 대상인 토지상에 존재하는 지장물로서 사업구역 밖으로 이전되어야 할 대상(지장물)이 되는 것이 보통이나, 실제로는 이전이 불가능하므로 규범 원칙과는 달리 대부분 수용되고 있다. 예외적으로 건축물도 경우에 따라서는 사업목적의 실현에 직접 필요한 수용의 목적물로 포착된다. 어느 경우에도 그에 수반하는 보상의 문제가 뒤따르게 된다. 수용·보상법제에서 건축물도 토지와 마찬가지로 수용의 헌법 원칙인 공공필요와 정당보상 원칙의 관점에서 규율되어야 한다. 물론 현행 수용법제가 어느 정도로 수용의 헌법 원칙에 충실하게 건축물을 규율하고 있는지는 면밀한 검토를 필요로 하는 문제이다.

2. 수용법제에서 원칙적으로 지장물이 되는 건축물

통상의 공익사업에서 사업시행자가 필요로 하는 것은 토지이지 그 지상에 있는 건축물과 같은 지상 정착물이 아니다. 대부분의 개발사업의 목적은 빈 땅[136]을 대지로 조성하여 그 위에 기반시설을 설치하거나 또는 택지 등을 만드는 것을 내용으로 하기 때문이다. 만약 사업구역 내에 편입된 토지상에 고정된 정착물이 있는 경우 사업시행자는 그 정착물을 제거하여서(치워서) 토지를 빈 땅으로 만들어야 한다. 공익사업에 필요하지 않음에도 사업에 필요한 토지 위에 존재하고 있어 사업시행에 지장(방해)이 되는 토지상의 정착물을 지장물(支障物)이라고 한다.

현행 「토지보상법」상 지장물은 원칙적으로 사업구역 바깥으로 이전하는 방식으로 처리하도록 하고 있지만, 사회통념상 이전이 불가능한 경우에는 결국 사업시행자가 수용할 수밖에 없다. 현실에서 통상 행하여지는 건축물 수용은 지장물로서의 건축물 수용이다. 지장물인 건축물 수용과 보상에 대해서는 본장 전반(제3장 제1절부터 제3절까지)에서 자세히 살펴볼 것이다.

---

136) 일본 법령에서는 지상에 건축물이나 구축물 등 토지의 자유로운 사용에 지장을 주는 시설물이 없는 토지라는 의미에서 '更地'라고 표현하고, 이 용어가 우리나라 수용 실무에서도 사용되는 경우가 있다.

3. 공익사업에 필요한 건축물의 수용

다만, 문화재인 건축물을 수용하여 활용하는 경우와 같이 건축물도 그 자체가 공익사업의 목적상 필요하기 때문에 수용하는 예외적인 경우가 있다. 실무적으로 이러한 경우는 찾아보기 쉽지 않다. 이 책에서는 이러한 예외적인 경우를 지장물로서 건축물 수용과 구별하기 위하여 공익사업에 필요한 건축물의 수용이라 부르기로 한다. 공익사업에 필요한 건축물의 수용과 보상에 대해서는 본장 제4절에서 논의할 것이다.

Ⅱ. 지장물의 개념

1. 토지보상법상 '물건' 의 개념

(1) 민법과 토지보상법의 물건

'물건'의 개념은 원칙적으로 소유권 질서를 규율하는 민법에 의하여 정의된다. 현행 민법이 규정하고 있는 물건의 정의는 "유체물 및 전기 기타 관리할 수 있는 자연력"이다(민법 제98조). 민법은 물건 중에서 토지 및 그 정착물은 부동산으로, 부동산 이외의 물건은 동산으로 분류하고, 각각 서로 다른 공시방법을 규정하고 있다. 또 민법은 소유권의 보호와 원활한 거래보장을 목적으로 소유권의 객체가 되는 물건의 단위(數)를 규율한다.

공법의 체계에서도 소유권 질서를 관장하는 민법의 규율은 원칙적으로 존중된다. 따라서 공법의 영역에서 물건에 관하여 규율하게 되는 경우에도 특별한 규정이 없으면 민법의 물건에 관한 법리가 적

용되는 것이 원칙이다.[137)

「토지보상법」은 기반시설을 적절하게 공급하고 바람직한 도시공간을 형성하기 위하여 물건의 적정한 수용과 정당한 보상이라는 헌법이 부여한 입법목적을 가지고 만들어진 공법이다. 「토지보상법」이 규율대상으로 겨냥하고 있는 物은 공익사업의 사업구역 내에 편입된 토지와 그 토지에 정착한 지상물이다. 이들 물건을 어떻게 규율할 것인지는 원칙적으로 민법의 법리에 따라 정의되지만, 「토지보상법」의 고유한 목적의 실현에 있어서 민법의 법리만으로는 해결할 수 없는 경우도 존재할 수 있다. 다시 말해, 물건에 관하여 토지보상법에 따로 정함이 없는 경우에는 민법의 일반 법리가 원칙적으로 적용되지만, 「토지보상법」의 고유한 목적에 따라 민법의 물건에 관한 규율과의 충돌이 존재하는 경우에는 「토지보상법」의 목적과 취지를 고려하여 합리적인 해석을 도출하여야 한다.[138)

(2) 토지보상법이 정의하는 "토지등"

「토지보상법」이 수용의 목적물로 삼고 있는 개념은 "토지등"이다. "토지등"이라는 표현에서 알 수 있듯이 「토지보상법」이 바라보는 수용의 본원적 객체, 즉 가장 중요하고도 핵심적인 수용 목적물은 토지이다. "토지등"이란 "제3조 각 호에 해당하는 토지·물건 및 권리"를 말한다(동법 제2조). 「토지보상법」이 정의하는 "토지등"에는 ① 토지, ② 물건, ③ 권리가 있다. 동법의 적용대상을 정하는 조항(제3조)에서는 "토지등"을 보다 구체적으로 ① 토지 및 이에 관한 소유권 외의 권리, ② 토지와 함께 공익사업을 위하여 필요한 입목(立木), 건물, 그 밖에 토지에 정착된 물건 및 이에 관한 소유권 외의 권리, ③ 광

---

137) 拙稿, 앞의 논문, 68면.
138) 拙稿, 앞의 논문, 68면.

업권·어업권·양식업권 또는 물의 사용에 관한 권리, ④ 토지에 속한 흙·돌·모래 또는 자갈에 관한 권리로 열거하고 있다.

(3) "토지등"에 대한 토지보상법의 고유한 관점

수용의 목적물인 "토지등"에 대한 「토지보상법」의 규율 태도는 다음과 같은 세 가지 측면에서 민법의 물건에 관한 법리와 다른 고유한 특성을 나타낸다.[139]

첫째, 「토지보상법」은 민법의 물건 개념에 원칙적으로 따르면서도 그와는 상당한 차이가 있는 고유한 '물건' 개념을 가지고 있다. 권리/의무관계로 구성되는 민사상 법률관계의 중심적·기축적 개념은 '권리'이고, 물건은 단지 권리의 객체가 되는 사실적 존재일 뿐이다.[140] 민법에서 물건 그 자체를 다른 권리주체에게 이전한다는 관념은 성립하지 않으며 이론상 물건에 관한 소유권이나 그 밖의 권리를 이전하는 법률관계가 존재할 뿐이다. 그러므로 가령 매장물의 발견은 소유권의 취득사유로,[141] 물건의 멸실은 소유권의 소멸사유로 파악된다.[142] 독일에서는 수용법에서도 민법의 권리본위의 사고체계에 충실하게 수용은 법적 지위(Rechtsposition)의 취득을 목적으로

---

139) 「토지보상법」의 "토지등"에 대한 고유한 규율에 관한 내용(Ⅱ. 1. (3))은 拙稿, 앞의 논문, 69-72면의 내용을 재구성하여 다시 서술한 것임을 밝힌다.

140) 대표적으로 편집대표 郭潤直, 『民法註解 (Ⅱ)』, 박영사, 1992(이하 『民法註解 (Ⅱ)』, 1면(金炳幸 집필부분)은 "권리는 일정한 사회적 이익을 그 내용 또는 목적으로 하고 있으며 그 내용 또는 목적이 성립하기 위하여 필요한 일정의 대상(Object 또는 Gegenstand)을 권리의 객체(Rechtsobject)라고 한다. 예컨대 물권은 일정한 물건을 직접 배타적으로 지배하는 것이 그 내용 또는 목적이며 일정한 물건은 그 객체인 것이다."라고 설명한다.

141) 민법 제254조. 郭潤直, 『物權法』, 박영사, 2002, 198면 참조.

142) 郭潤直, 앞의 책, 27면; 김준호, 『민법총칙』, 법문사, 2019, 181면; 송덕수, 『민법총칙』, 박영사, 2011, 129면; 양창수/권영준, 『권리의 변동과 구제』, 박영사, 2015, 63면.

하는 것이고 토지 그 자체는 하나의 사실적 물건에 불과하여 수용에 관여되지 않는다고 이해한다.[143) 우리 「토지보상법」도 물론 소유권의 박탈과 취득이라는 법률관계에서 민사법의 기본 논리를 따르지만, 철저한 권리본위의 사고체계에서 물건과 권리를 준별하는 민사법과 같은 정도로 양자를 엄격하게 구별하지는 않는 태도를 보인다.

우리 「토지보상법」이 수용의 대상으로 규정하고 있는 객체는 '토지등'이다(동법 제2조). '토지등'은 민법에서 이해하는 일반적인 '물건'과 기본적인 면에서 동일하지만 개념상 간과하기 어려운 차이점도 존재한다. 토지보상법이 규정하는 '토지등'에는 (i) 토지, (ii) 물건, (iii) 권리가 모두 포함된다. 「토지보상법」은 헌법상 공공필요에 따라 수용의 필요성이 존재하면 그것이 토지이건 물건이건 권리이건 묻지 않고 수용의 대상으로 포착하고 있다.[144) 특히 '토지'는 '토지 소유권'을 수용한다는 관념적인 규율이 아니라 공익사업에 필요한 '토지' 그 자체를 수용하는 단순한 구성을 취하고 있다(토지보상법 제3조 제1호).[145) 민법의 체계에 따르면 토지는 물건에 포함되는 하위개념이다(물건 ⊃ 토지). 반면 「토지보상법」에서 규정된 '토지'와 '물건'은 서로 구별되는 대등한 개념이다. 「토지보상법」이 말하는 '물건'이

---

143) Berkemann in: Schlichter/Stich, Berliner Kommentar, 1995, §85.

144) 「토지보상법」의 하위법령인 「토지보상법 시행규칙」에서는 수용의 대상인 토지, 물건 또는 권리로서 보상 평가의 대상이 되는 것을 다시 '대상물건'이라는 용어로 규정하여(제2조 제1호), 상위법과 일관되지 않는 용어를 사용하고 있다.

145) 우리 「토지보상법」은 수용의 객체를 "토지"로 규정하고 있는 점에서 "토지 소유권(das Eigentum an Grundstücken)"을 수용의 객체로 명시하고 있는 독일 연방건설법전(BauGB)과는 다른 태도를 보이고 있다. §86 BauGB 참조. 이 규정에 대하여 독일의 주석서에서는 수용의 목적물은 토지의 본질적 구성 부분(건축물과 지상 정착물을 의미)을 포함한 토지 소유권이 된다(Enteignungsgegenstand kann sein das Eigentum an Grundstücken einschiließlich seiner wesentlichen bestandteile)고 설명하고 있다. Battis/Krautzberger/Löhr, Baugesetzbuch Kommentar, S. 917.

란 ① 토지를 제외한 민법상의 나머지 물건 중 토지에 정착한 물건, 즉 '토지와 함께 공익사업을 위하여 필요한 입목(立木), 건물, 그 밖에 토지에 정착된 물건'과 ② 토지의 물리적 실체를 구성하는 일부 요소인 흙·돌·모래 또는 자갈을 포함하는 개념이다. 이처럼 「토지보상법」이 '토지'를 '물건'에 포함되는 하위개념으로 규정하지 않고, 반대로 '물건'을 '토지 이외의 수용대상이 되는 物'로 개념 정의하고 있는 까닭은 토지를 중심적 수용대상으로 하는 「토지보상법」의 체계에서 '토지'는 '토지 이외의 그 밖의 물건' 전체보다 더 중요하게 다루어지고 있기 때문이다. 이처럼 「토지보상법」에서 말하는 '물건'은 민법상의 '물건' 개념과 비교하여 그 외연이 축소되거나(토지를 제외), 확장됨으로써(독립된 물건이 아니라 토지의 구성요소에 불과한 경우도 포함) 개념상 차이를 보인다(그림 1).146) 후술할 '지장물'의 개념도 「토지보상법」의 고유한 '물건' 개념에 터잡고 있다.

<그림 1> 민법의 물건과 토지보상법의 "토지등"

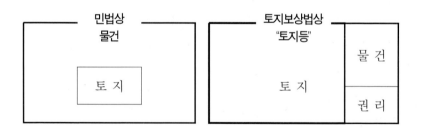

둘째, 「토지보상법」은 원칙적으로 민법상 물건의 단위(數)를 기초로 물건의 단위를 인식하지만, 경우에 따라서는 수용과 보상의 필요성이라는 동법의 고유한 목적에 따라 수용목적물이 되는 물건의 단

---

146) 그림 출처 : 拙稿, 앞의 논문, 69면.

위를 수정하기도 한다.147) 민법상 일물일권주의(一物一權主義) 원칙 하에서 하나의 물건에는 하나의 소유권만이 인정되고, 반대로 1개의 소유권의 객체가 되는 외계의 공간을 점유하는 동산 또는 부동산이 1개의 물건으로 정의된다(민사상 물건의 단위).148)

「토지보상법」이 규정하고 있는 '토지와 함께 공익사업을 위하여 필요한 입목(立木), 건물, 그 밖에 토지에 정착된 물건'은 수용 목적 물이 되는 '물건'이다. 「토지보상법」은 나무나 그 밖에 토지에 정착 된 물건이 민사적 관점에서 토지에 부합됨으로써 법적으로 그 토지 의 일부분이 되었는지 또는 토지와 독립한 별개의 물건의 지위에 있 는지를 엄격히 가리지 않고 수용과 보상의 필요성이 인정되면 '물건' 으로 취급하고 있다. 또한 토지의 물리적 실체의 일부분을 구성하는 흙·돌·모래 또는 자갈도 독립된 수용의 목적물이 될 수 있도록 하고 있는데, 민법상으로 이들은 토지의 구성부분(Bestandteil)에 불과하다. 반대로 「토지보상법」은 민법상 토지의 구성부분에 불과한 것에 대하 여 이전비를 지급하고 사업구역 밖으로 이전하게 할 수도 있게 하는 데, 이는 사업시행에 필요하지 아니한 물건이므로 토지에 대한 대가 와 별도로 보상하고 토지로부터 분리하여 이전할 수 있도록 하는 것 이다.149) 이와 같이 물건의 단위를 원칙적으로 민법의 법리에 의존 하여 판단하지만, 필요에 따라 민사상 물건 단위를 초월하여 수용

---

147) 이를 '수용단위'라고 부를 수 있다. 토지보상법이 수용단위를 규율하는 모 습은 민사상 토지 거래 단위인 필지를 기초로 하기는 하지만, 공법의 고 유한 입법목적에 따라 이를 일부 수정하여 건축허가의 단위를 설정하는 건축단위로서 「건축법」상 대지와 유사한 양태를 보인다. 건축단위에 관하 여 상세히는 김종보, 앞의 책, 51면 참조.

148) 일물일권주의 원칙의 근거로는 물건의 일부나 물건의 집단 위에 하나의 물권을 인정하여야 할 사회적 필요나 실익이 없다는 것과 물건의 일부나 집단 위에 하나의 물권을 인정한다면 그 공시가 곤란하거나 공시를 혼란 케 한다는 이유가 제시된다. 『民法註解 (II)』, 33면(金炳宰 집필부분) 참조.

149) 小澤道一, 『逐條解説 土地收用法(下)』, ぎょうせい, 2019, 177면 참조.

또는 보상의 대상으로 포착하는 「토지보상법」의 유연한 규율 태도는 건축물에 대해서도 마찬가지로 나타난다. 토지보상법은 건축물이 민법상으로 토지와 별개의 독립된 소유권의 객체가 될 정도로 완성되었는지 또는 아직 토지와는 독립된 소유권의 객체가 되기에는 미성숙한 상태에 있는지 여부에는 원칙적으로 무관심하고, 수용의 필요 또는 사업구역 밖으로의 이전과 보상의 필요가 있는 건축적 시설이면 '물건'으로 파악한다.150)

셋째, 「토지보상법」은 수용으로 인한 수용목적물의 소유권 취득에 관하여서도 일정한 특칙을 두고 있다. 수용에 따른 사업시행자의 소유권 취득의 (i) 요건, (ii) 절차, (iii) 취득시점에 관하여는 민법의 일반 법리가 아닌 토지보상법의 규율이 적용된다. 「토지보상법」은 사업시행자는 수용의 개시일에 토지나 물건의 소유권을 취득하며, 그 토지나 물건에 관한 다른 권리는 이와 동시에 소멸한다고 규정하고 있다(제45조 제1항). 「토지보상법」은 동산과 부동산을 나누어 권리취득의 요건이나 권리취득에 수반되어야 하는 공시방법을 구별하거나 그 소유권 취득시점을 달리 취급하지 않고, 다만 수용재결이라는 처분으로 결정한 시점(수용개시일)에 사업시행자가 수용목적물을 취득하도록 규율하고 있다. 사업시행자는 수용 재결에 명시된 수용개시일에 「토지보상법」의 규정에 따라 수용 목적물의 소유권을 취득한다.151)

---

150) 「토지보상법」과 하위 법령은 건축물을 '건축물'(건축법상의 용어이다. 건축법 제2조 제1항 제2호), '건물'(민법상의 용어이다. 가령 민법 제215조, 제242조, 제278조, 제280조, 제304조 등)의 용어를 혼용하여 일관성 없이 다양하게 표현하고 있다['건축물'(토지보상법 제25조, 제72조, 제75조, 제75조의2, 동법 시행규칙 제33조, 제34조, 제35조), '건물'(토지보상법 제3조, 제78조, 동법 시행규칙 제33조 제2항 후단)]. 이는 물건으로서 건축물의 성상 자체에 큰 관심을 기울이지 않고 수용과 보상의 필요성이라는 관점에서 다루고 있음을 보여주는 하나의 예시라 할 수 있다.

민법의 규정에 따르면 사업시행자의 토지 소유권 취득은 법률의 규정에 의한 물권변동(민법 제186조)으로서 원시취득에 해당한다. 그럼에도 실제 수용된 토지에 관하여는 소유권 보존등기가 아닌 사업시행자 명의의 소유권이전등기의 형식으로 권리취득을 공시한다. 물론 민법의 소유권 체계는 토지수용의 법률관계에서도 원칙적으로 일관되게 존중되지만, 민사법의 도그마틱이 수용의 공법적 효과와 의미를 전적으로 결정하는 것은 아니라는 것을 보여주는 하나의 예시라고 할 수 있다.

2. 토지보상법상 지상물(地上物)의 개념과 특성

(1) 토지와 지상물의 관계

건축물이나 수목, 돌담, 분묘 등과 같이 토지에 고정적으로 정착되어 쉽게 분리되기 어려운 물건을 지상물(地上物; 토지의 정착물)이라고 한다. 지상물은 현행 법률이 명시적으로 채택하고 있는 용어는 아니지만, 판례상 또는 강학상으로는 공법과152) 사법의153) 양 영역

---

151) 대법원 1991. 11. 12. 선고 91다27617 판결.

152) 가령 「도시정비법」상 사업시행인가를 받은 시행자가 관리처분계획의 인가·고시 전에 재개발사업 시행구역 안의 토지나 지상물을 수용절차 등을 거치거나 소유자의 사용승낙을 받지 않고 재개발사업의 시행을 위하여 점유·사용하는 것은 적법하지 않다(대법원 2009. 7. 9. 선고 2007다83649 판결); 「도시재개발법」에 의한 사업시행인가로 인하여 그 사업시행자가 재개발구역 안의 토지나 그 지상물을 사용·수익하는 등의 권리를 직접 취득하는 것은 아니라 할 것이므로 종전 토지나 그 지상물의 소유자는 여전히 그에 대한 사용·수익권을 갖는다(대법원 1992. 12. 22. 선고 91다22094 전원합의체 판결).

153) 가령 토지상에 지상권자 소유의 건물 기타 공작물이나 수목이 현존하는 경우에 성립하는 '지상물매수청구권'에 관하여 편집대표 郭潤直, 『民法註解 (VI)』, 박영사, 2001, 50-63면(朴在允 집필부분) 참조.

에서 공히 받아들여지고 있는 개념이다. 다만 민법상 지상물은 주로 토지와 독립한 소유권의 객체로 규율할 것인지 여부라는 측면에서 다루어지지만, 「토지보상법」에서 지상물은 수용과 보상의 대상이라는 관점에서 규율되므로 그 외연은 완전히 동일하지 않을 수 있다. 건축물은 가장 중요하고 대표적인 지상물이다(지상물 ⊃ 건축물). 건축물과 등기한 입목(立木)을 제외한 지상물은 토지로부터 분리하면 독립한 물건이 되지만, 분리되기 전에는 토지의 구성부분으로서 부동산의 일부분에 불과하므로 민법상 토지와 별개로 소유권의 객체가 되지 않는다.

민법학에서 지상물은 토지로부터의 거래관념상의 독립의 정도에 따라 (i) 토지와 별개의 부동산인 유형(독립정착물: 건물, 「입목에 관한 법률」상 입목 등), (ii) 토지의 일부인 유형(종속정착물: 돌담, 도랑, 교량 등), (iii) 경우에 따라 앞의 두 유형 중 어느 것에도 속할 수 있는 유형(半독립정착물: 농작물, 未分離의 과실, 수목)으로 나누는 견해가 유력하다.154)

(2) 예외적으로 수용의 목적물이 될 수 있는 지상물

지상물은 토지와 같이 비대체성(非代替性)이 있는 것은 아니므로 원칙적으로는 수용의 대상이 되지 못한다.155) 그러나 지상물도 예외적으로 수용의 목적물이 될 수 있다. 예외적으로 수용의 목적물이 될 수 있는 지상물의 유형은 크게 두 가지로 나눌 수 있다.

첫 번째 유형은 고유한 의미의 지상물로서, 토지와 함께 공익사업 시행에 필요한 경우에 '토지와 동시에' 수용 목적물이 될 수 있는 지상물이다. 현행법이 규정하고 있는 이러한 유형의 지상물로는

---

154) 『民法註解 (Ⅱ)』, 46면(金炳宰 집필부분) 참조.
155) 美濃部達吉, 앞의 책, 245면; 『民法註解 (Ⅱ)』, 42면(金炳宰 집필부분) 참조.

"토지와 함께 공익사업을 위하여 필요한 입목(立木), 건물, 그 밖에 토지에 정착된 물건"이 있다(토지보상법 제3조 제2호). 본장 제4절에서 살펴볼 '공익사업에 필요한 건축물의 수용'은 이 유형의 지상물 수용의 예이다.

이 규정은 약간의 오해 가능성이 존재하는데, 입목, 건물, 그 밖에 토지에 정착된 물건은 대부분 공익사업에 직접 필요하지 아니하며, 오히려 공익사업의 시행을 위하여서는 이전이나 제거가 되어야 하는 지장물의 성격을 갖기 때문이다. 그러나 이 규정에서 말하는 "입목, 건물, 그 밖에 토지에 정착된 물건 및 이에 관한 소유권 외의 권리"는 공익사업의 시행에 직접 "토지와 함께 필요한 물건"으로서 수용 목적물로 삼는 경우를 뜻하고, 지장물과는 구별됨에 유의하여야 한다.156) 「토지보상법」은 지장물인 건축물 등의 예외적인 수용에 관하여는 별도로 근거 규정을 두고 있다.

두 번째 유형은 준(準)지상물로서, 토지에 속한 흙, 돌, 모래 또는 자갈 등이나 광업권·어업권·양식업권 또는 물의 사용에 관한 권리가 있다(토지보상법 제3조 제3호, 제4호). 토지에 속한 흙, 돌, 모래, 자갈 등은 엄밀히 말하면 토지에 정착한 지상물이 아니라 토지의 물리적 실체를 구성하는 일부 요소에 불과하고, 광업권이나 물의 사용에 관한 권리 등은 토지와 밀접한 관계를 맺고 있는 법적 지위이고 물건이 아니다. 그러나 「토지보상법」은 이들도 지상물에 준하여 공익사업의 시행에 필요하면 토지와 별개로 수용의 대상으로 삼을 수 있도록 하고 있다. 특히 흙, 돌, 모래 또는 자갈은 기초적인 건설재료로서 보통은 시장에서 확보할 수 있지만, 댐건설사업에서와 같이 대량으로 필요함에도 사업시행지역의 交通사정상 확보가 어렵거나 또는 사업목적상 특정 품질의 土石沙礫이 필요한 경우를 대비하여 토지

---

156) 小澤道一, 『逐條解說 土地收用法(上)』, 149면 참조.

와 별도로 수용의 객체로 규정하였다.[157] 이 규정은 해당 토지가 사업시행에 필요하지 않은 반면, 그 토지에 속한 흙, 돌, 모래 또는 자갈 등은 사업시행에 필요한 경우 이들을 토지로부터 분리하여 수용할 수 있도록 한 근거 규정으로서, 앞서 본 고유한 의미의 지상물은 '토지와 함께' 수용하도록 규정한 것과 대조를 이룬다.[158]

(3) 원칙적으로 지장물(支障物)이 되는 지상물

지상물의 가장 중요한 특징은, 그것이 사업시행에 필요하여 예외적으로 수용 목적물이 되는 경우 이외에는 모두 사업시행에 필요하지 않은 물건으로서 그 존재가 사업시행에 방해가 되는 지장물(支障物)이 된다는 점이다. 가령 문화재나 관광자원인 건축물을 행정주체가 취득하여 전시시설로 활용하는 공익사업에서는 건축물이 예외적으로 수용 목적물이 되지만, 도로를 설치하기 위하여 사업구역 내에 존재하는 건축물을 제거하여야 하는 경우와 같은 원칙적인 형태의 공익사업에서 건축물은 지장물이 된다.

이처럼 지상물(地上物)은 예외적으로 사업시행에 필요하여 수용의 목적물이 될 수도 있고, 지장물이 되어 이전 또는 제거의 대상이 될 수도 있는 이중적인 성질이 있기 때문에 토지상에 존재하는 지상물의 규율에 있어서는 우선 그것이 사업목적상 필요한 수용의 목적물인지, 아니면 사업시행에 필요하지 않아 지장물에 해당하는 것인지부터 구별하여야 한다. 그리고 지장물 소유자에게 이전비를 보상으로 지급하고 사업구역 외로 이전하게 하는 방식으로 지장물을 처리하는 이전주의 원칙 하에서도, 그 이전에 너무 많은 비용이 들거

---

157) 이 규정의 원형은 일본 「토지수용법」 제7조이다. 小澤道一, 『逐條解說 土地收用法(上)』, 151면; 美濃部達吉, 앞의 책, 256면 참조.
158) 석종현, 『신토지공법론』 제11판, 삼영사, 2016, 367면 참조.

나 이전이 불가능하다면 다시 피수용자나 사업시행자의 이익을 위하여 사업시행자로 하여금 수용하게 하는 경우가 있으므로, 예외적으로 지장물에 대한 수용이 발생할 수 있음에도 유의하여야 한다.

(4) 민법상 토지·건축물의 규율과 지장물 규율의 관계

지상물 중 가장 중요한 유형인 건축물도 그것이 사업목적상 필요하여 수용의 대상이 되는 것인지, 아니면 지장물이 되는 것인지를 먼저 판단한 후에 그에 따른 규범을 적용할 수 있다.

우리 민법은 비록 명문의 규정은 두지 않고 있으나 일본 민법과 동일하게 건축물을 토지로부터 완전히 독립한 별개의 부동산으로 보고, 토지등기부와는 별개로 건물등기부를 두고 있다(부동산등기법 제14조 제1항). 민법학에서 '건물'이란 일정한 면적·공간의 이용을 위해 지상·지하에 건설된 것을 말한다고 정의된다.[159] 우리 민법은 토지와 건물의 이원적 소유권 구조를 채택하고 있으므로, 민법학에서는 건물이 건축과정상 어느 단계에 도달하여야 '토지와 독립된' 부동산이 될 수 있는가에 초점을 맞추어 건물의 개념을 정의한다. 대법원 판례는 건축 중의 건물이 어느 정도에 이르렀을 때 이를 독립된 부동산으로 볼 것인가는 획일적으로 결정할 수 없고, 건물의 기능과 효용에 비추어 판단하여야 하지만, 적어도 기둥과 지붕 그리고 주벽이 이루어지면 이를 법률상 건물이라고 할 수 있다고 한 이래[160] 대체로 건물의 목적과 용도에 적합한 구조를 구비하는 정도에 이르면 토지와 독립한 부동산으로서 건물이 된다고 보고 있다.[161]

반면, 토지와 지상물인 건축물을 별개의 소유권의 객체로 삼지 않는 유럽 국가들에서는 건축물이 존재하는 토지를 수용하게 되면

---

159) 『民法註解 (II)』, 48면(金炳宰 집필부분) 참조.
160) 대법원 1977. 4. 26. 선고 76다1677 판결.
161) 대법원 1990. 7. 27. 선고 90다카6160 판결.

필연적으로 건축물도 일체로 수용하게 되므로, 건축물이 수용 목적 물인지 지장물인지를 따져 규율하는 복잡한 문제가 원칙적으로 발생하지 않는다. 유럽 각국에서는 건물을 토지의 일부분(구성부분)으로 취급하는 입법례가 지배적이다. 독일 민법은 건축물을 토지의 본질적 구성부분(wesentlicher Bestandteil)으로 보므로(§94 BGB), 건축물은 토지의 일부가 되고, 토지와 별개의 부동산으로 분류하지 않는다. 즉 독일 민법상 물건은 토지와 동산으로 분류된다. 스위스민법도 독일과 같은 원칙을 가지고 있다. 프랑스민법은 토지와 일체를 이룬 건축물 등은 성질에 의한 부동산(immeuble par nature)이라 하고, 토지에 종속하는 물건은 용도에 의한 부동산(immeuble par destination)이라 하므로(프랑스민법 제517조 이하), 건축물을 토지와 독립된 부동산으로 보지 않는다. 영국법상으로도 '토지'(land)란 지구의 물리적 표면(physical surface of the earth) 뿐 아니라 그 지상 건축물 및 다른 정착물을 모두 포함하는 개념이다.[162]

이들 국가에서는 지상 건축물을 포함한 전체로서의 토지를 수용 대상으로 삼는다. 지장물이 토지와 함께 당연히 일괄수용된다고 보면 지장물 처리에 관한 제도가 원칙적으로 필요하지 않다. 보상 산정에 있어서 전체로서의 토지(건축물의 가치가 포함된)의 가격을 보상금으로 지급하면 충분하다(독일). 다만 건축물이 토지와 함께 일괄 수용되지 않는 예외적인 경우에는 사업시행자에 대하여 따로 건축물 부분의 취득을 명하는 입법례도 있다(미국 「표준이주지원 및 부동산취득법」).

전통적으로 로마법에서 부동산(res immobilis)이라 함은 토지를 가리키는 것이었고, 이는 우리 법제상의 토지와 그 토지에 정착한 건축물, 작물, 수목 등을 포함하는 개념이었다. 건축물은 "지상물은 토

---

162) Barry Denyer-Green, Compulsory purchase and compensation, London, Newyork, 2019, p. 94. 참조.

지에 따른다"(*superficies solo cedit*)라는 원칙에 따라 토지와 일체를 이루고 독립성을 가지지 않았다. 그 이유는 건축물의 재료가 대부분 석재로 축조될 경우 대지와 같은 재질이므로 하나라는 일체감을 주거나 동질적인 것으로 인식하였기 때문인 것으로 추측된다.163) 게르만법에서는 이전(移轉)이 가능한 물건을 동산, 이전이 불가능한 물건을 부동산으로 분류하였고, 선박은 떠다니는 건물(schwimmende Gebäude)이라고 하여 부동산으로 본 반면, 목조건물은 "횃불에 태워서 없어지는 것은 동산이다"(Was die Fackel zehrt, ist Fahrnis)라는 원칙에 따라 동산으로 분류하였다.164)

일본 민법은 독일과 프랑스의 민법을 계수하였음에도 토지와 건축물 간의 일체성을 인정하지 않고, 별개의 소유권 객체로 보는 이원적 체계를 채택하였다. 그 이유는 주로 유럽의 일원적 소유권 체계가 일본의 관습적 법인식과 맞지 않았기 때문이었던 것으로 추측된다.165) 건축물의 주된 구조·재질 및 그에 대하여 사람들이 가지고 있던 의식이 토지와 건축물의 법적 구성에 영향을 미쳤을 것으로 보는 이론에 따르면, 목재로 지어진 단독건물이 대부분인 지역에서는

---

163) 이홍렬, "토지소유권과 건물소유권의 이원적 체계에 관한 재검토", 『不動産法學』, 제23집 제1호, 2019. 3, 45면 참조.

164) 『民法註解 (II)』, 40면(金炳宰 집필부분) 참조.

165) 일본 민법의 제정 과정에서 法典調査會는 제87조("토지·건물 및 그 정착물은 이를 부동산으로 한다. 그 밖의 物은 모두 동산으로 한다.")의 제안이유에서 "건물은 토지에 정착하여 일체를 이루는 物로 부동산으로 한다."라고 기재하였다. 이는 유럽 국가들과 같이 토지와 건축물을 일체로 구성한 입장이었다. 이러한 일원적 소유권 체계를 분명히 하기 위하여 기초자는 整理會에서 "토지의 정착물은 특별한 정함이 있는 경우를 제외하고 그 토지의 일부분을 구성하는 것으로 한다."는 내용의 제89조를 추가할 것을 제안하였으나, 일본의 관습상 토지와 건물은 별개라고 하는 반대의견이 제출되어 이 규정은 결국 채택되지 못하였다. 星野英一, "民法典に与えたフランス法の影響", 『民法論集 I』, 有斐閣, 1983, 147면 참조.

토지와 건축물을 별개의 물건으로 관념하고 있었다고 한다.166) 가령 목조의 단독건물이 주조를 이루고 있던 중세 초기 영국과 독일, 그리고 일본에서 토지와 건축물이 별개의 물건으로 관념되고 있었다.167) 중국 漢代의 부동산거래에서도 가옥은 택지와 더불어 처분되어야 하고, 가옥만을 매매하고자 할 경우에는 택지로부터 분리하여 그 재료만을 운반하는 방식에 의하도록 하였다.168) 이처럼 목조의 단독건물은 토지로부터 해체한 후 그 재료를 다른 곳으로 이전하여 再築(재조립)하기 용이한 형태이고, 명목상 부동산으로 분류되더라도 그 실질은 동산에 가까운 것이기 때문에169) 토지와 별개의 소유권의 객체로 인식하였을 가능성이 높다. 이러한 관념은 일본의 수용법제와 그 영향을 강하게 받은 우리나라 수용법제에서 채택하고 있는 지장물인 건축물에 대한 이전(移轉)주의 원칙과도 맞닿아 있다고 추측된다. 이런 맥락에서 일본의 학설은 초기부터 지장물인 건축물은 원칙적으로 사업구역 바깥으로의 이전의 대상이 되지만, 석재로 지어진 서양식 건물(西洋建物)은 이전이 불가능한 지장물에 해당한다고 하였다.170)

우리 민법은 우리 민족 고유의 법관념이나 관습과는 무관하게171)

---

166) 이상태, "로마법에 있어서의 토지·건물 간의 법적 구성", 『일감법학』 제16호, 2009. 8, 489면 참조.
167) *supra* note 166.
168) 정우형, "토지소유권과 건물소유권의 이원적 체계에 관한 법제사적 고찰", 『不動産法學』, 제11집, 2004. 12, 88면 참조.
169) 三好 登, 『土地·建物間の法的構成』, 成文堂, 2002, 89면 이하 참조.
170) 美濃部達吉, 앞의 책, 247면 참조.
171) 우리 전근대사회에서는 일본과 달리 거래관행상 토지와 건축물은 별개의 소유권 체계로 인식하는 것이 아니라 일원적인 체계로 인식하거나 주물, 종물의 관계로 취급하였던 것으로 추측된다. 조선시대 거래관행상 가옥이 매매되는 경우 그 택지의 소유권은 가옥의 소유권과 함께 당연히 이전되는 것으로 보았다. 가옥과 그 대지의 관계는 건물인 가옥을 더욱 중시하여 주물로, 그 대지를 종물로 취급하는 독특한 형태이었다. 정우형, 앞의

일본 민법을 계수하여 토지와 건축물의 이원적 소유권 체제를 취하고 있다. 토지와 건물을 별개의 소유권의 객체로 삼는 현재의 한국과 일본의 법제에서는 지장물인 건축물을 (i) 사업구역 밖으로 옮기거나 또는 (ii) 제거하거나, 아니면 (iii) 지장물로서 수용을 하여야 할 제도적 필요가 발생하게 된다.

3. 토지보상법상 지장물(支障物)의 개념

보상실무에서 지장물(支障物)이란 사업구역 내에 존재하는 공익사업에 필요하지 아니한 물건을 뜻한다. 지장물이라는 낱말의 뜻은 그 물건의 존재가 공익사업의 시행에 지장을 초래한다는 의미이다. 이는 서구의 법률용어를 번역한 것이 아니라, 일본 수용법제에서 만든 造語를 우리 법제에 받아들인 용어이다. 「토지보상법 시행규칙」은 지장물이라 함은 "공익사업시행지구내의 토지에 정착한 건축물·공작물·시설·입목·죽목 및 농작물 그 밖의 물건 중에서 당해 공익사업의 수행을 위하여 직접 필요하지 아니한 물건"을 뜻한다고 규정하고 있다(제2조 제3호). 공익사업의 시행을 위해서 지장물은 ① 지장물 소유자로 하여금 사업구역 밖으로 이전하거나 철거하게끔 하든지 아니면 ② 사업시행자가 소유권을 취득(수용)하여 직접 철거하는 방법으로 제거되어야 한다.

「토지보상법」은 법률 차원에서 지장물의 개념을 직접 명문으로 정의하고 있지 않다. 「토지보상법」에서 지장물의 관념이 등장하는 조항은 보상에 관한 규정인 동법 제75조이다.

논문, 88면, 105면; 不動産法調査會, 『韓國ニ於ケル土地ニ關スル權利一斑』, 1907, 6면 이하 참조.

> **토지보상법 제75조(건축물등 물건에 대한 보상)** 건축물·입목·공작물과 그 밖에 토지에 정착한 물건(이하 "건축물등"이라 한다)에 대하여는 이전에 필요한 비용(이하 "이전비"라 한다)으로 보상하여야 한다. 다만, 다음 각 호의 어느 하나에 해당하는 경우에는 해당 물건의 가격으로 보상하여야 한다.

「토지보상법」 제75조는 지장물을 "건축물, 입목, 공작물과 그 밖에 토지에 정착한 물건"으로 규정한다. 또 이들을 약칭하여 "건축물등"으로 지칭한다. 이 조문에서 "건축물등"의 개념은 곧 지장물의 개념과 일치한다. 동법 시행규칙의 지장물 개념 정의 조항(제2조 제3항)도 동법 제75조의 "건축물등"의 개념을 구체화한 규정이다. 여기에서 말하는 "건축물등"과, 앞서 살펴본 수용의 목적물로서 "토지등"의 일부인 "물건"은 정반대의 지위에 있다.

수용 목적물인 "토지등"에 포함되는 "물건"은 토지와 함께 공익사업을 위하여 필요한 입목(立木), 건물, 그 밖에 토지에 정착된 물건이다. 이것들은 공익사업시행에 필요하기 때문에 수용의 목적물이 되는 지상물이다. 반면 "건축물등"은 사업시행에 지장을 초래하는 지장물이다. 수용의 목적물인 "토지등"은 사업시행자에 의한 소유권 취득과 가격 보상의 대상이 되는 반면, 현행법상 지장물인 "건축물등"은 사업시행에 필요하지 않으므로 원칙적으로 수용대상이 되지 않고 단지 사업구역 밖으로의 이전 및 그에 따른 보상(이전비)의 대상이 될 뿐이다.

Ⅲ. 지장물의 처리

1. 지장물 처리에 관한 두 가지 입법주의

(1) 개관

토지와 그 정착물인 지상물, 그 중에서도 특히 건축물을 별개의 소유권의 객체로 보는 법제(이원적 소유권 구조)에서는 원칙적으로 토지수용만으로 사업시행자가 지장물의 소유권까지 취득할 수 없으므로, 별도로 지장물 처리에 관한 규율이 필요하다. 지장물의 처리에 관하여는 사업시행자가 그 소유권을 취득하게 하는지 여부를 기준으로 취득주의와 이전주의라는 두 가지 상반되는 입법주의가 있다. 이원적 소유권 구조를 택하는 법제에서 지장물에 대하여 이전주의 원칙을 채택할지 취득주의 원칙을 채택할지는 입법 정책의 문제이다.

(2) 취득주의

첫 번째로 사업시행자에게는 토지만 필요하고 지상물은 필요하지 않다고 하더라도 일률적으로 토지와 함께 지장물까지 수용하게 하는 입법주의가 있다.172) 이를 취득주의라고 부른다.173) 취득주의

---

172) 토지와 지상물을 하나의 부동산으로 보는 법제에서는 예외적인 경우를 제외하고는 지장물 처리가 필요치 않다. 따라서 취득주의는 일본의 1889년 토지수용법을 제외하고는 엄밀하게는 수용법제의 일반론으로서 다룰 수 있는 독립된 입법주의라고 말하기는 어렵다. 토지와 그 지상 건축물을 하나의 물건으로 관념하는 유럽 각국의 법제에서는 수용을 통하여 건축물 등 지상 정착물을 포함한 전체로서의 토지소유권을 취득하게 되므로, 결과적으로 취득주의와 같은 형태를 띠게 된다. 수용의 대상을 토지소유권 (das Eingentum an Grundstücken)으로 규정하고 있는 §86 BauGB 참조.

173) 최종권/강신은, "지장물에 대한 보상과 철거의 법적 쟁점", 『중앙법학』 제17집 제3호, 2015. 9. 62면. 참고로 일본 학계에서는 '수용주의'라는 용어를

입법례에서는 사업시행자가 지장물의 소유권을 취득하여 직접 철거
하도록 한다. 일본의 1889년 구 「토지수용법」은 취득주의 원칙을 채
택한 입법례이다.[174]

취득주의 원칙을 채택하거나 이전주의 원칙을 채택하는 것은 토
지와 그 지상 건축물을 별개의 소유권 객체로 삼고 있는 법제(이원
적 소유권 구조)에서 주로 지장물인 건축물 처리를 위하여 필요한
제도이다. 그러나 토지와 건축물을 단일한 소유권의 객체로 삼는 법
제에서도 토지와 건축물이 서로 다른 소유권자에게 속하게 되는 예
외적인 경우를 대비하여 그러한 경우 건축물에 관한 취득주의 원칙
을 규정하는 입법례도 존재할 수 있다. 가령 미국의 연방 법률인 「표
준 이주지원 및 부동산취득법」(Uniform Relocation Assistance and Real
Property Acquisition Act of 1970)에 따르면 연방기관의 장이 공공사업
시행 등의 목적으로 부동산에 관한 권리(interests)[175]을 취득하는 경
우 당해 부동산에서 제거되어야 하거나 또는 당해 부동산이 사용될
용도로 인하여 불리한 영향을 받게 될 것이라고 인정되는 당해 부동
산에 존재하는 모든 건축물, 구조물 또는 기타 개량(improvement)
에[176] 관하여 최소한 동등한 권리를 취득하여야 한다고 규정한다(제

사용한다. 小澤道一, 『逐條解說 土地收用法(下)』, ぎょうせい, 2019, 174면.

174) 일본의 1889년 구 「토지수용법」에서는 프로이센 토지수용법의 영향을 받
아 지장물에 대한 수용을 원칙으로 하고 이전보상은 예외인 것으로 규정
하였다.

175) 'interests'는 'right'(권리), 'title'(소유권) 등을 포함하는 넓은 개념이다. 영미
법상으로는 대륙법의 '소유권(Eigentum)' 개념에 상응하는 절대적이고 완
전한 소유권 이외에도, 권리자가 살아 있는 동안만 행사가 가능한 '종신
소유권(life estate)'을 비롯하여 제한된 형태의 다양한 소유권이 존재한다.

176) 미국법상 건축물은 토지와 별도의 독립된 '부동산'이 아니고 단지 전체로
서의 토지 또는 부동산에 속한 '개량'(improvement)에 해당한다. 현재로서
는 주류적인 번역어로 '개량'이 사용되고 있지만 우리말로서는 '지상물'
정도로 번역하는 것이 적합하지 않을까 조심스럽게 생각된다.

4652조 a항).

우리 법제와 달리 미국에서 토지와 그 지상 건축물은 하나의 단일한 부동산 소유권의 객체이다. 따라서 위 규정은 토지와 그 지상 건축물이 하나의 소유권에 속하는 일반적인 경우를 규율하는 것이 아니라, 토지의 임차권자가 그 지상에 건축물을 건축한 경우와 같이 토지 소유권자와 별도로 건축물에 관한 권리자가 존재하는 예외적인 경우를 상정하고 있다. 위 규정은 연방기관의 장이 공공사업 시행 등의 목적으로 위와 같은 예외적인 형태의 부동산을 취득하는 경우 그 지상 건축물도 함께 수용하도록 함으로써 취득주의 원칙을 채택한 입법례라고 할 수 있다.

판례상으로도 미국 연방대법원은 *Almota Farmers Elevator & Warehouse Co. v. United States* 판결에서 수용 목적물인 토지와 그 지상 건축물의 소유자가 다른 예외적인 경우에 그 지상 건축물의 가격에 대하여서도 보상을 지급할 것을 명하고 있다. 이 사건은 철도 부지로 수용된 토지의 임차인이 토지상에 건축물을 건축하여 소유하고 있는 경우, 그 임차인에게 잔여 임대기간 동안의 건축물을 포함한 토지 사용가치만을 보상하면 족한 것인지 또는 임대기간과 무관하게 건축물의 시장가치 전체를 보상하여야 할 것인지가 다투어진 사안이었고, 연방대법원은 잔여 임대기간에 관계없이 개량인 건축물의 시장가치를 보상으로 지급하여야 한다고 하였다.[177] 이 판례에서는 사업시행자의 건축물 소유권 취득 여부는 정면으로 다루지 않았지만, 사업시행자의 소유권 취득을 전제로 건축물 가격 전체를 보상하도록 한다는 점에서 결과적으로 취득주의에 따른 처리방법을 채택한 것이라고 볼 수 있다.

---

[177] 409 U.S. 470(1973).

(3) 이전주의

반면 사업시행자가 공익사업에 직접 필요로 하는 토지만을 수용 대상으로 삼고, 그 토지상에 존재하는 지장물은 원칙적으로 그 소유자에게 사업구역 바깥으로 옮길 것(移轉)을 명하고, 그 이전에 필요한 비용(이전비)만을 보상하는 것을 원칙으로 규정하는 입법주의가 있다. 이를 이전주의라고 부르며,[178] 우리나라와 일본의 현행법이 채택하고 있는 제도이다.[179]

헌법상 재산권의 보장은 존속보장을 원칙으로 하는 것이고, 헌법이 정하는 수용의 요건으로서 '공공필요'는 수용할 재산이 공익사업에 필요한 것이어야 한다는 '필요성'의 원칙을 내용으로 하는 것이므로, 원칙적으로 공익사업에 필요하지 않은 지장물의 수용은 허용되지 않는다. 이러한 점에서 사업시행에 필요하지 않은 지장물의 수용을 최소화하고자 하는 이전주의 원칙에는 헌법상 수용의 원칙을 고려한 나름의 제도적 타당성이 인정된다.

그러나 이전주의 원칙을 채택하는 경우에는 그 원칙의 적용범위에 관한 제도적 배려가 필요하다. 이전주의는 강제적 소유권 박탈인 수용을 최소화하는 점에서는 피수용자의 권익 보호에 유리한 측면이 있지만, 지장물의 특성과 종류에 따라서는 이전이 불가능한데도 이전비만을 보상금으로 지급하고 피수용자에게 사업구역 바깥으로 지장물을 이전할 의무를 부과하게 되면 오히려 피수용자에게 더욱 가혹한 결과를 초래하기 때문이다. 이러한 경우에는 피수용자의 권

---

178) 최종권/강신은, 앞의 논문, 62면 참조.

179) 일본은 1900년 구 「토지수용법」에서 종래의 취득주의 원칙을 폐기하고 이전주의 원칙을 규정하였다. 당시 일본에서는 해체·이전 후 재조립에 적합한 건물이 많았을 뿐 아니라, 1896년에 제정된 일본 민법에서 토지와 건물의 소유권을 별개로 규정한 것(이원적 소유권 체계의 채택)도 영향을 미쳤다고 한다.

익 보호를 위하여 사업시행자가 그 지장물의 가격을 보상하고 지장
물까지 수용하도록 할 필요가 있다. 따라서 이전주의를 원칙으로 취
하더라도 사업시행자가 지장물의 소유권을 취득하도록 하는 일정한
예외(지장물 수용)는 필연적으로 존재하게 된다.[180]

2. 대표적인 지장물로서 건축물의 처리

「토지보상법」이 지장물을 "건축물, 입목, 공작물과 그 밖에 토지
에 정착한 물건"으로 규정하고 이들을 약칭하여 "건축물등"으로 지
칭하고 있는 것에서도 나타나듯이 실제 지장물에서 가장 큰 비중을
차지하고도 중요한 유형은 건축물이다.[181] 그런데 현행 「토지보상법」
이 다른 유형의 지장물과 구별하지 않고 건축물에 대하여서도 이전
주의 원칙을 규정하고 있는 것은 문제이다.

헌법상 재산권의 보장은 존속보장을 원칙으로 하는 것이므로, 공
익사업에 필요하지 않은 건축물의 수용을 최소화하고자 하는 「토지
보상법」의 입법 의도 자체는 이해할 수 있다.[182] 그러나 현실적으로
건축물의 이전 자체가 불가능하거나 이전비용이 취득비용보다 더
많이 든다면 피수용자에게 이전을 강요하는 것이 오히려 더욱 가혹
한 결과가 된다.[183]

우리 「토지보상법」의 이전주의 원칙은 일본 「토지수용법」의 규정
을 그대로 받아들인 대표적인 예이다. 일본의 1900년 구 「토지수용
법」이 입법될 당시 일본에서는 목조 주택이 건축물의 주종을 이루고
있었으므로,[184] 이전주의 원칙을 채택하여 건물의 해체와 사업구역

---

180) 拙稿, 앞의 논문, 75면.
181) 拙稿, 앞의 논문, 75면.
182) 拙稿, 앞의 논문, 75면.
183) 拙稿, 앞의 논문, 75면.
184) 일본에서 근대건축이 등장하기 시작한 1860년대 이전 건축물은 통상 나무

바깥으로의 이전 및 재조립에 필요한 비용을 지급하는 것으로 보상
이 이루어지는 처리 과정이 자연스러웠다.[185] 이와 관련하여 초기
일본 문헌에서는 "일본의 토지수용법은 서양제국의 입법례와는 달
리 원칙적으로 토지와 건물 기타 정착물을 분리하여, 토지를 수용하
여도 건물 기타 정착물을 당연히 함께 수용하는 것으로 하지 않고 이
전비를 보상하고 이전하도록 하고 있다. 이것은 주로 일본 건축의 구
조가 이전이 가능한 것에 기인함은 말할 것도 없다"라고 하였다.[186]

반면 벽돌조·콘크리트조·철근 콘크리트조 건물이 건축물의 주종
을 차지하고 있는 오늘날 우리나라에서[187] 건축물에 대하여 다른 지

로 지어졌고, 주택은 전통 목조가옥인 마치야(町家)의 형태이었다. 도시에
서는 일반적으로 도로를 사이에 두고 가로로 긴 목조건축물인 나가야(長
屋)가 밀집되어 있는 형태의 공간구조를 가지고 있었다. 근대 건축이 도입
된 이후에도 여전히 대부분의 일반 가옥은 전통적인 형태와 방식으로 건
축되었다. 김효진, "일본의 초기 근대건축의 양상과 변모", 『일본비평』 15
호, 2016. 8, 서울대학교 일본연구소, 255면 이하 참조.

185) 拙稿, 앞의 논문, 75면.

186) 美濃部達吉, 앞의 책, 386면(이 문헌의 初版 발간은 1936년임). 일본 건축
의 재료로 목재가 선호되어 온 이유로는 토지가 비옥하여 나무가 무성하
게 자라 국토의 70% 이상이 수림지대인 일본에서 목재가 쉽게 구할 수 있
는 재료이고 온난하고 습도가 높은 기후에서 건축용으로 활용하기 적합
한 재질이며, 지질적으로 지진의 피해가 적지 않아 석재와 벽돌을 사용한
조적식 건축구조가 선호되지 않았다는 점이 제시된다. 김휘경/최경란, "한·
중·일 전통주거의 재료적용 특성 비교 연구", 『한국과학예술융합학회』, 제
19호, 2015. 3, 299면 참조.

187) 현재 국내 건축물 전체를 대상으로 작성되는 「국토교통통계연보」의 건축
물통계(Statistics on Buildings)는 용도별, 층수별, 시도별, 면적별로 건축물
로 분류하고 있어 통계상 건축구조별 현황을 파악하기는 어렵다. 그러나
가령 서울특별시의 건축구조별 건축허가 통계를 보면, 1980년의 전체 건
축허가면적 6,215,999㎡ 중 철근 콘크리트조가 전체의 62.2%, 조적조(벽돌
이나 콘크리트벽으로 축조한 건물)는 37.5%, 목조는 0.3%, 기타 건축물은
0.1%의 비중을 차지하고 있다. 1995년에는 전체 건축허가면적 18,966,956
㎡ 중 철근 콘크리트조가 97.5%, 조적조가 0.4%, 목조가 0%, 기타 2.2%의

장물과 무차별적으로 이전주의 원칙을 적용하고 있는 것은 현실과 맞지 않을 뿐만 아니라, 사회통념과 동떨어져 있고 사업시행자 및 건축물 소유자 중 어느 당사자도 원하지 않는 결과이다.[188] 그리고 위와 같은 구조의 건축물이 아니라고 하더라도 흙집, 판자집, 브럭조 등의 영세한 건축물은 소유자가 사업구역 밖으로의 이전을 희망하지 않으며, 해체 후 그 재료를 재활용하여 사업구역 밖에서 다시 재현하기에 적합하지도 않다. 실제 우리나라의 보상 실무에서 지장물인 건축물은 이전비와 취득비를 비교조차 하지 않고 취득비 보상을 하는 경우가 대부분이다.[189]

이미 상당히 늦은 감이 있지만 지금이라도 건축물과 그 밖의 지장물을 구별하여 적어도 건축물에 대하여는 취득주의 원칙으로 제도를 변경할 필요가 있다. 지장물인 건축물의 처리에 관하여 취득주의 원칙으로 「토지보상법」을 개정하더라도, 건축물 소유자가 사업구역 바깥으로의 이전을 희망하고 또한 건축물의 재료와 구조상 합리적인 비용의 범위 내에서 이전이 가능하다면 이전비 보상을 하고 건축물을 이전할 수 있도록 예외 규정을 함께 마련하여야 한다.[190]

비중을 보이고 있으며, 2010년에는 전체 건축허가면적 49,549,715㎡ 중 철근콘크리트조가 96.5%, 조적조가 0.3%, 목조가 0%, 기타가 0.1%의 비중을 보이고 있다. 서울연구데이터서비스, 데이터로 본 서울(https://data.si.re.kr/data/지표로-본-서울-변천-2010/350) 참조.

188) 拙稿, 앞의 논문, 75면. 현재는 일본에서도 지장물인 건축물에 대한 이전주의 원칙에서 취득주의 원칙으로 전환할 필요가 있다는 의견이 제기되고 있다. 小澤道一, 『逐條解說 土地收用法(下)』, 175-176면 참조.

189) 한국감정원, 『보상평가(下)』, 2000, 209, 212, 215면; 장인태/조장형, 앞의 책, 668면; 시티뉴스 〈도시공사 토지보상안내 연재〉 건물/영업 및 영농보상 - ⑦ '주요질의 및 응답'(http://www.ctnews.co.kr/33328) 참조.

190) 拙稿, 앞의 논문, 75면.

제2절 지장물인 건축물의 수용

Ⅰ. 건축물 수용의 근거법조

1. 일본의 건축물 수용 규정

우리 수용법제에 많은 영향을 끼친 일본의 「토지수용법」도 초기에는 원칙적으로 토지만을 수용목적물로 규정하고 건물은 대부분 이전이 가능하다는 이유로 지장물 이전주의를 채택하고 있었으며, 별도로 건축물 등 지상물을 수용할 수 있는 근거 규정 자체를 두고 있지 않았다.191) 그러다가 1927년의 「토지수용법」 개정에 이르러 특수한 경우에는 지상물도 예외적으로 수용할 수 있도록 인정하는 근거 규정을 두었다. 이렇게 일본 토지수용법제상 인정되게 된 지상물의 수용은 다음 3가지 유형이다.

그 첫 번째는 공익사업의 목적상 필요한 지상물의 수용(①)이다. 이는 우리나라의 현행 「토지보상법」 제3조 제2호("토지와 함께 공익사업을 위하여 필요한 입목(立木), 건물, 그 밖에 토지에 정착된 물건 및 이에 관한 소유권 외의 권리")에 상응하는 유형이다. 1927년 일본 「토지수용법」은 "본법은 제2조에 규정하는 사업의 用에 供하는 토지에 정착한 물건에 관한 권리를 그 사업의 用에 供하기 위하여 수용 또는 사용하는 경우에 준용(準用)한다"라고 규정하고 있었다(동법 제7조). 이 규정은 현행 일본 「토지수용법」 제6조에서 유사한 내용으로 계승되고 있다.192) 이는 건축물 등 지상물이 사업시행에 '필요하기

---

191) 小澤道一, 『逐條解說 土地收用法(上)』, 148면 참조.

192) 현행 일본 「토지수용법」 제6조(입목, 건물등의 수용 또는 사용) "토지상에

때문에' 토지와 함께 수용하는 경우이다.

두 번째와 세 번째 유형의 지상물 수용은 모두 사업 목적상 필요하지 않은 '지장물'의 수용이다. 두 번째 유형은 수용 상대방, 즉 피수용자의 수용청구에 따른 지장물 수용(②)이다. 1927년 일본 「토지수용법」은 "전항(제51조 제1항)의 경우 물건의 이전으로 인하여 종래 사용하던 목적에 공하는 것이 불가능한 경우 소유자는 그 수용을 청구할 수 있다"라고 규정하고 있었다(동법 제51조 제2항). 이 규정 역시 현행 일본 「토지수용법」 제78조에서 거의 동일한 내용으로 계승되고 있다.[193] 두 번째 유형의 지상물 수용은 지장물을 사업구역 밖으로 이전하면 종래의 용법에 의한 이용가치를 상실하는 경우 경제적 관점에서 이전불능의 경우로 보아, 지장물의 소유자에게 그 수용을 청구할 권리를 부여하고 있다. 지장물의 이전이 현저히 곤란함에도 물건 소유자에게 이전비를 주고 이전의무를 부담하게 하는 것은 가혹하기 때문이다.[194] 즉 이 유형은 지장물 소유자의 이익을 보호하기 위하여 인정한 확장수용청구권 내지는 일종의 매수청구이다.[195] 다른 한편 지장물의 가격을 초과할 정도로 이전에 너무 많은 비용이 드는데도 이전을 강행함으로써 비합리적인 비용을 소요하는 사회경제상의 낭비를 막기 위한 취지도 있다.[196] 일본의 초기 학설

있는 입목, 건물 그 밖에 토지에 정착한 물건을 그 토지와 함께 제3조 각 호의 하나에 규정하는 사업의 用으로 제공(供)하는 것이 필요로 함이 상당한 경우에는 이 법률이 정하는 바에 따라 이러한 物을 수용 또는 사용할 수 있다."

[193] 현행 일본 「토지수용법」 제78조(이전이 곤란한 경우의 수용청구권) "전조 (前條)의 경우에 있어 물건을 이전하는 것이 현저히 곤란하거나, 그 물건의 이전으로 인하여 종래 이용하던 목적에 供하는 것이 현저히 곤란한 경우에 는 그 소유자는 그 물건의 수용을 청구할 수 있다."

[194] 小澤道一, 『逐條解說 土地收用法(下)』, 216면 참조.

[195] 小澤道一, 『逐條解說 土地收用法(下)』, 217면 참조.

[196] 小澤道一, 『逐條解說 土地收用法(下)』, 216면 참조.

은 서양식 건물(西洋建物)은 이전불능이고, 수목도 이전으로 인하여 고사(枯死)할 우려가 있으면 이전불능이라고 하였고,197) 오늘날의 주석서에서는 벽돌조(煉瓦造)·콘크리트조·철근 콘크리트조 건축물은 이전이 현저히 곤란한 경우에 해당한다고 한다.198)

　세 번째 유형은 사업시행자의 확장수용청구에 따른 지장물의 수용(③)이다. 1927년 일본 「토지수용법」 제52조는 "이전비가 그 물건의 상당가격을 넘는 경우에는 기업자는 그 수용을 청구할 수 있다."라고 규정하고 있었다. 이 규정은 당시 일본에서 사업시행자에 의한 확장수용청구를 인정하는 유일한 규정이었다.199) 이 규정도 현행 일본 「토지수용법」 제79조에서 거의 같은 내용으로 계승되고 있다.200) 세 번째 유형의 지상물 수용은 지장물의 이전에 드는 이전비가 지장물 가격을 초과하는 경우 사업시행자의 보상의무를 적절하게 조절하기 위하여 가격을 보상하고 지장물의 소유권을 취득할 수 있도록 하는 취지에서 인정되고 있다. 물론 사업시행자가 지장물의 소유권을 취득하는 이유는 이를 제거(철거)하기 위한 목적이다. 이 규정에 따라 사업시행자는 지장물을 사업구역 밖으로 이전하여 계속 활용하기를 희망하는 피수용자의 의사를 제압하고 지장물을 수용할 수 있다. 물론 지장물 소유자에게는 동종·동등의 대체물건을 취득할 수 있는 충분한 금액으로서 지장물의 가격을 보상한다.201) 이는 사업시행에 '필요한' 물건을 수용하는, 즉 수용권 본래의 공익 목적을 실현

---

197) 美濃部達吉, 앞의 책, 247면 참조.
198) 小澤道一, 『逐條解說 土地收用法(下)』, 219면 참조.
199) 美濃部達吉, 앞의 책, 248면 참조.
200) 현행 일본 「토지수용법」 제79조(이전비가 과다한 경우의 수용청구권) "제77조의 경우에 있어서 이전비가 이전할 물건에 상당하는 물건을 취득하는데 필요한 가격을 넘는 경우에는 기업자는 그 물건의 수용을 청구할 수 있다"
201) 小澤道一, 『逐條解說 土地收用法(下)』, 223면 참조.

하기 위하여 인정되는 권리가 아니라, 형평의 원칙에 따라 사업시행자가 과다한 보상의무를 부담하는 것을 방지하기 위한 목적으로 주로 사업시행자의 이익을 위하여 인정된 권리라고 설명된다.[202]

이상의 세 가지 지상물 수용의 유형에 따른 건축물 수용은 서로 다른 법적 성질을 가지고 있다. 첫째 유형(①)의 지상물 수용은 역사적 건물과 같이 건축물 그 자체가 사업시행에 필요하기 때문에 취득하는 것으로서, 토지와 마찬가지 구조로 공익사업의 목적상 필요한 건축물을 수용하는 유형이다. 이는 後述할 '공익사업에 필요한 건축물의 수용'에 해당한다.[203]

반면 피수용자의 수용청구에 따른 지상물 수용(②)과 사업시행자의 수용청구에 따른 지상물 수용(③)은 모두 사업시행에 필요하지 않은 '지장물'을 대상으로 하는 예외적인 지장물 수용이다. 여기에서 수용대상이 되는 건축물은 사업시행에 지장을 초래하는 것이므로 원칙적으로 사업구역 밖으로 옮기거나 철거되어야 하는 것이지만, 피수용자의 경제적 이익을 보장하거나 사업시행자의 과다한 보상의무 부담을 방지하기 위한 목적으로 '공익사업시행에 필요하지 않음에도' 예외적으로 수용을 허용한다.

2. 우리나라의 건축물 수용 규정

(1) 현행 토지보상법의 규정

① 공익사업에 필요한 건축물의 수용 규정

우리나라의 현행 「토지보상법」은 앞에서 서술한 지상물의 수용 유형 중 첫 번째 유형인 공익사업의 목적상 필요한 지상물의 수용

---

202) 美濃部達吉, 앞의 책, 249-250면 참조.
203) 본장 제4절에서 상세히 검토한다.

(①)에 관하여 제3조 제2호에서 규정하고 있다. 동법 제3조(적용대상)는 "토지와 함께 공익사업을 위하여 필요한 입목(立木), 건물, 그 밖에 토지에 정착된 물건 및 이에 관한 소유권 외의 권리"를 취득하는 경우에는 동법을 적용한다고 규정한다(같은 조 제2호). 이 규정은 지장물로서 토지상의 건축물을 제거하여 버리기 위하여 수용하는 경우가 아니라, 건축물이 토지와 함께 공익사업에 필요하여 수용하는 예외적인 경우(문화재, 관광자원인 건축물 등)를 상정하고 있다.

② 지장물인 건축물 수용 규정

현행법상 지장물인 건축물 수용의 근거규정은 「토지보상법」 제75조 제5항이다. 「토지보상법」은 앞에서 살펴 본 지상물 수용의 두 번째 유형, 즉 피수용자의 수용청구에 따른 지장물의 수용(②)에 상응하는 수용근거 규정과 세 번째 유형인 사업시행자의 수용청구에 따른 지상물 수용(③)의 근거규정을 하나의 조항에서 규정하고 있다.

토지보상법 제75조(건축물등 물건에 대한 보상) ① 건축물·입목·공작물과 그 밖에 토지에 정착한 물건(이하 "건축물등"이라 한다)에 대하여는 이전에 필요한 비용(이하 "이전비"라 한다)으로 보상하여야 한다. 다만, 다음 각 호의 어느 하나에 해당하는 경우에는 해당 물건의 가격으로 보상하여야 한다.

  1. 건축물등을 이전하기 어렵거나 그 이전으로 인하여 건축물등을 종래의 목적대로 사용할 수 없게 된 경우

  2. 건축물등의 이전비가 그 물건의 가격을 넘는 경우

  3. 사업시행자가 공익사업에 직접 사용할 목적으로 취득하는 경우

  ⑤ 사업시행자는 사업예정지에 있는 건축물등이 제1항제1호 또는 제2호에 해당하는 경우에는 관할 토지수용위원회에 그 물건의 수용 재결을 신청할 수 있다.

---

③ 지장물 수용절차와 유리된 지장물의 가격 보상

현행 「토지보상법」의 규정이 일본의 토지수용법과 다른 중요한 첫 번째 점은, 지상물의 취득비(가격) 보상과 지상물에 대한 수용재결 절차를 필수적으로 결합시키지 않았다는 점이다.

일본 법제에서는 피수용자가 이전이 어렵다는 이유로 지상물의 수용을 청구하는 경우(②)나 사업시행자가 보상할 이전비가 과다하다는 이유로 지상물의 수용을 청구하는 경우(③) 모두 그 지상물의 가격을 보상하기 위하여서는 반드시 수용재결을 통하여 사업시행자가 그 지상물의 소유권을 취득하여야 한다. 즉 사업시행자가 지상물을 수용하여 그 소유권을 취득하는 경우가 아니면 사업시행자는 지상물의 이전비를 보상할 수 있을 뿐이고, 가격보상을 지급할 수는 없다.[204] 반면 우리나라의 현행 「토지보상법」은 제75조 제1항에서 지장물에 대한 보상의 규범으로서 건축물 등 지장물의 이전이 현저히 곤란하거나 이전에 드는 비용이 지장물 가격을 초과하는 경우에는 일단 그 지장물의 가격을 보상하도록 먼저 규정하고 있다(보상기준 규범).

이어서 지상물 수용의 근거 규정을 두어 "사업시행자는 사업예정지에 있는 건축물등이 제1항 제1호 또는 제2호에 해당하는 경우에는 관할 토지수용위원회에 그 물건의 수용 재결을 신청할 수 있다."라고 규정한다(동법 제75조 제5항). 이 규정은 「토지보상법」 제정 당시에는 법률에 존재하지 않고 시행령에 위치하다가, 2007년 10월의 법률 개정으로 신설되었다. 여기에서 지상물 수용의 요건으로서 "제1항 제1호에 해당하는 경우"가 건축물의 이전불능으로 인한 수용청구에 해당하는 유형(②)이다. 또한 "제1항 제2호에 해당하는 경우"는 이전비 과다로 인한 수용청구에 해당하는 유형(③)이다.

---

204) 小澤道一, 『逐條解說 土地收用法(下)』, 222면 참조.

연혁적으로 협의취득에 적용되는 보상규범을 담고 있던 구 「공공용지의 취득및손실보상에관한특례법시행령」은 지장물의 보상액은 이전비로 평가하되, 이전이 현저히 곤란하거나 이전비가 가격을 초과하는 경우는 취득가격으로 평가하도록 하는 규정을 두고 있었다.205) 이 규정은 협의취득의 보상 기준으로 적용되는 것이고 수용재결을 거치는 경우에 적용되는 규정이 아니었으므로, 위 규정에서 건축물 가격보상을 하는 경우 수용재결신청과 결합되도록 하는 근거규정을 따로 두지 않은 것은 당연한 것이었다.

그러던 중 1981년의 「토지수용법」 개정으로 수용재결을 거치는 경우에도 보상액의 산정 방법과 기준에 관하여는 「공공용지의 취득 및 손실보상에 관한 특례법」(이하 '공특법')을 준용하도록 규정하였다(제57조의2). 이에 따라 공특법과 하위 법령에 규정된 협의취득의 보상기준이 동시에 「토지수용법」에 따른 토지수용에 따른 보상기준으로도 적용되게 되면서 규범체계상의 문제가 발생하였다. 당시의 「토지수용법」은 보상기준에 관하여 공특법을 준용한다고만 규정하였을 뿐이어서, 토지수용에 대한 보상기준으로 지장물인 건축물의 이전이 현저히 곤란하거나 이전비가 가격을 넘는 경우 가격보상을 하여야 한다는 공특법의 보상규범이 적용되도록 하였을 뿐, 건축물에 대한 가격보상을 지급하는 경우 지장물의 수용절차와 결합시키도록 하는 규정을 「토지수용법」에 따로 두지 않았다.

이에 따라 본래부터 「토지수용법」에 존재하고 있던 지장물의 수용재결 청구 절차와는 무관하게, 지장물의 이전이 불가능하거나 이전비가 그 가격을 초과하면 공특법의 보상 기준에 따라 무조건 지장물 가격을 보상하게 되었다. 이는 본래 「토지수용법」에 존재하고 있던 지장물에 대한 수용 청구 규정을 사실상 사문화시키는 이유가 되

---

205) 「공공용지의취득및손실보상에관한특례법시행령」[대통령령 제8176호, 1976. 6. 30. 제정] 제2조 제4항

었다. 이로써 지장물 이전이 현저히 곤란하거나 이전비가 가격을 넘는 경우 사업시행자는 지상물에 대한 별도의 수용재결을 신청하는지 여부와 무관하게 지장물의 이전비가 아니라 가격을 보상금으로 지급할 의무를 부담하게 되어, 지장물의 가격보상과 지장물 수용재결절차에 따른 사업시행자의 소유권 취득이 제도적으로 유리되게 되었다.

④ 지장물의 수용신청권자

우리 「토지보상법」이 일본 법제와 다른 두 번째 점은, 지상물의 이전불능으로 인한 수용청구에 해당하는 유형(②)에서 '지상물의 소유자'가 그 수용을 청구할 수 있도록 한 일본 법제와 달리 우리 법은 이 경우에도 '사업시행자'가 수용을 신청할 수 있도록 규정하고 있다는 점이다.

우리나라의 현행법은 이전곤란을 이유로 하는 지장물 수용청구(②)와 이전비 과다를 이유로 하는 지장물 수용청구(③)를 모두 사업시행자만의 수용 신청권으로 규정하고 있다. 우리 현행법이 이전곤란을 이유로 하는 지장물 수용의 경우에도 지장물 소유자를 배제하고 사업시행자에게만 단독으로 수용신청권을 부여하고 있는 것은 이해하기 어렵다. '이전곤란'은 이전비만을 보상금으로 지급받고 지장물을 사업구역 바깥으로 이전할 의무를 이행하여야 하는 지장물 소유자의 입장에서 수용을 신청하여야 할 사유이지, 엄밀히 말하면 이전의무를 부담하지도 않는 사업시행자가 먼저 그 이전곤란을 이유로 지장물 수용을 신청하여야 할 이유는 없기 때문이다. 아마도 우리 「토지보상법」은 사업시행자기 이전이 불가능한 지장물에 대하여 가격 보상을 지급하고 지장물을 취득하여 직접 철거함으로써 이전의무 이행의 문제를 남기지 않고 제거할 수 있도록 할 이익을 고려한 것으로 보인다. 그러나 현행법의 태도에 따르면 지장물 이전이 곤란한 경우에도 사업시행자가 지장물을 수용하지 않고 이전비 지급을 강행하는 경우에는 지장물 소유자의 입장에서 그 지장물에 대한 매수청구로서의 수용 신청권을 행사할 방법이 없게 된다. 따라서 지장물 이전이 곤란한 경우에는 사업시행자에게 수용신청권을 인정하는 외에 지장물 소유자에게도 수용신청권을 인정하는 것이 타당하다.206)

(2) 구 토지수용법의 규정

연혁적으로 본래 우리나라의 구 「토지수용법」은 일본의 「토지수용법」과 마찬가지로 ① 지장물의 이전이 곤란한 경우에는 지장물의 소유자가 수용을 청구할 수 있도록 규정하고(구 토지수용법 제49조 제3항),207) ② 지장물의 이전비가 그 가격을 초과하는 경우에는 사업시행자(기업자)가 지장물의 수용을 청구할 수 있도록 규정하고 있었다(구 토지수용법 제49조 제4항).208)

---

206) 「토지보상법」 제30조는 사업인정고시가 된 후 협의가 성립되지 아니하였을 때에는 토지소유자와 관계인은 사업시행자에게 재결을 신청할 것을 청구할 수 있다고 규정하고 있다. 판례는 토지취득에 관하여 협의가 성립되지 않은 경우 뿐 아니라 지장물에 대한 보상협의가 성립되지 않은 경우에도 본조에 따른 재결신청 청구의 대상이 될 수 있다고 하므로(대법원 2011. 7. 14. 선고 2011두2309 판결), 지장물 수용에 관한 협의 불성립의 경우에도 지장물 소유자는 이전 곤란을 이유로 동법 제30조에 따라 재결신청의 청구를 할 수 있다고 볼 여지가 크다. 그러나 토지소유자나 관계인의 재결신청 청구에도 불구하고 사업시행자가 재결신청을 하지 않을 때 토지소유자나 관계인은 우선 사업시행자를 상대로 거부처분취소소송 또는 부작위위법확인소송의 방법으로 다투어야 하므로(대법원 2011. 7. 14. 선고 2011두2309 판결 등), 직접 수용신청권을 인정하는 것에 비하여서는 훨씬 많은 절차와 시간을 소요하게 될 것이다.

207) 일본 「토지수용법」 제78조, 小澤道一, 『逐條解說 土地收用法(下)』, 216면 참조.

208) 일본 「토지수용법」 제79조, 小澤道一, 『逐條解說 土地收用法(下)』, 223면

구 토지수용법[1962. 1. 15. 법률 제965호로 제정된 것]

　제49조 (이전비의 보상과 물건의 수용) ① 수용 또는 사용할 토지에 있는 물건은 이전비를 보상하고 이를 이전하게 하여야 한다.

　② 전항의 규정에 의한 이전으로 인하여 물건이 분할되어 그 전부를 이전하지 아니하면 종래의 목적에 사용하기 곤란할 때에는 소유자는 그 물건 전부의 이전비를 청구할 수 있다.

　③ <u>물건의 이전이 현저히 곤란하거나 이전으로 인하여 종래의 목적에 사용할 수 없게 될 때에는 소유자는 그 물건의 수용을 청구할 수 있다.</u>

　④ <u>제1항 및 제2항의 규정에 의한 이전비가 그 물건 및 가격을 초과하는 경우에는 기업자는 그 물건의 수용을 청구할 수 있다.</u>

　위와 같은 규정 취지에 그대로 따르면 토지에 대한 수용재결과는 별도로 건축물 등 지장물에 대한 수용재결이 이루어진다. 이 때 지장물의 수용 재결서에는 "사업시행자는 공익사업을 위하여 별지 목록 기재 물건을 수용하고 손실보상금은 금 000,000,000원으로 한다."라는 주문의 재결을 하게 된다. 사업시행자는 건축물 수용재결의 절차를 통하여 건축물의 취득비(가격)를 보상금으로 지급하고 그 재결의 효과로서 건축물의 소유권을 취득하게 된다. 즉 지장물에 대한 가격 보상은 동시에 지장물 수용재결로 인한 사업시행자의 소유권 취득을 의미하게 되며,[209] 건축물의 가격보상과 건축물에 대한 수용재결, 사업시행자의 건축물 소유권 취득은 일치하게 된다. 그런데 후술하겠지만 구「토지수용법」하에서도 우리나라의 수용실무는 법문과는 다른 양상으로 운용되었다.

　이하 참조.
[209] 拙稿, 앞의 논문, 81면.

Ⅱ. 지장물인 건축물 수용과 사업시행자의 소유권 취득

1. 예외적인 지장물 수용

원칙적으로 사업시행에 필요한 물건과 수용의 대상이 되는 목적물은 일치한다. 즉 공익사업의 목적상 필요한 토지나 건축물 등은 수용 목적물이 되고 수용재결의 대상이 되는 동시에 가격 보상의 대상이 된다.[210] 반면 공익사업의 목적상 필요하지 않은 지장물은 사업구역 바깥으로 옮기게 하는 방식으로 처리하고, 수용재결의 대상이 되지도 않으며 취득가격 보상의 대상이 아니라 이전비 보상의 대상이 되는 것이 원칙이다.[211]

위와 같이 사업 목적에 필요한 목적물과 수용재결의 대상이 일치하는 원칙에 대하여는 일정한 예외가 인정된다.[212] 첫째, 공익사업 시행에 필요하지 않은 '토지'이지만 사업시행자로 하여금 수용하도록 하는 경우가 있다. 현행 「토지보상법」상으로는 동일한 소유자에게 속하는 일단의 토지의 일부를 수용함으로 인하여 잔여지를 종전의 목적에 사용하는 것이 현저히 곤란한 경우 토지소유자의 청구에 의하여 잔여지도 아울러 수용하도록 하는 잔여지 수용(제74조)이 대표적인 예이다. 토지를 사용하는 기간이 3년 이상이거나 토지의 사용으로 인하여 토지의 형질이 변경되는 경우, 사용하려는 토지에 그 토지소유자의 건축물이 있는 경우와 같이 사업시행자의 토지 사용으로 인하여 소유자가 받게 되는 현저한 재산권 행사의 제한을 완화

---

210) 拙稿, 앞의 논문, 78면.
211) 拙稿, 앞의 논문, 78면.
212) 사업시행에 필요하지 않은 물건의 예외적 수용에 관한 설명은 拙稿, 앞의 논문, 78-79면의 내용을 보완하여 다시 서술한 것임을 밝힌다.

하기 위하여 수용하는 완전수용(동법 제72조)도 동일한 유형이다. 이처럼 공익사업시행에 필요하지 않은 토지이지만 피수용자의 이익을 보호하기 위하여 수용하도록 하는 경우를 강학상 수용목적물의 확장(또는 확장수용)이라고 한다.[213]

둘째, 공익사업시행에 필요하지 않은 '지장물'이 예외적으로 수용의 대상이 되는 경우가 있다. 앞서 살펴본 바와 같이, 예외적인 지장물 수용은 다시 지장물의 이전곤란을 이유로 하는 수용청구와 이전비 과다를 이유로 하는 수용청구의 두 유형으로 나누어 볼 수 있다. 현행 「토지보상법」이 인정하고 있는 예외적인 지장물 수용은 수용청구의 사유를 기준으로 하는 위의 분류 외에도 수용 목적을 기준으로도 두 가지로 분류해 볼 수 있다. 첫 번째는 사업시행자가 지장물 소유자에게 이전의무를 부과한 후 이행강제의 문제를 남기지 않고 직접 그 지장물의 소유권을 취득하여 구역 내에서 제거하기 위하여 수용하는 경우이다(폐기형). 두 번째는 공익사업의 목적상으로 필요한 물건은 아니어서 지장물에 해당하지만 사업시행에 유용하다고 판단하여 사업시행자가 활용하기 위한 목적으로 수용하는 경우이다(사용형). (표 3 참조).

---

213) 박균성/도승하, 『토지보상행정법』, 박영사, 2014. 868면; 석종현, 『신토지공법론』, 박영사, 2019. 308면 이하 참조.

〈표 3〉 토지보상법의 보상 규정과 지장물의 분류

토지보상법 제75조(건축물등 물건에 대한 보상) ① 건축물·입목·공작물과 그 밖에 토지에 정착한 물건(이하 "건축물등"이라 한다)에 대하여는 이전에 필요한 비용(이하 "이전비"라 한다)으로 보상하여야 한다.	1. 이전비 보상 (원칙)
다만, 다음 각 호의 어느 하나에 해당하는 경우에는 해당 물건의 가격으로 보상하여야 한다.	2. 가격 보상 (예외)
1. 건축물등을 이전하기 어렵거나 그 이전으로 인하여 건축물등을 종래의 목적대로 사용할 수 없게 된 경우 2. 건축물등의 이전비가 그 물건의 가격을 넘는 경우	2-1.폐기형 지장물
3. 사업시행자가 공익사업에 직접 사용할 목적으로 취득하는 경우	2-2.사용형 지장물

폐기형 지장물(2-1)의 수용은 사업구역 바깥으로 이전되어야 할 지장물의 이전에 과다한 비용이 들거나 이전이 불가능하거나 어차피 이전하여도 지장물을 종래의 목적대로 사용할 수 없는 경우에, 지장물 소유자에게 이전의무를 부과할 것 없이 막바로 지장물의 가격보상을 하고 사업시행자가 그 소유권을 취득하여 직접 제거하는 것이 지장물 소유자에게도 유리하다. 사업시행자 입장에서도 사후 집행 강제의 절차 및 집행 불능의 위험을 남기지 않고 직접 지장물을 제거할 수 있다는 측면에서 장점이 있다.[214]

사용형 지장물(2-2)은 해당 물건 자체가 공익사업의 직접 목적에 따라 필요한 것은 아니지만, 해당 토지상에서 그 물건을 이전하거나 제거하지 않는 것이 사업시행에 도움이 되어 취득하는 경우이다.[215] 예컨대 현지에서 조달할 수 있는 토지에 정착한 입목이나 흙·돌·모래 또는 자갈을 그대로 활용하는 것이 사업시행에 유익하여 충분한

---

214) 拙稿, 앞의 논문, 79면.
215) 拙稿, 앞의 논문, 79면.

유용성이 있고 보상의 필요가 있는 경제적 가치도 있는 경우에는 굳
이 이를 사업구역 밖으로 이전하거나 제거할 필요는 없고, 사업시행
자가 가격을 보상하고 취득하여 그대로 사업시행에 활용하는 것이
피수용자나 사업시행자 모두에게 유리하다.216)

「토지보상법」 제75조 제1항 제3호가 지장물인 건축물의 평가 규
정의 하나라고 이해하는 위와 같은 입장과217) 반대로, 지장물 수용
이 아닌 직접 공익사업 시행에 필요한 건축물 수용의 보상 규정으로
보는 해석론도 가능하다. 지장물이란 공익사업에 필요하지 아니한
물건을 말하는데, 제3호는 "사업시행자가 공익사업에 직접 사용할
목적으로 취득하는 경우"를 규정하고 있고, 재결신청의 근거규정인
같은 조 제5항에서 제3호를 제외하고 있기 때문이다.

두 견해 모두 해석론으로서 일면의 타당성이 있으나, 「토지보상
법」 제75조 제1항에서 말하는 '건축물·입목·공작물과 그 밖에 토지
에 정착한 물건'은 지상물을 의미하는 것이고, 지상물 중 이전비를
지급하고 사업구역 외로 이전하게 하는 것을 원칙으로 처리하는 물
건은 곧 지장물을 뜻하는 것이므로, 위 조항은 지장물에 대한 이전
비 보상 원칙과 그 예외로서 가격 보상을 규정한 것이라고 이해하는
것이 타당하다고 생각된다. 현실적으로도 건축물에 내재한 고유한
가치로 인하여 해당 공익사업의 목적 자체에 이미 그 건축물의 보
존·활용이 포함되기 때문에 수용하는 경우와는 달리, 비록 사업계획
자체로는 취득을 예정하지 않은 지장물인 건축물이지만 사업시행에
필요한 공사 목적으로 임시로 사용한 후 철거하거나, 또는 골재 등
을 활용할 필요가 있어 취득할 필요가 있는 경우도 존재할 수 있다.
다만, 이와 같이 보는 입장에 의하더라도 사용형 지장물의 소유권
취득을 위하여서는 사업시행자가 토지와 별도로 수용재결을 신청하

---

216) 拙稿, 앞의 논문, 79면.
217) 同旨 : 박균성/도승하, 『토지보상행정법』, 1089면 참조.

여야 함에는 의문의 여지가 없다.

2. 지장물 수용의 실무

(1) 현재의 지장물 수용 실무

현재 우리나라 수용과 보상실무에서 사업시행자는 지장물인 건축물에 대한 보상으로 이전비를 지급하는 예는 거의 없다고 보아도 무방하고, 대부분 건축물 가격(취득비)를 보상한다. 그러면서도 사업시행자는 명시적으로 토지와 별개로 지장물인 건축물에 대한 수용재결을 따로 신청하지도 않는다. 실무에서는 지장물인 건축물이 토지·물건조서에 포함되어 있으므로 당연히 토지와 함께 수용대상이 된다고 인식하고 있는 것으로 보인다.

이에 따라 수용재결서에서도 지장물인 건축물에 대하여는 주문에 간략하게 이전을 명하는 정도의 문구를 기재하고, 토지와 건축물의 보상금도 주문에서는 합산액이 기재된다(토지에 대한 보상금과 건축물에 대한 보상금은 별지를 통하여 특정될 수 있다).[218] 구체적인 주문 기재례는 "사업시행자는 공익사업을 위하여 별지 1목록 기재 토지를 수용하고 별지 2 목록 기재 물건(건축물)을 이전하게 하며 손실보상금은 금 000,000,000원으로 한다"와 같다.[219] 건축물에 대한 보상금은 이전비를 산정한 것인지 가격을 산정한 것인지 재결서의 주문과 별지, 이유 전체의 기재를 살펴보아도 알 수 없다.

(2) 구법상 지장물 수용 실무

구 「토지수용법」 하에서도 우리나라의 수용 실무는 지장물의 가

---

[218] 拙稿, 앞의 논문, 81면 참조.
[219] 중앙토지수용위원회, 『2020 토지수용 업무편람』, 2019, 567면.

격 보상을 위해 수용재결을 신청하도록 하고 있던 법률의 문언과는 달리, 실제 토지와 별개로 건축물의 이전곤란이나 이전비 과다를 이유로 건축물에 대한 별도의 명시적인 수용재결 신청을 하는 예는 거의 없었던 것으로 추측된다. 1981년의 「토지수용법」 개정으로 손실보상액의 산정 방법과 기준에 관하여는 공특법을 준용하도록 규정하면서(제57조의2), 공특법과 하위 법령에 규정된 협의취득의 보상기준이 동시에 「토지수용법」에 따른 토지수용절차에 따른 보상기준으로도 적용되게 되면서 지장물에 대한 수용재결 없이도 가격 보상이 가능하게 되었고, 이에 따라 지장물 수용의 근거 규정이 사실상 의미를 잃게 되었다는 점은 前述하였다.[220]

가령 1992년에 발간된 실무 편람에서는 지장물의 보상에 관하여 "공공사업에 편입되는 토지위에 있는 물건으로서 공공사업에 직접 필요하지 않은 물건은 이전비를 보상한다. (중략) 다만, 이전비가 취득가격을 초과할 때나 이전이 현저히 곤란할 경우에는 취득가격으로 보상한다. 또한 물건등이 지장물로서 철거할 경우에 있어서는 그 철거비를 사업시행자가 부담하되 소유자가 자기부담으로 철거하고자 할 경우에는 취득가격으로 보상한다"라고만 기술하고 있어,[221] 지장물에 대한 별도의 수용재결이 있는지 여부를 고려하지 않고 지장물 가격을 보상하도록 하고 있는 태도를 보여준다.

당시 수용 실무를 반영하고 있는 구 「토지수용법」의 하위규범인 구 「손실보상및수용업무처리규정」(1999. 1. 13. 건설교통부훈령 제229호로 개정된 것) 제36조에서는 "토지수용법 제49조제4항의 규정에 의한 이전비가 취득가격을 초과하는 경우 기업자와 그 물건 소유자간의 협의에 의하여 수용여부가 결정되나, 그 협의가 이루어지지 아니할 경우에는 관할 토지수용위원회에 신청 또는 의견진술 후 토

---

220) 본장 제2절 I. 2. (1) ③
221) 건설부, 『收用 및 補償便覽』, 1992, 17면.

지수용위원회가 최종적으로 수용여부를 결정한다"라고 규정하고 있다.

이 규정은 토지수용재결절차와 별개의 절차로서 지장물 수용재결절차를 인식하지 않고 있고, 토지수용재결의 절차 안에서 토지상 지장물 이전비가 그 가격을 초과하는 경우 명시적인 정식의 지장물 재결 신청이 없이도 토지수용절차 내의 '의견진술' 정도만으로도 가격을 보상하고 사업시행자가 지장물 소유권을 취득하는 것으로 제도를 운용하고 있었음을 보여준다.

이러한 한국의 수용 실무는 사실상 지장물로서 건축물 수용은 가격 보상을 전제로 토지 수용의 일부로 인식하고 있는 것으로 평가되고, 이는 지장물에 대하여 가격 보상을 지급하는 경우는 모두 토지와 별개의 지장물 수용 재결 절차를 거치도록 하고 있는 일본의 지장물 수용 실무와는 전혀 다른 형태이다.[222]

3. 가격보상과 당사자의 의사

사업시행자가 폐기형 지장물에 대하여 그 가격을 보상하는 경우, 사업시행자는 지장물 소유권을 취득할 의사로 소유자에게 지장물 가격을 보상금으로 지급하는 것이라고 해석하는 것이 자연스럽다.[223] 사업시행자가 지장물의 가격을 보상하는 이유는 토지에서 지장물을 제거하기 위함이고, 지장물의 소유권을 취득하여야 그것을 제거할 수 있는 처분권능을 확보할 수 있기 때문이다. 「토지보상법」은 지장물인 건축물 등이 '사회통념상 이전이 불가능하거나 곤란한

---

222) 일본에서는 법률의 문언에 그대로 따라, 지장물의 이전이 곤란한 경우라 하더라도 소유자 등이 별도로 지장물 수용재결을 청구하지 않은 경우 토지수용위원회는 (가격보상이 아닌) 이전비 보상의 재결만을 하면 족하다고 해석하고 있다. 小澤道一, 『逐條解說 土地收用法(下)』, 222면 참조.
223) 拙稿, 앞의 논문, 80면.

것으로 인정되는 경우'에 그 가격을 보상하도록 하고 있으므로, 규범적으로 지장물 소유자가 스스로 지장물을 사업구역 밖으로 옮기도록(이전) 강제하거나 또는 그 이전에 갈음하여 지장물 제거 의무를 부과할 것은 기대되지 않는다. 사업시행자는 지장물 가격을 보상하면서 지장물 소유자가 지장물을 구역 밖으로 이전할 것으로 기대하지 않고, 사업시행자 스스로 지장물 소유권을 취득하여 제거할 목적으로, 그 소유권 취득의 대가로 지장물의 가격을 지급한다.

이는 피수용자인 지장물 소유자의 입장에서도 마찬가지이다. 지장물인 건축물의 가격 전액을 보상금으로 지급받은 피수용자는 이전비를 보상금으로 지급받은 경우와는 달리, 수용재결에 따라 자신이 건축물을 스스로 사업구역 밖으로 이전할 의무를 부담하게 된다거나 그 의무이행에 갈음하여 철거할 의무를 부담한다고 생각하지 않는다. 이 경우 지장물 소유자는 가격보상을 지급받음으로써 그 지상물의 소유권을 포기하고 그 지상물은 사업시행자의 처분에 맡긴다는 의사를 갖는 것이 일반적이다.

4. 명시적인 수용재결을 요구하는 대법원의 해석

현행 「토지보상법」의 지장물 수용 규정을 문언 그대로만 해석하면, 비록 사업시행자가 지장물인 건축물의 취득가격 전액을 보상하였더라도, 토지와 별도로 지장물에 대한 명시적인 수용재결을 신청하지 않은 이상 사업시행자는 지장물의 소유권을 취득하지 못한다고 해석할 수 있다. 현재 대법원 판례는 이와 같이 보고 있으며,[224] 중앙토지수용위원회도 사업시행자가 토지와 별도로 지장물의 수용재결을 신청하여 재결을 받은 경우에 한하여 지장물의 소유권을 취

---

[224] 대법원 2012. 4. 13. 선고 2010다94960 판결; 대법원 2014. 9. 4. 선고 2013다89549 판결; 대법원 2015. 4. 23. 선고 2014도15607 판결 등.

득한다고 해석하고 있다.[225]

공익사업을 위한 토지 등의 취득 및 보상에 관한 법률 제75조 제1항 제1호, 제2호, 제3호, 제5항, 공익사업을 위한 토지 등의 취득 및 보상에 관한 법률 시행규칙 제33조 제4항, 제36조 제1항 등 관계 법령의 내용을 법에 따른 지장물에 대한 수용보상의 취지와 정당한 보상 또는 적정가격 보상의 원칙에 비추어 보면, 사업시행자가 사업시행에 방해가 되는 지장물에 관하여 법 제75조 제1항 단서 제2호에 따라 이전에 소요되는 실제 비용에 못 미치는 물건의 가격으로 보상한 경우, 사업시행자가 물건을 취득하는 제3호와 달리 수용 절차를 거치지 아니한 이상 사업시행자가 보상만으로 물건의 소유권까지 취득한다고 보기는 어렵겠으나, 다른 한편으로 사업시행자는 지장물의 소유자가 시행규칙 제33조 제4항 단서에 따라 스스로의 비용으로 철거하겠다고 하는 등 특별한 사정이 없는 한 지장물의 소유자에 대하여 철거 및 토지의 인도를 요구할 수 없고 자신의 비용으로 직접 이를 제거할 수 있을 뿐이며, 이러한 경우 지장물의 소유자로서도 사업시행에 방해가 되지 않는 상당한 기한 내에 시행규칙 제33조 제4항 단서에 따라 스스로 지장물 또는 그 구성부분을 이전해 가지 않은 이상 사업시행자의 지장물 제거와 그 과정에서 발생하는 물건의 가치 상실을 수인하여야 할 지위에 있다고 보아야 한다.[226]

그런데 위와 같이 해석할 경우 폐기형 지장물에 관하여서는 항상 지장물의 가격 보상과 사업시행자의 소유권 취득이 괴리되는 심각한 문제가 발생하게 된다. 사업시행자가 건축물의 가격을 전액 보상하고도 정작 건축물에 대해서는 명시적으로 수용재결이 없기 때문

---

225) 중앙토지수용위원회, 『2021 토지수용 업무편람』, 2020, 333면.
226) 대법원 2012. 4. 13. 선고 2010다94960 판결.

에 건축물 소유권은 취득하지 못하는 특이한 법상태가 생성된다.[227) 더 큰 문제는 이 단계에서 사업시행자가 공법적 절차에 따라 지장물인 건축물 소유권을 취득하게 될 가능성도 더 이상 남아 있지 않다는 사실이다.[228) 민법상 건물 매매계약을 체결한 매수인이 대금을 모두 지급한 다음 매도인으로부터 소유권이전등기를 받지 못한 상태와 비교하여 보면 그 문제점이 더욱 선명하게 인식된다. 이 경우 매수인은 민사소송절차에 따라 매도인으로 하여금 소유권이전등기 의무를 이행하도록 강제함으로써 건축물의 소유권을 취득할 수 있다. 반면 폐기형 지장물의 가격을 전부 보상한 사업시행자는 수용재결로 정한 수용개시일에 이르게 되면 당초 토지와 별도로 건축물에 대한 명시적인 수용재결을 신청하지 않았고, 또 법은 건축물 수용재결이 추가로 이루어질 것을 예정하고 있지도 않기 때문에 사업시행자가 공법적인 절차에 따라 건축물 소유권을 취득할 방법은 더 이상 남아 있지 않다.[229) 바꾸어 말하면 이제 지장물의 소유권은 계속 종전의 지장물 소유자에게 남는 것으로 확정되었다.[230)

반대로 건축물 소유자는 사업시행자로부터 건축물의 가격을 전부 보상받고도 수용개시일 이후에도 여전히 소유권을 보유한다. 대법원 2012. 4. 13. 선고 2010다94960 판결은 이러한 해석의 결과 빚어지는 기이한 법률효과를 보여준다. 이는 일본에서는 찾아볼 수 없는 우리나라에 특유한 건축물의 가격보상과 소유권 취득의 괴리 현상이다.[231)

이러한 문제 발생의 원인이 전적으로 판례에 기인한다고 할 수는 없다. 판례의 해석론 뿐 아니라 「토지보상법」의 부주의한 입법 방식

---

227) 拙稿, 앞의 논문, 82면.
228) 拙稿, 앞의 논문, 82면.
229) 拙稿, 앞의 논문, 82면.
230) 拙稿, 앞의 논문, 82면.
231) 拙稿, 앞의 논문, 83면.

에도 문제는 있다.[232] 현행 「토지보상법」 제75조 제5항에 해당하는
지장물에 대한 수용재결신청조항은 구 「토지수용법」과 구 「공특법」
을 통합하여 단일 수용·보상법전인 「토지보상법」을 제정하는 과정
에서 법률에서 누락되었고, 해당 조문은 하위 법령인 동법 시행령상
에 위치하고 있었다.

> **구 「토지보상법 시행령」**(2002. 12. 30. **대통령령 제17854호로 제정**)
>
> **제12조** ④ 사업시행자는 사업예정지안에 있는 물건이 법 제75조제1항
> 제1호 또는 제2호의 규정에 해당하는 경우에는 관할 토지수용위원회에 그
> 물건의 수용의 재결을 신청할 수 있다.

이는 우리나라의 입법자가 구 토지수용법과 구 공특법을 통합하
여 토지보상법을 제정할 당시 건축물 수용을 보상가격(이전비 또는
취득비) 산정의 문제로만 접근하고, 지장물 이전주의 원칙과의 관계
및 수용재결과 사업시행자의 소유권 취득이라는 측면은 제대로 고
려하지 못하였을 가능성을 시사한다.[233] 그 결과 수용재결의 근거조
문은 법률이 아니라 시행령에 위치하는 등 처음부터 건축물의 소유
권의 귀속문제를 세심하게 배려하지 못한 졸속 입법의 형태를 보여
주고 있다.[234]

입법의 문제를 차치하더라도, 현행법의 해석론으로서 지장물에
대한 수용재결신청조항을 현재의 판례와 같이 너무 좁게 해석하면
결국 사업시행자는 건축물의 소유권을 취득하지 못하고, 수용개시
일 이후에도 건축물 소유권을 여전히 피수용자에게 남겨둔 채로 다

---

232) 拙稿, 앞의 논문, 83면.
233) 拙稿, 앞의 논문, 83면.
234) 拙稿, 앞의 논문, 83면.

만 사업시행자에 의한 철거만을 정당화하고자 하는 체계부정합적인 접근 방식으로 이어진다.

5. 현행법의 정당한 해석

현행법의 해석상으로도 토지와 그 지상 건축물의 소유자가 동일한 경우 사업시행자가 토지를 수용하면서 그 지상 건축물에 대한 취득가격을 보상하면 수용재결에서 정한 수용개시일에 사업시행자는 토지 뿐 아니라 그 지상 건축물도 취득한다고 보는 것이 타당하다. 이 경우 수용재결 주문에 등장하는 보상금 역시 토지와 그 지상물의 가격 합산액 전체를 기준으로 산정되기 때문이다. 가격으로 보상한 지장물에 대하여 단지 이전만을 명하고 있는 현재 재결서 주문 작성 실무도 토지와 건축물 전체의 가격보상이 지급되는 이상 사업시행자에게 토지 및 건축물의 소유권 취득을 선언하는 형태로 개선될 필요가 있다.[235] 그 이유는 다음과 같다.

첫째, 지장물 수용의 근거 조문의 변동에도 불구하고 지장물의 처리에 관한 우리나라의 실무와 수용재결례는 동일하게 운용되어 왔으며, 이전이 곤란하거나 이전비가 물건의 가격을 초과하는 지장물(건축물이 대표적인 예이다)은 지장물에 대한 이전재결을 하고 가격보상을 지급하면 그 실질에 근거하여 사업시행자가 지장물의 소유권을 취득하는 것으로 취급되어 왔다.[236] 사업시행자가 폐기형 지장물에 대한 가격보상을 지급하는 경우에는 사업시행자가 지장물을 취득하여 스스로 제거하기 위한 목적으로서 묵시적으로 수용재결신청이 있다고 보는 것이 타당하다.[237] 현재 대법원 판례의 입장과 같

---

235) 현행 「토지보상법」의 지장물 수용재결신청 조항에 관한 해석론(II. 5.)은 拙稿, 앞의 논문, 83면-86면의 내용을 재구성하여 다시 서술한 것임을 밝힌다.
236) 최종권/강신은, 앞의 논문, 71면 참조.

이 지장물 가격보상을 지급한 경우 수용개시일 이후에도 종전 지장물 소유자에게 여전히 소유권이 남아있다고 보면 그 지장물의 처리 방안은 두 가지이다. 첫 번째 방안은 가격 보상을 받은 지장물 소유자에게 사업구역 바깥으로의 이전을 요구하거나 강제하는 방법이다. 그러나 사회통념상 이전이 불가능하다는 이유로 지장물의 가격을 보상한 후에 다시 지장물 소유자에게 이전(또는 그에 갈음하는 철거) 의무를 부과하고 그 이행을 요구하는 것은 가격 보상의 본질과 맞지 않다. 판례가 '이전에 소요되는 실제 비용에 못 미치는 물건의 가격으로 보상한 경우'를 강조하는 것도 적당하지 않다. 고액의 이전비를 보상하였다고 하여 지장물 소유권을 취득할 수 있는 것도 아니거니와, 현행법은 지장물 이전비용이 과다하여 그 지장물 가격을 상회하는 경우에 가격을 보상하고 사업시행자가 이를 취득하도록 하는 기본구조를 가지고 있기 때문이다. 두 번째 방안은 현재 판례 이론과 같이 건축물 소유권은 여전히 종전 지장물 소유자에게 남아 있지만, 사업시행자는 자기의 비용으로 그것을 사업구역 밖으로 옮기거나 또는 철거할 수는 있다고 해석하는 방법이다. 소유권의 내용은 소유권의 객체가 되는 물건의 사용, 수익, 처분권능으로 구성된다(민법 제211조 참조). 그런데 판례의 논리에 따르면 건축물에 대한 소유권도 없는 사업시행자가 그것을 이전하여 버리거나 철거할 권능(처분권)은 어디에서 나온 것일까? 반대로 건축물 소유권을 의연히 보유하고 있는 종전 건축물 소유자가, 사업시행자의 건축물 이전 또는 철거행위를 수인하여야 한다고 볼 근거는 무엇일까? '물건의 멸실을 초래하는, 타인의 처분행위를 수인하여야 할 지위에 있는 소유권'을 해석으로 창설하는 것은 과연 물권, 특히 소유권의 내용을 법률로 정하도록 하는 물권법정주의 원칙과 조화될 수 있는 것일지에 관하

---

237) 同旨: 최종권/강신은, 앞의 논문, 72면 참조.

여 再考가 필요하다.238)

둘째, 가격 전액 보상을 받은 지장물 소유자가 수용개시일 이후에 계속 소유권을 행사할 수 있는 여지를 남겨 놓는 것은 형평에 맞지 않다.239) 건축물의 가격 전액을 보상 받은 종전 소유자가 다시 그 건축물 중에서 경제적 가치가 있는 물건들을 수거하여 갈 수 있도록 허용하는 것도 이중의 보상이 되어 정당보상의 이념과 조화되기 어렵다.

셋째, 「토지보상법」에서 수용과 보상의 단위는 민법의 법리에 원칙적으로 따르지만, 그것만으로는 해결할 수 없는 경우도 존재한다는 것을 인정하여야 한다. 이러한 경우에는 「토지보상법」이 헌법으

---

238) 판례는 물건의 가격으로 보상한 건축물의 철거비용을 사업시행자가 부담하는 것을 원칙으로 규정한 「토지보상법 시행규칙」 제33조 제4항을 논거의 하나로 제시하고 있으나, 지장물의 소유권 귀속은 법률 차원에서 직접 정하여져야 할 문제이고 하위법령인 시행규칙이 법률의 위임 없이 정할 수 있는 것은 아니므로, 위 규정이 지장물인 건축물의 소유권 귀속을 결정짓는 근거가 될 수 있는 것은 아니다. 오히려 위 시행규칙의 규정은 지장물인 건축물의 가격 전부를 보상한 사업시행자가 그 소유권을 취득함을 전제로, 사업시행자의 소유가 된 지장물을 철거하는 자기의 사무를 자기의 비용으로 처리하라는 취지에 불과한 것으로 해석된다.

239) 대법원 2019. 4. 11. 선고 2018다277419 판결의 사안에서는 공익사업 시행자가 토지를 수용하면서 그 지상 공장 건물의 가격을 지급한 후 위 건물의 일부를 철거하였고, 종전의 지장물 소유자는 보상금을 지급받은 후에도 건물 중 철거되지 않은 나머지 부분을 계속 사용하고 있었다. 그 후 재개발정비사업조합이 같은 건물을 다시 수용하게 되자, 종전 지장물 소유자는 자신이 여전히 건물의 소유자이므로 위 수용보상금의 공탁금출급청구권도 자신에게 귀속된다고 주장하였다. 원심법원은 그 주장을 받아들여 종전 지장물 소유자에게 보상금의 공탁금출급청구권이 귀속된다고 판단하였다. 원심의 이러한 판단은 상고심에서 파기되기는 하였으나, 이 판결 사안은 현재의 판례 이론이 종전 지장물 소유자에게 계속하여 소유권을 주장·행사할 여지를 남겨둠으로써 다양한 갈등과 분쟁을 야기하는 법적 불안의 원인이 되고 있음을 잘 보여주는 사례이다.

로부터 부여받은 적정한 수용과 정당한 보상의 관철(헌법 제23조 제
3항)이라는 공법의 목적과 취지를 충분히 고려하여 합리적으로 해석
될 필요가 있다. 현재 판례가 취하고 있는 판단의 근저에는 토지와
그 지상 건축물의 소유권을 엄격히 준별하는 민법의 원칙이 강력하
게 작용하고 있는 것으로 보인다. 그러나 지장물 중에서 건축물이
아닌 공작물의 경우를 상정해보면, 「토지보상법」과 민법이 물건을
인식하는 단위가 언제나, 예외 없이 일치할 수는 없다는 사실이 드
러난다. 민법의 관점에서 건축물이 아닌 공작물은 토지에 고정적으
로 정착되어 사회통념상 분리하기 어려운 정도로 부합되면 토지의
일부를 구성하게 되고 더 이상 토지와 별도의 독립한 물건이 아니
다.240) 그러나 「토지보상법」은 이러한 공작물도 정당보상의 관점에
서 보상의 필요가 있는 경제적 가치가 존재한다고 판단하는 경우에
는 토지와 별개로 보상의 대상으로 삼는다. 이처럼 토지에 부합된
공작물의 이전이 불가능하거나 사업구역 바깥으로 이전하는데 드는
비용이 그 가격을 넘는 경우에는 가격 보상을 지급하게 되는데, 토
지에 대하여는 명시적인 수용재결이 있었으므로 그 토지소유권을
취득하는 사업시행자는 그 공작물에 대한 소유권도 당연히 취득하
게 되는 것인가? 민법의 법리에 그대로 따르면 긍정하여야 하겠지
만, 이렇게 해석하면 지장물에 대해서는 토지와 별개로 명시적인 별
도의 수용재결신청이 없는 이상 사업시행자는 가격 보상의 지급만
으로는 지장물을 취득할 수 없다는 판례의 판지는 더 이상 유지할
수 없다. 결론적으로 「토지보상법」의 수용과 보상의 단위는 민사상
의 물건의 단위를 따르는 것이 원칙이기는 하지만, 수용과 보상이라
는 고유한 목적을 위하여 설정되는 것이므로 공법의 취지가 충분히

---

240) 대법원 2003. 5. 16. 선고 2003다14959, 14966 판결; 대법원 2007. 7. 27. 선
고 2006다39270, 29278 판결; 대법원 2009. 5. 14. 선고 2008다49202 판결
참조.

고려되어 해석되어야 하고, 수용과 보상의 법률관계의 해석에서 공법의 목적을 저해하는 방식으로 민사상 물건의 개념에 압도되어서는 안 된다.[241] 이 때 수용이라는 공법상 법률관계의 실질 및 그 제도적 기능과 정당보상의 원칙이 중요한 해석기준이 되고, 타당한 결론을 도출하기 위하여 해당 지장물의 특성이 반영되어야 함은 물론, 실무의 관행과 사업시행자 및 피수용자의 의사 역시 하나의 중요한 고려사항이 될 수 있다.

---

[241] 실질과세원칙에 따르는 세법상의 해석으로도 지장물인 건축물의 가격을 보상한 사업시행자는 해당 건축물을 '취득'한 것으로 보아 취득세 부과대상이 된다고 보고 있다. 대법원 2020. 8. 27. 선고 2020두39044 판결, "지장물 보상금을 지급한 건축물의 취득세 과세대상 해당 여부 질의 회신"[지방세운영과-416 (2017.04.24.) 취득세] 참조. 또한 가령 대법원 2010. 12. 9. 선고 2010두15452 판결에서는 "수용 또는 협의 등에 의하여 사업시행자가 지장물 소유자에게 그 지장물 가격 상당의 손실보상금을 지급하면 공익사업 수행에 필요한 지장물을 철거할 수 있게 되고, 지장물 소유자는 지장물 철거를 수인하는 대가로 손실보상금을 지급받게 되는 셈이므로, 결과적으로 지장물이라는 자산이 유상으로 사업시행자에게 사실상 이전되었다고 볼 수 있다."라고 한다.

제3절 지장물인 건축물의 보상

Ⅰ. 건축물의 수용과 법령상 보상의 항목들

1. 법률에 의하여 정하여지는 정당보상의 범위

헌법재판소는 정당한 보상의 의미에 관하여 '헌법 제23조 제3항이 규정하는 정당한 보상이란 원칙적으로 피수용재산의 객관적인 재산가치를 완전하게 보상하는 것이어야 한다는 완전보상을 뜻하는 것으로서 보상금액 뿐만 아니라 보상의 시기나 방법 등에 있어서도 어떠한 제한을 두어서는 아니된다는 것을 의미'한다고 한다.[242]

정당한 보상의 내용은 일차적으로는 객관적인 재산가치이다. 여기에서 객관적인 재산가치는 곧 시장 가격이라는 인식이 일반적이다. 「토지보상법」도 기본적으로 개발이익을 배제한 시장 가격을 보상하는 것을 원칙으로 설계되어 있다.[243] 일반적으로 소유자가 목적물에 대하여 주관적으로 부여하는 가치는 시장참여자들이 합의하는 것보다 높고, 사업시행자가 목적물에 부여하는 주관적 가치는 그것보다 낮다. 이런 의미에서 시장 가격은 시장참여자들이 합의하는 가

---

[242] 헌법재판소 1995. 4. 20. 선고 93헌바20결정; 헌법재판소 1990. 6. 25. 선고 89헌마107결정.

[243] 토지보상에 있어 개발이익배제 원칙은 영국법상으로는 'no-scheme principle' 즉 당국의 개발계획에 의한 가치 증가는 보상에 있어 고려되어서는 안 된다는 원칙에 상응한다. Barry Denyer-Green. *supra* note 162, p. 150. 미국에서도 당해 개발사업으로 인한 직접의 개발이익(direct Benefit)은 보상 평가에서 고려하지 않는 것이 원칙이다. 「Uniform Appraisal Standards For Federal Land Acquisitions」 1.2.7.3.6.

치이므로 그나마 '객관적'이다. 재산에 대한 소유자의 애착과 같은 주관적이고 우연적인 가치는 산정이 불가능하고 그에 대한 박탈을 특별한 희생이라고 보기도 어려우므로 이를 완전보상의 범위에 포함시키기 어렵다. 그러나 재산권 박탈에 부수하여 전형적으로 발생하는 손실로서 사회구성원들이 보상의 필요성을 강하게 느끼는 손실이라면 재산권 침해에 대한 보상으로서 시장가격을 초과하는 보상이 이루어지도록 합의하는 것이 불가능하지 않다. 즉 목적물의 시장가격으로서 전보되지 않는 생활이익이나 기대이익이지만 재산권 침해에 부수하여 사회통념상 일반적으로 박탈이 예견되는 손실로서 사회적 합의에 따라 특별희생으로 인정되는 것은 보상을 요하는 객관적인 재산가치에 포함될 수 있다. 현대적 재산권의 개념을 더 이상 교환가치에 대한 지배권으로 한정하기 어렵고,[244] 전통적 의미에서 재산권에는 포함되지 않으나 현대적 의미에서 재산권으로 포섭할 수 있는 손실은 이를 헌법 제23조와 연결시킬 가능성이 있다.[245] 재산의 '객관적 가치'라는 것도 선험적으로 주어지는 개념이 아니라 사회적 합의에 의하여 형성되는 것이기 때문이다. 즉, 재산권의 내용과 범위는 '법률'에 의하여 정하여진다(헌법 제23조 제2항).

예를 들어 「토지보상법」상 이주대책 조항은 대규모의 수용을 전제로 하는 택지개발사업에 있어서 수용대상지의 촌락이 집단적 이주를 필연적으로 수반하기 때문에 토지의 시장가격을 상회하는 생활이익, 즉 토지소유권의 이용관계에 부수하여 누리던 공동체로서의 생활이익 박탈이 전형적으로 예상되고, 이에 대한 보상으로서 이주대책과 특별공급에 관한 조항을 토지보상법령에 신설함으로써 이를 특별한 희생으로 인정하는 사회적 합의가 이루어졌다고 볼 수 있

---

244) 윤수진, "생활보상 및 간접손실보상 개념의 재검토", 『토지공법연구』 제34집, 2006. 12., 27면 참조.
245) 윤수진, 앞의 논문, 29면 참조.

다. 재산권의 내용과 한계를 설정하는 법률은 이 경우의 생활이익을
보상을 요하는 객관적인 재산가치로 인정하는 판단을 담고 있다.

2. 재산권 보상

국내 학설은 보통 수용의 보상 항목을 재산권 보상과 생활보상으
로 분류한다. 재산권 보상은 토지와 토지 이외의 기타 재산권에 대
한 손실보상을 그 내용으로 한다.

① 취득하는 토지는 협의취득의 경우 협의성립 당시의 가격을 기
준으로 보상하고, 재결의 경우에는 재결 당시의 가격을 기준으로 보
상한다(토지보상법 제67조, 제73조~제79조). 토지의 보상가는 공시지
가를 기준으로 하며 공익사업의 시행으로 인해 사업용지의 지가가
상승하더라도 이를 보상에 반영하지 않는다(동법 제70조 1항).

② 예외적으로 공익사업에 필요하여 수용하는 건축물은 토지에
준하여 가격을 평가하여 보상한다.

③ 지장물인 건축물은 이전비를 보상하는 것이 원칙이지만 이전
으로 인해 종래의 목적대로 사용할 수 없거나 이전비가 그 물건의
가격을 넘는 경우, 사업시행자가 공익사업에 직접 사용할 목적으로 취
득하는 경우에는 당해 물건의 가격으로 보상한다(동법 제75조 제1항).

3. 생활보상

생활보상이란 일반적으로 수용으로 인하여 생활의 기초를 상실
하게 되는 다수의 피수용자 등에 대하여 생존배려적인 측면에서 종
전과 같은 생활상태를 유지하도록 하는 것을 실질적으로 보장하기
위하여 행하는 보상이라고 정의된다.[246)

　구 공공용지의취득및손실보상에관한특례법상의 이주대책은 공공사업의 시행에 필요한 토지 등을 제공함으로 인하여 생활의 근거를 상실하게 되는 이주자들을 위하여 사업시행자가 기본적인 생활시설이 포함된 택지를 조성하거나 그 지상에 주택을 건설하여 이주자들에게 이를 그 투입비용 원가만의 부담하에 개별 공급하는 것으로서, 그 본래의 취지에 있어 이주자들에 대하여 종전의 생활상태를 원상으로 회복시키면서 동시에 인간다운 생활을 보장하여 주기 위한 이른바 생활보상의 일환으로 국가의 적극적이고 정책적인 배려에 의하여 마련된 제도이다.[247]

　생활보상에 속하는 토지보상법상 보상항목의 예로는 ① 이주정착금의 지급(토지보상법 제78조 제1항, 동법 시행규칙 제53조), ② 주거이전비(동법 시행규칙 제54조 제3항), ③ 영세주거용 건물의 최저보상액 보상(동법 시행규칙 제58조 제1항), ④ 이농(移農)·이어비(移漁費)의 지급(동법 제78조 제6항, 동법 시행규칙 제56조), ⑤ 세입자에 대한 주거이전비(동법 시행규칙 제54조 제2항), ⑥ 무허가·무면허 영업자에 대한 영업손실보상(동법 시행규칙 제52조) 등이 거론된다. 공익사업으로 생활의 기초를 상실하게 된 사람에 대한 생활재건조치로서의 ⑦ 이주대책(동법 제78조)도 중요한 보상항목 중 하나이다. 이주대책은 규범상으로는 이주정착지를 조성하여 제공하는 방식이 원칙이나(같은 조 제4항), 실제로는 그에 갈음하여 이주정착금을 지급하거나, 이주대책과 선택적 관계에 있는 택지나 주택의 특별공급으로 갈음하는 것이 일반적이다.[248]

---

246) 생활보상의 개념에 대한 분석으로는 박현정, "공익사업시행자가 실시하는 생활대책의 법적 성격과 사법심사", 『法學論叢』, 제36집 제2호, 한양대학교 법학연구소, 2019, 45면 이하 참조.

247) 대법원 1994 .5. 24. 선고 92다35783 전원합의체 판결.

4. 보상항목과 수용재결 절차의 분리

(1) 이원화되어 있던 보상기준

본래 1962년에 제정된 「토지수용법」은 강제적 토지 수용절차(수용재결)에 따른 보상으로서 (i) 수용하는 물건의 보상(동법 제50조), (ii) 지장물의 이전비 보상(제49조), (iii) 잔여지 보상(제47조) 등의 소략한 몇 가지 보상항목을 규정하고 있었을 뿐이었다.

한편 우리나라에서 1970년대 중반까지는 협의취득에 관한 근거 법률은 없었고, 민법상의 매매계약에 의하여 공익사업에 필요한 토지가 취득되고 있었다. 당시에는 협의매수에 관한 기준이 없어 사업시행자별로 보상대상이나 기준이 제각각이었다. 여기에 더하여 소유권보존등기가 되지 않은 토지 또는 소유자 불명의 토지는 수용재결 절차에 의하지 않고는 취득이 곤란하다는 실무상의 문제점을 해결하기 위하여 협의취득의 절차 및 보상의 근거규범으로서 1975년에 「공공용지의취득및손실보상에관한특례법」('공특법')이 제정되었다.[249] 이렇게 제정된 공특법은 사업시행자의 협의취득에 협력할 유인을 제공하고, 이주를 원활하게 하도록 유도할 목적으로 토지수용 절차에서는 제공되지 않는 이주대책을 보상항목으로 규정하였다(동법 제8조).

공특법의 하위규범으로 제정된 「공공용지의보상평가기준에관한규칙」[250]에서는 유형별 보상산정기준을 자세히 정하는 한편, 협의를 통하여 자발적으로 토지를 제공하는 사람들에게 추가로 부여할 보

---

248) 이주대책의 의의와 이주정착금, 특별공급의 관계에 대하여는 김종보, "이주대책의 개념과 특별공급의 적용법조", 『행정법연구』 제28호, 2010. 12, 163면 이하 참조.

249) 법률 제2847호, 1975. 12. 31. 제정.

250) 건설부령 제184호, 1977. 3. 21. 제정.

상항목으로서 영업폐지에 대한 손실의 평가(제24조), 영업의 휴업에 대한 손실의 평가(제25조), 이사비(제27조), 이농비(제29조), 실농보상(제30조) 등을 다양하게 규정하였다.

이후 제명을 바꾸어 1981년에 개정된 「공공용지의취득및손실보상에관한특례법시행규칙」251)에서는 소수잔존자보상(제23조의4), 농경지 간접보상(제23조의2) 등이 추가되었고, 이후로도 동 규칙은 협의매수에 응하는 사람들에게 제공할 보상항목의 목록을 추가하는 방식으로 개정되었다. 1986년 개정 동 규칙에서는 주거용건물의 이전보상비로서 가족수에 따라 2월분의 주거비를 추가로 보상하도록 하였으며(제10조 제5항), 세입자에 대한 주거대책비를 지급하도록 하였고(제30조의2), 휴직 또는 실직보상을 추가하였다(제30조의3). 1988년 개정 규칙에서는 주거용건축물에 대한 보상특례(제5조의9)를, 1989년의 개정 규칙에서는 이주대책비(제27조의2)를 보상항목으로 추가하였다.

이렇게 공특법과 그 하위법령에 규정된 보상항목들은 사업에 자발적으로 협력하여 임의로 토지를 제공하는 자들에게 협력의 유인 또는 특별보상으로 제공되는 시혜적인 성격의 보상금으로 여겨졌다. 이 때문에 사업시행자가 폭넓은 재량을 가지고 독자적인 절차에 따라 지급하였으며, 수용재결의 절차를 거치지 않고 협의매수라는 사법상 계약을 전제로 지급되는 것이므로, 그 보상금 지급시기도 실무상 수용 목적물의 인도 이후, 착공 이전에만 지급하면 되는 것으로 여겨졌다.252)

당시 공특법 시행규칙도 이러한 실무의 태도를 반영하여 공특법과 그 하위법령에 규정된 각종 보상금은 원칙적으로 '공사에 착수하기 전'에만 지급하면 되는 것으로 규정하고 있었다(제5조의 10 제2항).

---

251) 건설부령 제294호, 1981. 3. 23. 일부개정.
252) 김종보, "공익사업에서 점유이전과 생활보상", 91면 참조.

> **구 공공용지의취득및손실보상에관한특례법시행규칙**
> **제5조의10(대상물건의 취득등)** ① 〈생략〉
> ② 사업시행자는 소유자등에 대하여 보상액의 전액을 지급한 후가
> 아니면 공사에 착수할 수 없다. 다만, 소유자등의 승낙이 있은 때에는
> 그러하지 아니하다.

(2) 보상기준의 불완전한 통합

한편, 1981년의 「토지수용법」 개정으로 수용 재결에 따라 취득하
는 토지의 보상에 있어서도 보상액 산정방법 및 보상기준에 관하여
는 공특법의 규정을 준용하도록 하였다(제57조의2). 이에 따라 공특
법과 하위 법령에 규정된 협의취득의 보상항목들이 「토지수용법」에
따른 강제적 토지수용절차에 따른 보상항목으로도 동시에 적용되게
되었다.

(3) 보상기준과 수용재결절차의 분리

문제는 1981년에 개정된 「토지수용법」은 보상기준에 관하여 공특
법을 준용한다고만 규정하였을 뿐, 「토지수용법」에 따른 수용재결
절차 내에서 공특법에 규정된 각종 보상항목들을 수용재결의 보상
금으로 편입시키는 절차적 근거 규정들을 두지 않았다는 점이다.

이 때로부터 우리나라에서는 토지수용에 있어서 보상 기준과 수
용재결 절차가 분리되어, ① 본래 「토지수용법」이 스스로 규정하고
있던 보상항목들은 수용재결 절차 내에서 제도적으로 결정되어 보
장될 수 있는 반면, ② 공특법에 규정된 각종 보상항목은 수용재결의
보상금에 포함될 수도 있고 그렇지 못할 수도 있는 보상금이 되었

다.253) 이렇게 하여 우리나라의 수용 및 보상제도는 법령상 보상기준과 수용재결절차의 분리라는 불안정한 제도 운영 상황에 놓이게 되었다.

5. 토지보상법의 한계와 '재결외 보상'

(1) 여전히 수용재결 절차에 편입되지 못한 공특법의 보상항목들

협의매수는 공특법에 의하여, 수용재결은 「토지수용법」에 의하여 운영되던 종래의 이원적 토지취득체제는 2002년에 제정 「토지보상법」이 법률 제6656호로 공포되고 2003년 1월 1일부터 시행되면서 막을 내렸다. 「토지보상법」은 토지수용법과 공특법을 통합한 통합 수용·보상법전으로 입법되었다. 그러나 새롭게 제정된 「토지보상법」도 구 공특법상의 보상항목들을 「토지보상법」과 동법 시행규칙에 옮겨 담기만 하였을 뿐, 수용 재결 절차에서 이들 보상항목들을 보상금으로 결정할 수 있도록 제도적으로 강제하는 절차적 근거 규정을 마련하지는 못하였다.

이러한 한계로 인하여, 제정 「토지보상법」은 구 공특법상의 보상항목들을 정식으로 토지수용에 따른 보상항목으로 편입시켰으면서도, 구 공특법에 규정되어 있던 보상항목들은 여전히 수용재결 절차

---

253) 일본은 이러한 문제점은 발생하지 않았는데, 수용이나 협의취득에 의한 보상 기준을 행정규칙(또는 관변단체 내규)으로 규정하되 수용재결의 보상기준은 「토지수용법제88조의2의세목등을정하는정령」(細目政令)으로, 협의취득의 그것은 관변단체인 용지대책연락협의회(用對連: 省·庁을 포함한 전국 공익사업 시행자의 연합단체)의 「공공용지의취득에관한손실보상기준」(用對連基準), 「공공용지의취득에관한손실보상기준세칙」(用對連細則)으로 정하고, 동일한 보상내용을 담고 있기 때문이다. 安本典夫, 『都市法概說』, 法律文化社, 2015, 310-311면 참조.

와는 무관하게 종전의 실무 관행에 따라 사업시행자에 의하여 지급 여부가 결정되고, 보상액이 산정되도록 하며, 그 지급 절차도 사업시행자의 재량에 맡겨두는 결과를 초래하였다.

(2) 재결외 보상

1) 보상영역의 3분화

위와 같은 일련의 과정을 통하여 현행 「토지보상법」에 규정되어 있는 다양한 보상항목들은 서로 다른 수준의 제도적 보장의 영역에 속하게 되었다. 현행 「토지보상법」상 보상항목은 다음과 같이 크게 세 개의 영역으로 분화된 형태로 구성된다(그림 2, 표 4 참조).

〈그림 2〉 수용보상의 변화

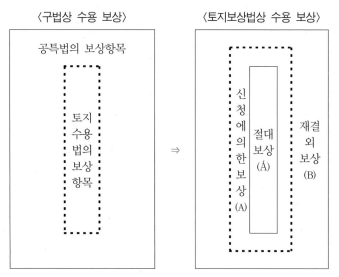

*점선 = 재결로 보장될 수 있는 보상항목

첫 번째 보상영역(Ä)은 종래 구 「토지수용법」에 규정되어 있던 보상항목들로서 수용재결로 보상금이 결정되는 보상항목이다. 그 유형으로는 토지 및 건축물의 가격보상(❶)과 지장물의 이전비 보상(❷)이 있다. 이들 보상항목은 가장 두터운 보호를 받는 강고한 재산권 보상의 영역으로 인식된다. 보상금의 지급시기에 있어서도 수용재결로 정한 수용개시일까지 보상금을 지급 또는 공탁하지 않으면 재결이 실효되기 때문에(토지보상법 제41조 제1항) 수용 목적물의 점유 이전과 동시에 보상금을 지급받을 수 있도록 제도적으로 보장되어 있다. 수용 실무에서 사업시행자는 수용재결신청을 하면서 (i) 토지에 대한 보상과 (ii) 지장물 보상은 한꺼번에 재결신청을 한다. 이러한 유형의 보상항목은 '절대보상영역'(Ä)이라고 부를 수 있다.

두 번째 보상영역(A)은 종래 「토지수용법」에 규정되어 있었지만 수용재결과는 필수적으로 결합되어 있지는 않고 신청에 의하여 따로 보상재결을 할 수 있는 보상항목이다. 잔여지 보상, 잔여건축물에 대한 보상(❸)이 여기에 속한다. 이들 보상항목은 사업시행자와 피수용자가 협의하여 보상액을 정하고, 협의가 되지 않으면 피수용자도 보상재결을 신청할 수 있도록 하는 절차적 규정이 마련되어 있다(토지보상법 제74조 제3항, 제75조의2 제4항). 잔여지나 잔여건축물의 보상은 사업시행자가 재결신청을 할 수도 있고 하지 않을 수도 있는데, 피수용자에게도 따로 보상재결을 신청할 수 있는 권리를 인정하고 있으므로 수용재결이나 적어도 별도의 보상재결로 그 보상금 지급이 보장될 수 있다. 그러나 반드시 수용재결의 보상금 항목에 포함된다는 보장은 없으므로, 수용 목적물의 점유 이전과 동시에 이들 보상항목에 대한 보상금이 지급되도록 보장을 받는 것은 아니다. 이러한 유형의 보상항목은 '신청에 의한 보상영역'(A)이라고 분류한다.

세 번째 보상영역(B)은 종래 구 「공특법」에 규정되어 있던 보상항목들로서 수용재결과 연동되지 않을 뿐 아니라 따로 신청에 의하여 보상재결을 받을 수 있는 절차적 근거 규정도 없는 보상항목이다. 이 유형의 보상항목은 영업보상, 영농보상(❹), 이주대책, 주거이전비 (❺) 등 통상 '생활보상'이라고 인식되는 보상항목들과 대체로 일치한다. 이러한 보상항목은 사업시행자가 수용재결신청시에 포함시켜 재결신청을 한 경우에는 재결 보상금에 포함될 수도 있다. 사업시행자에 따라서는 실무상 토지조서 및 물건조서와 함께 법령에서 요구하지 않는 영업권조서 또는 세입자조서까지 작성하는 경우가 있다.254) 그러나 수용재결에 이들 보상항목에 대한 판단이 포함되도록 강제할 아무런 제도적 보장은 없다. 예컨대 보상금 존부나 범위에 다툼이 있는 영업보상은 사업시행자가 재결신청시에 의도적으로 제외하고 재결을 신청한다. 이 영역의 보상권리자들은 실무상으로 재결의 상대방이 되는지 여부조차 불분명하기 때문에 수용재결 절차에 참여하여 목소리를 낼 수단도 마땅치 않다.255) 또한 그 보상금의 지급시기는 현행 「토지보상법」 제62조에 따르면 공사에 착수하기 이전에만 지급하면 되므로, 수용 목적물의 점유이전보다 이후에 지급되어도 상관없는 것처럼 인식될 수 있으며 실제 보상실무 운용도 그러하다. 그러나 이러한 결과는 위헌적인 것이므로 이 영역에 속하는 보상항목들에 있어서 점유이전과 보상금 지급의 관계를 어떻게 해석해야 할지는 추가적인 검토가 필요하다. 이러한 유형의 보상항목은 '재결외 보상영역'(B)으로 분류한다. 이처럼 현행법상 수용재결에 의하여 목적물의 이전의무는 부담하지만, 재결절차를 통하여 보상

---

254) 가령 부산교통공사의 「보상업무규정」 제7조 참조.

255) 사업시행자가 주거용 건물의 세입자를 협의 단계에서 자체 기준에 의거하여 자의적으로 보상에서 배제하고, 수용재결 신청 청구권에 대한 별도의 안내 없이 사업시행자의 의견에 동의하도록 유도하여 수용재결의 기회를 차단하는 사례가 다수 있으며, 주거이전비가 재결로 판단되는 사례는 거의 없다는 지적으로 국민권익위원회, 2019. 3. 20. 자 의결 "주택재개발사업의 세입자 주거이전비 보상기준 명확화"(의안번호 제2019-68호), 8면.

금 지급을 보장받지는 못하는 다양한 보상항목이 존재하고 있고, 이러한 보상항목은 영업보상, 이주대책, 주거이전비 등으로서 '건축물의 인도의무'를 부담하는 사람에게 지급되어야 하는 보상금에 해당하는 경우가 대부분이다.

2) 재결외 보상의 실무적 처리

재결외 보상(B)에 해당하는 영업보상, 영농보상, 이주대책, 주거이전비 등은 수용재결에 포함시켜 판단되도록 강제하는 조항이 없다. 따라서,

① 사업시행자가 스스로 보상의 대상이 아니라고 판단하는 경우, 즉 사업시행자와 피수용자와 사이에 보상금 청구권의 존부나 그 액수에 다툼이 있는 경우에는 사업시행자가 수용재결 신청시에 해당 보상항목은 제외하고 신청하는 것이 통상적이다.

② 토지수용위원회는 사업시행자가 재결을 신청한 범위 내에서만 수용재결의 보상항목을 판단한다(토지보상법 제50조 제2항). 이를 '불고불리의 원칙'이라고 한다.256) 그러므로 이들 보상항목은 수용재결의 보상금에 포함되지 않은 채로 수용재결이 내려지게 된다. 수용재결의 보상금에 포함되지 않았으므로, 이러한 보상금은 재결 실효 조항의 적용대상이 아니어서 수용개시일까지 지급되지 않더라도 재결의 효력에 아무런 영향을 주지 못한다(토지보상법 제41조 제1항).

③ 사업시행자는 수용개시일에 수용 토지의 소유권을 취득하였음을 원인으로 위와 같은 보상항목들을 지급하여 줄 것을 요구하며 토

---

256) 신경직, 앞의 책, 223면 참조.

지상 건축물의 점유를 이어나가고 있는 보상권리자를 상대로 민사소송인 인도청구(명도)소송을 제기한다.

④ 민사법원인 수소법원은 정당보상이 완료되지 않았다는 피고의 주장은 유효한 항변사유가 되지 않는다는 이유로 사업시행자의 인도 청구를 단순인용하는 판결을 선고하는 것이 종래 통상적인 실무례이었다.[257]

⑤ 1심에서 승소한 사업시행자는 1심 판결문을 근거로 수용목적물의 인도를 받기 위한 명도단행가처분을 신청하거나[258] 또는 판결 확정 후 집행절차에 돌입한다. 그 집행 과정에서 정당한 보상을 요구하는 건축물 점유자 등과 심각한 갈등 및 물리적 충돌이 빈번하게 발생한다.[259]

---

257) 대법원 2017. 2. 15. 선고 2013다40643 판결 : "원심이 그 판시와 같은 이유로 사업시행자의 주거용 건물의 거주자에 대한 주거이전비, 이사비 등 지급의무와 수용보상금을 지급받은 주거용 건물의 점유·사용자가 부담하는 부동산 인도의무는 이행상 견련관계를 인정할 수 없다는 이유로 피고의 동시이행항변을 배척한 것은 정당하고"; 대법원 2018. 5. 15. 선고 2018다 212269 판결; 대법원 2018. 12. 27. 선고 2018다270470 판결; 서울고등법원 2019. 1. 25. 선고 2018나2061148 판결 등.

258) 대법원 2005. 8. 19. 선고 2004다2809 판결 : "구 토지수용법 제63조의 규정에 따라 피수용자 등이 기업자에 대하여 부담하는 수용대상 토지의 인도 또는 그 지장물의 명도의무 등이 비록 공법상의 법률관계라고 하더라도, 그 권리를 피보전권리로 하는 명도단행가처분은 그 권리에 끼칠 현저한 손해를 피하거나 급박한 위험을 방지하기 위하여 또는 그 밖의 필요한 이유가 있을 경우에는 허용될 수 있다."

259) 관련 기사 : "강제집행 무력충돌 대책이 없을까"(경향신문 2018.10.14.자); "재개발·재건축 현장 많은 부산, 집행관 – 상가세입자 잇단 충돌"(국제신문 2019.7.29.자); "전남방직 재개발 '중장비 대치' 일촉즉발"(무등일보 2021.6.28.자); "법도 책임지지 않는 재개발 지역의 '마지막 임차인'(한국일보 2021.6.11.자) 등. 사법정책연구원, 『집행관제도 개선방안 연구 – 부동산

3) 재결외 보상의 청구 방법

우리 법제상 손실보상의 결정절차와 불복방법 및 보상금 청구방법에 대해서는 일반 규정이 없고 각각의 법령에서 개별적으로 정하고 있다.[260]

현재 대법원 판례는 「토지보상법」상의 손실보상금은 일단 토지수용위원회의 재결 절차를 거쳐서 판단을 받아야만 하고, 보상권리자가 재결을 거치지 않고 바로 사업시행자를 상대로 보상금을 청구하는 것은 허용되지 않는다고 하고 있다.[261] 이러한 판례 법리를 수용재결 전치주의라고 부르기도 한다.[262] 수용재결 전치주의를 채택한 대법원 2008. 7. 10. 선고 2006두19495 판결에서는 잔여지 손실보상(신청에 의한 보상영역)이 문제되었으므로 수용재결은 아니라 하더라도 최소한 별도의 신청에 따른 보상재결을 통하여 판단을 받을 가능성이 있었지만, 이후 판례 법리가 재결외 보상영역으로까지 확대 적용되면서[263] 재결외 보상영역의 보상청구권 실현은 더욱 어려워졌다.

등 인도집행을 중심으로 -」, 2021, 46면 각주 120)에서는 특히 도시정비지역에서 채무자가 집행단계에서 저항을 하는 근본적 이유가 부족한 손실보상 때문이라고 지적하고 있다.

260) 이현수, "공법상 당사자소송의 연원과 발전방향", 『일감법학』 제32호, 2015. 10. 340면.

261) 대법원 2008. 7. 10. 선고 2006두19495 판결; 대법원 2012. 11. 29. 선고 2011두22587 판결; 대법원 2014. 4. 24. 선고 2012두6773 판결; 대법원 2014. 9. 25. 선고 2012두24092 판결; 대법원 2015. 11. 12. 선고 2015두2963 판결; 대법원 2018. 7. 20. 선고 2015두4044 판결; 대법원 2019. 8. 29. 선고 2018두57865 판결; 대법원 2019. 11. 28. 선고 2018두227 판결 등.

262) 김은유/임승택/김태원, 『실무 토지수용보상』, 파워에셋, 2019, 854면 참조.

263) 대법원 2011. 9. 29. 선고 2009두10963 판결(수용대상토지에서 영업용 비닐하우스를 임차하여 화훼업을 경영하는 사람의 영업손실보상); 대법원 2011. 10. 13. 선고 2009다43461 판결(하천부지에서 점용허가를 받아 농업을 경영하는 사람의 농업보상); 대법원 2012. 10. 11. 선고 2010다23210 판결(도시개발사업 폐지로 인한 도시개발사업시행자의 손실보상); 대법원 2018. 7. 20. 선고 2015두4044 판결(잔여 영업손실 보상) 등. 하급심 판례

대법원 2006두19495 판결에서는 자세한 판결이유를 밝히고 있지 않고 있으나 그 판단의 근거로 추측할 수 있는 것은 크게 두 가지이다. 첫째, 「토지보상법」 제85조 제2항에 규정된 보상금증감청구소송이 실질적으로는 수용재결의 효력을 다투는 항고소송인 형식적 당사자소송이므로, 우선 수용재결이라는 처분이 존재하여야 한다는 점을 고려하였을 수 있다. 둘째, 잔여지 손실보상에 관하여 규정하고 있는 「토지보상법」 제73조는 보상요건으로 불확정법개념을 사용하고 있으므로, 법원이 바로 보상판단에 개입하는 것보다 관할 토지수용위원회의 판단을 먼저 거치도록 하는 것이 행정의 일차적 판단권 존중 및 절차의 효율적 운영이라는 측면에서 합리적이라고 볼 수 있다.

그러나 이는 어디까지나 수용재결절차에서 보상금에 관한 심리와 결정이 절차적으로 보장되는 경우를 전제로 하는 것이고, 수용재결에서 판단될 수 있는 제도적 장치가 없는 보상항목에까지 재결절차부터 거친 후에 보상금을 청구할 수 있다고 일반화하는 것은 과도한 해석이 될 수 있다.

현재의 판례 상황에 따르면 재결외 보상의 보상금 청구권자들은 (i) 사업시행자를 상대로 일단 재결신청의 청구를 하고, (ii) 사업시행자가 이를 거부하면 일단 사업시행자를 상대로 재결신청거부처분에 대한 취소소송 또는 부작위위법확인소송부터 제기하여야 한다.264) 그리하여 그 항고소송에서 승소한 후에 (iii) 거부처분 취소판결이 확

중에는 이러한 대법원 판례의 입장을 요약하여 "토지보상법상 각종 보상금은 우선 토지보상법에 규정된 재결절차를 거친 다음 그 재결에 대하여 불복이 있는 때에 비로소 토지보상법 제85조에 따라 권리구제를 받을 뿐, 이러한 재결절차를 거치지 않은 채 곧바로 사업시행자를 상대로 손실보상을 청구하는 것은 허용할 수 없다"라고 판시한 것이 있다(서울행정법원 2013. 12. 19. 선고 2013구합51312 판결).

264) 대법원 2011. 7. 14. 선고 2011두2309 판결(지장물 보상); 대법원 2019. 8. 29. 선고 2018두57865 판결(편입토지보상, 영업·농업보상 등).

정될 경우 재처분의무(행정소송법 제30조 제2항)에 따라 사업시행자가 토지수용위원회에 재결신청을 하게 되면 (iv) 관할 토지수용위원회의 보상재결을 받아 (v) 그 재결로 판단된 보상금에 이의가 있는 경우에 다시 사업시행자를 상대로 형식적 당사자소송인 보상금증액청구소송을 제기하라는 것이 된다. 이는 재결외 보상영역의 보상금청구권의 실현을 사실상 거부하는 것과 크게 다르지 않다.

그나마 다행인 것은 현재 판례는 주거이전비에 대하여서는 예외를 인정하여 건축물 세입자의 주거이전비 보상에 관한 재결이 이루어진 경우에는 「토지보상법」 제85조 제2항에 따라 사업시행자를 상대로 보상금 증감청구소송(형식적 당사자소송)을 청구할 수 있지만, 재결에서 그 보상에 관한 판단이 이루어지지 않은 경우에는 직접 사업시행자를 상대로 공법상 당사자소송으로 보상금을 청구할 수 있다고 하고 있다.[265] 주거이전비는 별도로 보상평가를 위한 감정이 필요하지 않고 간단한 산식에 따라 산정되므로[266] 다른 보상항목에 비하여 상대적으로 산정이 쉽다는 특성이 있다. 그러나 혹 법원의 심리 부담을 이유로 보상청구권자의 권리구제에 소홀하여서는 안 될 것이다. 주거이전비에 대하여 재결에서 판단되지 않은 경우 직접 사업시행자를 상대로 공법상 당사자소송으로 보상금을 청구할 수 있음을 인정한다면, 재결외 보상영역에 속하는 다른 보상항목들에 대하여서 달리 판단하여야 할 특별한 이유는 없다고 생각된다. 적어도 재결외 보상영역에 있어서는 재결에서 판단된 바 없더라도 바로 공법상 당사자소송으로 사업시행자에게 보상을 청구할 수 있도록 적극적인 판례 변경을 검토할 필요가 있다고 생각된다.

---

265) 대법원 2008. 5. 29. 선고 2007다8129 판결.

266) 주거이전비는 이주할 세대의 가구원수에 2개월 또는 4개월의 가계조사통계상 월평균 명목 가계지출비를 곱하여 산정한다(토지보상법 시행규칙 제54조).

(3) 사전보상원칙의 규율

1) 문제점

우리 헌법이 요구하는 '정당보상'은 정당한 금액의 보상금이 정당한 시기에 지급될 것을 제도적으로 보장할 것을 포함하는 개념으로 해석된다.[267] 정당보상의 내용인 보상금 지급의 정당한 시기의 결정에 관하여는 입법자의 입법재량이 인정되지만, 그 입법형성에는 일정한 헌법적 한계가 존재한다고 보아야 한다. 그렇다면 헌법의 정당보상 원칙이 요구하는 보상의 '정당한 시기'에 관한 입법재량은 어느 정도의 범위에서 인정되는 것인가? 이 문제를 살펴보기 위하여 먼저 비교법적으로 보상금의 지급시기를 검토하고, 다음으로 우리 헌법규정의 해석에 관하여서도 살펴보기로 한다.

2) 비교법적 검토

① 프랑스

프랑스에서 헌법적인 효력을 갖는 1789년 프랑스인권선언 제17조는 "소유권은 신성 불가침한 권리이므로 합법적으로 확인된 공공필요가 명백히 요구하고, 또 정당한 사전 보상의 조건 하에서가 아니면 결코 박탈될 수 없다"고 규정하고 있다.[268] 이 규정과 관련하여 프랑스 헌법위원회(Conseil constitutionnel) 결정은 헌법상의 요건을 준수하기 위하여 법률은 합법적으로 공익필요가 인정되는 경우에만 수용을 승인할 수 있고, "수용자가 점유(possession)를 하기 위해서는

---

267) 김종보, "공익사업에서 점유이전과 생활보상", 93면 참조.

268) Article 17. La propriété étant un droit inviolable et sacré, nul ne peut en être privé, si ce n'est lorsque la nécessité publique, légalement constatée, l'exige évidemment, et sous la condition d'une juste et préalable indemnité.

사전에 보상금을 지급하여야만 하는 것이며," 보상은 수용으로 인하여 발생하는 모든 직접적 손실, 물질적 손실, 특정적 손실을 전보하는 것이어야 한다고 판시하였다.[269] 프랑스 헌법위원회는 특정한 경우에 수용자가 제안한 보상금을 지급하고 목적물의 점유를 할 수 있도록 한 공용수용법전 조항(제L.15-1조 및 제L.15-2조)에 대하여 수용자가 목적물의 점유를 하기 위해서는 사전에 보상금을 지급하여야 한다는 프랑스인권선언 제17조에 위반됨을 이유로 위헌결정을 선고하였다(Décision n° 2012-226 QPC du 6 avril 2012). 이처럼 프랑스는 헌법 차원에서 '사전 보상'을 규율하고 있으며, 판례상 그 의미에 관하여 수용자(사업시행자)의 목적물 '점유 취득' 시점까지 보상금이 지급되어야 하는 것으로 이해하고 있다.

② 영국

영국도 보상금의 지급시점을 사업시행자의 점유 취득(entry) 시점과 연동시키고 있다.[270] 영국의 수용법제상 사업시행자는 원칙적으

---

269) 수용자가 수용 목적물을 점유하기 위해서는 보상금이 지급되어야 한다는 헌법 원리는 헌법위원회 결정들에서 반복해서 판시되고 있다(가령 Décision n° 2012-236 QPC du 20 avril 2012. Considérant, d'une part, qu'aux termes de l'article 17 de la Déclaration des droits de l'homme et du citoyen de 1789 : « La propriété étant un droit inviolable et sacré, nul ne peut en être privé, si ce n'est lorsque la nécessité publique, légalement constatée, l'exige évidemment, et sous la condition d'une juste et préalable indemnité » ; qu'afin de se conformer à ces exigences constitutionnelles, la loi ne peut autoriser l'expropriation d'immeubles ou de droits réels immobiliers que pour la réalisation d'une opération dont l'utilité publique a été légalement constatée ; que la prise de possession par l'expropriant doit être subordonnée au versement préalable d'une indemnité ; que, pour être juste, l'indemnisation doit couvrir l'intégralité du préjudice direct, matériel et certain, causé par l'expropriation ; qu'en cas de désaccord sur la fixation du montant de l'indemnité, l'exproprié doit disposer d'une voie de recours appropriée.)

270) 영국의 수용법제상 보상금 지급시점에 관한 설명은 Barry Denyer-Green,

로 소유자와 점유자의 동의 없이는 보상권리자들에게 보상금을 지급하기 이전에 수용 목적물인 토지에 진입할 수 없다.271) 다만, 보상금이 합의되거나 결정되기 이전에 사업시행자가 토지의 점유를 해야 할 필요가 있는 경우 사업시행자는 수용 목적물인 토지에 대한 점유개시로부터 최소한 3개월 이전에 해당 토지의 소유자, 임차인 및 점유자에게 진입 통지를 송달한 경우 해당 통지서에 명시된 대로 해당 토지에 진입하여 점유할 수 있으며, 이 경우 보상금 권리자는 보상금의 사전지급(advance payment of compensation)을 청구할 수 있다.272) 사전보상 지급금액은 당국이 추정한 보상금액의 90%에 상당하는 금액이다. 그리고 점유개시 이후에 사업시행자는 보상권리자에게 미지급 보상에 대한 이자를 지급하여야 한다.273)

③ 미국

미국에서 연방차원의 수용권 행사는 민사소송절차에 의하도록 하고 있다. 그 구체적 소송절차는 「연방민사소송규칙」(Federeal Rules of Civil Procedure for the United states Distict Courts) 제9장(title IX) 특별 소송절차(special proceedings)에 따른다. 동 규칙에 따르면 사업시행자는 수용권 행사를 위하여서는 사전에 수용권 행사의 조건이 되는 모든 보상금원을 법원에 공탁하여야 하고(Rule 71.1. (j) (1)), 공탁된 보상금은 법원에 의하여 신속하게 보상권리자에게 분배하는 절차를 밟게 된다(Rule 71.1. (j) (2)).

미국 각 주의 민사소송법에서도 사업시행자의 보상금 지급의무가 이행되어야 할 시점을 점유취득시점으로 규정하고 있다. 예컨대

---

supra note 162, p. 112 이하 참조.
271) Compulsory Purchase Act 1965, Section 11(4).
272) Land Compensation Act 1973, Section 52.
273) Compulsory Purchase Act 1965, Section 11.

와이오밍주(State of Wyoming) 민사소송법(Code of Civil Procedure)에서는 재산의 물리적 손실과 소유권에 대한 상당한 제한에 대하여, 소유자나 다른 합법적 소유 또는 물리적 점유에 대한 공정한 보상금을 사업시행자의 점유개시(entry) 이전에 법원에 입금할 것을 요구하고 있다.274) 오클라호마주(State of Oklahoma)에서는 행정절차와 소송절차를 결합한 형태로 수용권이 행사되도록 하고 있다. 법률에 따라 수용권을 행사할 수 있는 사업시행자는 주지사(governor)에게 수용신청을 제출한다. 주지사는 이해관계가 없는 3인을 감정인으로 임명하고, 감정인은 손해를 평가한다. 사업시행자는 감정인이 결정한 보상액을 주 국고(state treasury)에 지급함으로써 비로소 해당 토지를 점유할 권리(the right to occupy such grounds)가 있다. 만약 일방 당사자가 감정인이 평가한 보상액에 불복하는 경우 10일 이내에 지방법원(district court of the county)에 항소할 수 있다. 법원은 배심의 판정에 의하여 최종적으로 보상액을 결정한다. 지방법원에 항소가 제기된 경우에는 사업시행자는 감정인이 정한 보상금의 3배에 해당하는 금원을 공탁하고 최종적인 보상금이 결정되기 이전에 점유를 취득할 수 있다.275)

④ 일본

일본의 주류적 학설은 수용재결의 효과는 보상과 교환으로 발생하는 것이기 때문에 보상의무가 이행되지 않는 이상 '조리상' 당연히 재결 자체가 행하여지지 않았던 것과 같은 법률관계가 회복되어야 한다고 이해한다.276) 일본은 사업시행자가 권리취득재결로 정한 권리취득의 시기까지 권리취득재결로 정한 보상금을 지급하거나 공탁

---

274) Code of Civil Procedure 1-26-507 C.
275) Oklahoma Statutes Title 27. Eminent Domain, §27-1
276) 小澤道一, 『逐條解說 土地收用法(下)』, 494면.

하지 않은 경우 권리취득재결이 실효되도록 하고, 점유이전재결인 명도재결로 정한 명도기한까지 명도재결로 정한 보상금을 지급하거나 공탁하지 않은 경우 명도재결이 실효되도록 규정함으로써 사업시행자의 점유취득시기보다 이전에 법령이 정하는 보상항목들이 누수 없이 지급되도록 충분한 배려를 기울여 제도를 설계하고 있다.[277] 이러한 면에서 일본 역시 '점유의 이전' 또는 '명도' 이전까지 법령이 정하는 보상금이 최대한 빠짐없이 지급되도록 하는 것을 제도 설계의 주안점으로 두고 있다고 평가할 수 있다.

3) 우리 헌법의 해석상 정당한 보상시기의 검토

헌법이 요구하는 정당보상은 정당한 시기에 정당한 금액의 보상금이 지급될 것을 제도적으로 보장할 것을 포함하는 개념이다.[278] 우리 헌법의 해석상으로도 특별히 사후보상을 정당화할 합리적인 이유가 없는 한, 사업시행자의 보상금의 지급시기는 늦어도 토지와 그 지상물의 점유 취득 시기보다 이후이어서는 안 된다. 즉 헌법상 정당보상원칙은 사후보상을 정당화할 수 있는 예외적인 사유로서 합리적 이유가 없는 한, 적어도 사업시행자의 목적물의 점유 취득 이전에 법령이 보장하는 정당한 보상이 지급될 것을 요구한다고 해석하여야 한다. 그 이유는 다음과 같다.

첫째, 피수용자 입장에서 목적물의 점유가 사업시행자에게 넘어가 버리는 것은 피수용자가 기존에 누리던 재산에 대한 지배관계의 종국적인 박탈로서 곧 수용의 집행을 의미한다. 사업시행자의 점유 취득과 동시에 피수용자에게는 더 이상 점유 이전을 거부함으로써 보상금 지급을 확보할 수 있는 사실상 유일한 실효적 수단이 사라지게 된다. 정당보상을 지급하지 않고 피수용자의 목적물 점유를 상실

---

277) 일본 「토지수용법」 제100조.
278) 김종보, "공익사업에서 점유이전과 생활보상", 93면 참조.

케 하는 것은 보상 없이는 수용권의 행사도 없음을 제도적으로 보장
하는 헌법의 규정 취지에 반하는 결과이다.

둘째, 민사상 토지매매계약에서도 토지의 매도인은 목적물 인도
의무의 이행에 관하여 매수인의 매매대금 지급의무의 이행을 동시
에 요구할 수 있는 동시이행항변권을 갖는다. 공법의 강제적 토지취
득절차에 따라 토지를 수용당한 피수용자가 적어도 민사상의 토지
매도인보다 더 불리하게 취급되어야 할 합리적인 이유가 없는 경우
라면 사업시행자가 목적물의 점유를 취득하는 시점보다 보상금 지
급 시점을 더 늦추거나, 또는 심지어 사업시행자가 임의로 그 지급
시기를 정할 수 있도록 하는 것은 평등원칙과 자의금지를 본질적 내
용으로 하는 법치국가원리를 규정하고 있는 현행 헌법상 허용될 수
없다고 생각된다.

4) 토지보상법의 사전보상 원칙

그러므로 사업시행자가 수용의 시기까지 토지수용위원회가 재결
한 보상금을 지불 또는 공탁하지 아니하였을 때는 수용재결은 그 효
력을 상실한다는 구 「토지수용법」의 규정은 헌법상 사전보상의 원칙
을 구체화한 내용으로서 지극히 당연한 것이었다.[279] 구법하의 실무
편람에서도 손실보상의 일반원칙으로서 사전보상의 원칙을 설명하
면서 "손실보상금은 취득(수용)의 시기까지 지급 또는 공탁하여야"
한다는 의미로 이해하고 있을 뿐 '공사 착공 시점'과는 전혀 연관을
짓지 않고 있다.[280]

통합 수용법전으로서 「토지보상법」의 제정에 따라 구 공특법상의
보상항목들이 징식으로 수용재결과 협의취득절차에 공히 적용되는
보상의 내용을 구성하게 된 이상, 이들 보상항목 역시 수용재결로서

---

279) 구 「토지수용법」 제65조.
280) 건설부, 『공공용지취득 및 손실보상업무편람』, 1985, 57면.

판단되어야 하는 보상금에 포함되어야 하는 것이 원칙이고, 또한 적어도 그 보상은 점유이전(수용개시일) 이전에는 지급되어야 하는 것으로 규정되는 것이 옳았다.

그런데 「토지보상법」은 수용재결에 관하여 구 「토지수용법」의 재결 실효규정과 동일한 취지의 규정을 두고 있으면서도,281) 동시에 수용법의 일반원칙으로서 사전보상원칙을 규정하면서는 동법에 편입된 구 공특법상의 보상금들이 실무상 착공 이전에만 지급되도록 한 구법상의 관행을 의식하여,282) 사업시행자는 "당해 공익사업을 위한 공사에 착수하기 이전에 토지소유자 및 관계인에 대하여 보상액의 전액을 지급하여야 한다."라고 규정하였다(제62조). 이로써 「토지보상법」은 보상금 지급원칙으로서 '사전보상'의 원칙적·일반적 의미를 '사업시행자의 목적물 점유취득 이전(以前)'이 아니라 '공사 착공 이전'으로 후퇴시켜 버렸다.283) 그러나 이러한 결과는 헌법상 허용되기 어려운 것이기 때문에 현행 「토지보상법」 제62조의 의미는 일반원칙으로서의 사전보상의 원칙을 규정한 것이 아니라, 수용재결에 아직까지 제도적으로 포함되지 못한, 구 공특법상 규정되어 있던 보상항목(생활보상)들의 보상금 지급의 '최후시기'만을 규율하는 것이라고 축소하여 해석하여야 한다.

---

281) 「토지보상법」 제42조 제1항.
282) 실무상 이주정착금, 주거이전비, 농업손실보상금 등은 이주가 완료된 이후 보상금을 지급하고 있어 사전보상의 원칙에 위배되는 것이지만 사업시행자의 입장에서는 불가피한 관행이라는 언급으로 신경직, 앞의 책, 85면.
283) 뿐만 아니라 구 공특법은 사업지구 내와 사업지구 외의 보상에 관하여 모두 착공 전 보상을 규정하고 있었음에도(공특법 시행규칙 제5조의10), 제정 「토지보상법」은 사업지구 밖의 어업손실의 보상은 "실제 피해액을 확인할 수 있을 때"로 보상시점을 늦추어 더욱 지연된 사후보상을 제도화하였다(토지보상법 시행규칙 제63조).

〈표 4〉 토지보상법상 주요 손실보상 항목

항목	재산권 보상			그 밖의 손실보상					
	❶ 가격보상		❷ 지장물 이전비 보상	❸ 가격감소 보상		❹ 영업·영농보상		❺ 이주대책 등	
	토지	건축물		잔여지	잔여건축물	영업	영농	이주대책	주거이전비 등
① 보상근거	법 § 70	법 § 61 (공익사업에 필요한 건축물) 법 § 75① 단서 (지장물인 건축물)	법 § 75① 본문	법 § 73	법 § 75 의2	법 § 77①	법 § 77②	법 § 78	법 § 78⑤
② 보상요건	토지의 취득	건축물의 취득	건축물 등의 이전	가격 감소	가격 감소	폐업 휴업 따른 영업손실	농업 손실	주거용 건축물 제공	주거용 건물거주자
③ 보상절차	수용재결로 결정 (법 § 70)			보상재결로 결정 (법 § 73④, § 75의2④)		규정 없음			
	← 절대보상영역 (A) →								
	← 신청에 의한			보상영역(A)→		← 재결외 보상영역 (B)			→
④ 보상기준	표준지 공시지가 기준 (規22-31)	가격형성 제요인 평가 (規 33)	이전에 필요한 비용 (법 § 75①) *건축물 이전 : 구체적 규정 없음	사업지구 편입 전·후 가격의 차액 (規 32, 35)		영업폐지 (規 45) 휴업 (規 47)	농업·축산업 (規49) 잠업 (規50)	택지·주택 공급(令 40②) 이주 정착금 (規53)	주거이전비 (規54), 동산이전비 (規55)

Ⅱ. 지장물에 대한 보상

1. 이전비 보상

이전주의 원칙을 채택하고 있는 우리 「토지보상법」상 지장물에 대한 보상은 지장물 소유자가 사업구역 밖으로의 지장물 이전을 위하여 지출하게 되는 비용(이전비)를 지급하는 것으로 충분하다는 것이 원칙으로 된다. "이전비"라 함은 대상물건의 유용성을 동일하게 유지하면서 이를 당해 공익사업시행지구밖의 지역으로 이전·이설 또는 이식하는데 소요되는 비용으로서 물건의 해체비, 건축허가에 일반적으로 소요되는 경비를 포함한 건축비와 적정거리까지의 운반비를 포함하며, 「건축법」 등 관계법령에 의하여 요구되는 시설의 개선에 필요한 비용은 포함하지 않는 비용을 말한다(토지보상법 시행규칙 제2조 제4호).

토지에 정착한 공작물에 대한 보상에 있어서는 건축물의 평가에 관한 규정을 준용한다(토지보상법 시행규칙 제36조). 즉 공작물의 이전이 가능하면 이전비를 보상하는 것이 원칙이다. 그러나 현행 법령에 건축물의 이전비 산정에 관한 구체적인 규정이 없는 이상 이전비에 관하여는 공작물에 대한 준용 규정도 큰 의미가 있다고는 보기 어렵다.

공작물이 경제적 가치가 없거나 또는 그 가치가 보상의 대상이 되는 토지의 가치에 녹아들어 토지 보상금의 지급으로 이미 전보된 경우에는 별도로 보상할 필요가 없다.[284] 지상물인 수목의 이전비는 수목을 사업지구 밖으로 이전하는데 소요되는 비용으로서 굴취비, 상·하차비, 운반비, 식재비, 재료비 및 기타 부대비용을 포함하는 것

---

[284] 중앙토지수용위원회, 『2021 토지수용 업무편람』, 351면 참조.

이고, 표준품셈에 의하여 평가함을 원칙으로 하되 수량이나 식재상황에 따라 적정하게 조정할 수 있다.[285] 분묘(墳墓)의 이전비는 분묘 자체의 이전비와 석물 이전비, 잡비, 이전보조비 등의 합계로 산정한다.[286] 이전비를 보상금으로 지급받은 토지소유자는 지장물 이전의무, 즉 사업구역 밖으로 지장물을 이전하거나 철거할 의무를 부담하게 된다(토지보상법 제43조). 이전비 보상의 지급시기는 수용개시일까지이나, 지장물 소유자에게 이전에 필요한 비용을 주고 이전하도록 하는 것이므로 실제상으로는 이전에 앞서 지급하는 것이 적당하다.[287]

2. 가격보상

그러나 사회통념상 이전이 불가능한 지장물에 대하여서까지 소유자에게 이전을 강요할 수는 없으므로 이러한 경우에는 예외적으로 물건의 가격을 보상하도록 한다(취득가 보상). 토지보상법은 사회통념상 지장물의 이전이 불가능한 경우로서 (i) 지장물을 이전하기 어렵거나 그 이전으로 인하여 지장물을 종래의 목적으로 사용할 수 없게 된 경우, (ii) 지장물의 이전비가 그 물건의 가격을 넘는 경우를 규정하고 있다(토지보상법 제75조 제1항 제1호, 제2호). 판례는 과수(果樹)의 이전비(이식비)가 취득비를 초과하는지 여부는 수용 토지 전체의 과수에 대한 총 이식비와 총 취득비를 상호비교하여 결정할 것이 아니라, 각 과수별로 이식비와 취득비를 상호비교하여 결정하여야 한다고 한다.[288] 반면 미분리 농작물은 원칙적으로 이전이 불

---

285) 중앙토지수용위원회, 『2021 토지수용 업무편람』, 352면 참조.
286) 중앙토지수용위원회, 『2021 토지수용 업무편람』, 368면 참조.
287) 高田賢造/國宗正義, 『土地收用法』(法律學體系コンメンタル編22), 日本評論 新社, 1953, 236면 참조.
288) 대법원 2002. 6. 14. 선고 2000두3450 판결.

가능한 것으로 보고 지장물인 농작물은 이전비가 가격을 초과하는
지를 상호비교하지 않고 가격을 보상하는 것이 실무이다.[289]

III. 지장물인 건축물에 대한 보상

1. 이전비 또는 가격보상

(1) 건축물의 보상기준에 관한 시행규칙의 입법오류

「토지보상법」 제75조 제1항 단서를 단편적으로 해석하면 건축물
도 지장물 중의 하나이므로 지장물에 관한 보상 규정을 그대로 적용
하여 사업구역 밖으로 옮기는데 필요한 이전비로 보상하는 것이 원
칙이고 가격보상은 예외라고 새길 수 있다. 이렇게 보면 우선 건축
물의 이전에 드는 비용(이전비)과 건축물 가격(취득가격)을 각각 평
가하여 비교한 후에 이전에 드는 비용이 건물 가격을 넘지 않은 경
우에만 가격으로 보상하여야 한다는 결론에 이른다. 그러나 이는 현
실과 맞지 않는 해석이다.[290]

실제 건축물 보상평가의 기준이 되는 구체적 규범인 「토지보상법
시행규칙」에서는 정작 법률의 규정과는 달리 건축물의 평가는 원칙
적으로 '가격형성에 관련되는 제요인'을 종합적으로 고려하여 평가
한다고 함으로써 가격보상이 원칙인 것처럼 규정하고 있다(규칙 제
33조 제1항). 그런데 이 규정에서는 '가격 평가'의 한 요소로 구조, 이
용상태 등 건축물의 가격형성요소와 함께 다시 '이전가능성'을 명시
함으로써(같은 항), 건축물의 이전비를 평가하라는 것인지 가격을 평

---

289) 중앙토지수용위원회, 『2021 토지수용 업무편람』, 365면 참조.
290) 拙稿, 앞의 논문, 76면.

가하라는 것인지를 모호하게 하고 있다.

이전주의 원칙에 따르면 지장물인 건축물의 이전가능성은 건축물의 가격을 형성하는 요소가 아니라, 가격 평가 이전에 이전비 보상을 할 것인지 가격 보상을 할 것인지를 판단하는데 있어 고려할 요소이다. 건축물에 대하여 이전주의 원칙을 그대로 적용하면 사회통념상 건축물의 이전이 불가능하거나 현저히 곤란하다고 판단되어 건축물의 가격 보상을 하기로 결정된 연후에야 그 건축물의 가격형성요소를 평가하여 보상가를 산정할 수 있기 때문이다. 현행 「토지보상법 시행규칙」의 규정은 서로 다른 단계의 결정에서 고려할 요소를 동일한 차원에서 규정하고 있어 규범 문언 자체로 오류를 내포하고 있다.[291]

대법원 판례 중에도 "수용대상토지 지상에 건물이 건립되어 있는 경우 그 건물에 대한 보상은 취득가액을 초과하지 아니하는 한도 내에서 (…) 원가법으로 산정한 이전비용으로 보상"하는 것이라고 판시하여[292] 건축물의 이전비 산정과 건축물의 가격 평가를 혼동하고 있는 사례가 발견된다.

그리고 법령 규정 자체에 내재한 모호성과 마찬가지로 보상실무에서도 건축물에 대한 보상 평가서에 "본건 지장물인 건물은 구조, 이용상태, 면적, 이전가능성 및 그 난이도 기타 가격형성의 제요인을 종합적으로 참작해서 취득가격 범위 내에서 이전비로 평가하였음"이라고 하거나, "본건 건축물 등에 대해서는 이전에 필요한 비용으로 평가하되 이전이 어렵거나 이전비용이 그 물건의 가격을 넘는 경우에는 원가법으로 평가하였음"이라고 기재함으로써 실제 건축물에 대하여 산정한 보상비가 이전비인지 건축물 가격인지 알 수 없게끔

---

[291] 拙稿, 앞의 논문, 77면.
[292] 대법원 2001. 9. 25. 선고 2000두2426 판결[집49(2)특,449;공2001.11.15.(142), 2365]

불명확하게 표시하는 경우가 많다.[293]

(2) 원칙적으로 가격보상의 대상이 되는 건축물(해석론)

생각건대 현행법의 해석론으로서도 지장물인 건축물 중 벽돌조, 석조, 콘크리트조 또는 철근 콘크리트조의 건축물은 원칙적으로 이전이 불가능하거나, 이전비용이 가격을 초과하거나 이전으로 인하여 종래의 목적대로 사용할 수 없는 경우에 해당한다고 보아야 하고 (경험칙 또는 共知의 사실),[294] 이러한 건축물은 반증이 없는 한 가격(취득비) 보상의 요건이 충족된 것으로 보아 가격 보상을 하는 것을 원칙으로 해석하는 것이 타당하다.[295]

예외적으로 지장물인 건축물에 대한 이전비를 보상하는 경우는 해체 후 재축이 용이한 재료와 구조로 건축되었다는 사정이 있는 등 합리적인 비용 범위 내에서 이전이 실제 가능한 건축물에 해당하는 경우로서, 건축물 소유자에게 이전 의사가 있는 경우에 한한다고 해석한다.[296]

(3) 입법론

물론, 보다 근본적으로는 「토지보상법」 제75조를 개정하여 건축물은 그 밖의 다른 지장물로부터 구별하여 별도로 보상의 원칙을 규정하는 것이 타당하다. 현행법의 규정과는 정반대로, 건축물은 사업시행자의 소유권 취득을 전제로 가격을 보상하는 것을 원칙으로 규정하고, 예외적으로 해당 건축물이 합리적 비용 범위 내에서 사업구역 바깥으로 이전하여 재현하기에 적합하고 또한 건축물소유자에게

---

293) 拙稿, 앞의 논문, 77면 각주 16, 김은유/임승택/김태원, 앞의 책, 529면 참조.
294) 小澤道一, 『逐條解說 土地收用法(下)』, 219면 참조.
295) 拙稿, 앞의 논문, 78면.
296) 拙稿, 앞의 논문, 78면.

이전 의사가 있는 경우에 한하여 이전비를 보상하는 것으로 제도를
개선할 필요가 있다.

2. 건축물의 가격 보상 평가 기준

(1) 건축물의 평가 기준에 관한 시행규칙의 타당성

현행 「토지보상법 시행규칙」은 구체적인 건축물의 가격 평가는
원칙적으로 원가법에 의하도록 하면서, 예외적으로 주거용 건축물
에 대하여는 거래사례비교법에 의한다고 하고 있다(제33조 제2항).

이 규정에 대하여 실무 해설서에서는 이미 경제적으로 내용연수
가 도과한 건축물이지만 계속 사람이 거주하는 건물은 원가법에 따
르면 사실상 가격이 산정되지 않는데, 소유자 입장에서는 실제로 수
년간 더 거주가 가능함에도 아무런 보상이 없이 건축물을 철거당하
는 것은 부당하므로 생활권 보상의 차원에서 거래가격으로 보상하
라는 취지라고 한다.[297] 그러나 이 규정 또한 내용적 타당성에 의문
이 있다. 거래사례비교법은 대상물건과 가치형성요인이 같거나 비
슷한 물건의 거래사례와 비교하여 대상물건의 가액을 산정하는 감
정평가방법이고,[298] 원가법은 대상물건의 재생산 또는 재취득에 필
요한 재조달원가에 감가수정을 하여 대상물건의 가액을 산정하는
방법이다.[299]

헌법이 정하는 정당한 보상이 원칙적으로 수용되는 재산의 객관
적인 재산가치를 완전하게 보상하는 완전보상을 의미하고,[300] 시장

---

[297] 박수혁/김채규/김동천, 『해설 토지보상법』, 한국감정원, 2003, 686면.
[298] 「감정평가 실무기준」(국토교통부 고시), 3.3.1.1.①
[299] 「감정평가 실무기준」 3.2.1.1.①, 감정평가의 3방식인 원가방식, 수익방식,
　　 비교방식에 대하여는 한국감정원, 『보상평가(上)』, 2000, 754-758면 참조.
[300] 헌법재판소 2009. 12. 29. 2009헌바142 결정(공159, 108); 헌법재판소 2007.
　　 11. 29. 2006헌바79 결정; 헌법재판소 1995. 4. 20. 93헌바20등 결정(판례집

가치란 통상적인 시장에서 그 대상물건의 내용에 정통한 당사자 사이에 신중하고 자발적인 거래가 있을 경우 성립할 가능성이 가장 높다고 인정되는 가액을 의미한다면,[301] 건축물의 가격은 원칙적으로 주거용과 그 이외의 경우를 구별할 필요 없이 원칙적으로 거래사례비교법에 의하여 평가하는 것이 정당보상의 이념에 가장 근접한 것이 된다.[302]

(2) 구법상 건축물 평가기준 규정과의 비교

연혁적으로 우리나라의 구 「토지수용법」은 수용 토지상에 있는 건축물 등 지장물은 이전비를 보상하고 이전하게 하는 것을 원칙으로 규정하면서(제49조 제1항), 예외적으로 ① 물건의 이전이 현저히 곤란하거나 이전으로 인하여 종래의 목적에 사용할 수 없게 될 때에는 소유자가 그 물건의 수용을 청구할 수 있도록 하고(같은 조 제2항), ② 이전비가 물건의 가격을 초과하는 경우에는 사업시행자가 물

---

[301] 「감정평가 실무기준」 2 정의 3. 참조.
[302] 拙稿, 앞의 논문, 77면 참조. 이론적으로 부동산의 평가가격은 통상 시장에서 거래되는 가격과 큰 차이를 보이지 않아야 적정하게 평가되었다고 할 수 있다. 대부분의 부동산은 거래관행상 일체로 거래되고 있음에도 우리나라는 토지와 건축물의 이원적 소유권 체계에 따라 보상평가에 있어서도 별도로 평가하는 것을 원칙으로 하고 있다. 토지와 건축물을 개별평가함에 따라 부동산의 시장가치를 정확하게 반영할 수 없는 문제는 민법의 소유권 체계와의 관계를 고려하여 장기적인 해결과제로 설정한다고 하더라도, 건축물에 대하여 원가방식 평가를 원칙으로 삼음으로써 단위면적당 건축물을 신축하는 데 들어가는 비용을 기초로 산정한 보상평가액이 시장가격와 현격한 차이를 보이도록 하고 있는 것은 조속히 개선을 요하는 문제라고 생각된다. 구동회/노태욱/양승철/전소영/황효숙/이지은, "토지 및 건물의 적정가격 평가와 공시에 관한 연구", 『연구보고서 요약집 2001~2003』, 한국부동산연구원, 2004, 434-435면 참조.

건의 수용을 청구할 수 있도록 하고 있었다(같은 조 제4항). 그리고 동법은 위와 같이 예외적으로 소유자나 사업시행자가 지장물 수용을 청구할 수 있도록 한 경우에는 그 물건의 가격을 보상하도록 하되 보상가는 '동종물건의 인근의 거래가격 등을 고려한 적정가격'을 기준으로 하고 있었다(같은 조 제50조).303)

이는 건축물을 원칙적으로 주거용과 그 이외의 용도인 경우를 구별하지 않고 시장가치를 상대적으로 높은 확률로 반영하는 거래사례비교법에 의하여 가격 평가하도록 하는 규정으로서, 내용적으로 현행 「토지보상법 시행규칙」의 규정보다 정당보상의 이념에 더 충실한 형태이다. 이처럼 현행 「토지보상법 시행규칙」의 건축물 보상 평가기준은 그 내용면에서도 구 「토지수용법」의 규정에 비하여 후퇴하였을 뿐만 아니라, 그 규범 형식도 보상 원칙에 관한 내용으로서 기본권의 본질적 내용에 관한 사항임에도(헌법 제37조 제2항 참조) 법률이 아닌 하위규범(시행규칙)에서 규정하고 있다.

(3) 비교법적 검토

1) 독일

독일은 건축물의 가격 보상이 토지와 별개의 수용 절차에서 문제되지는 않는다. 독일에서 건축물은 토지와 별개의 지장물 수용의 대상이 되는 것이 아니라 전체 수용 목적물(토지)의 일부라는 점에 유의할 필요가 있다. 다만 수용 목적물인 건축물 부분의 가치 평가에 관한 규범은 여전히 필요하다.

독일에서 권리상실로 인한 보상의 원칙은 시장가치(Marktpreis)의

303) 법률 제965호(1962. 1. 15. 제정). 위 규정은 「토지보상법」 제정으로 폐지된 구 「토지수용법」(1999. 2. 8. 법률 제5909호로 일부개정된 것)에 이르기까지 동일한 내용으로 계속 유지되었다.

보상이다(§95 BauGB). 시장가치는 "통상적인 매매를 목적으로 하는 가격"으로서 법적, 사실적 특성의 상태에 따라 결정된다(§194 BauGB). 수용 목적물인 토지(Grundstück)와 그 구성요소(Bestandteil)인 건축물 등 지상물의 시장가치 평가에는 「부동산가격평가령」(Verordnung über die Grudsätze für die Ermittlung der Verkehrswerte von Grundstücken; ImmoWertV)이 적용된다. 토지의 가격 평가에 있어서는 위치상의 특성 뿐 아니라 교통, 주변 환경의 영향, 실제 용도, 건축허용성 등을 두루 고려하고(§6 Abs. 1-5 ImmoWertV), 토지상 건축물의 가격형성요소로서 건축물 유형, 건축방법 및 설계, 크기, 설비와 품질, 구조, 에너지효율, 건축연도 및 남은 내용연수를 고려한다(§6 Abs. 5 S. II ImmoWertV).

시장가치의 평가방법에는 대체로 우리나라와 유사하게 (i) 비교가치방식(Vergleich-wertverfahren), (ii) 수익가치방식(Entragswertverfahren), (iii) 물건가치방식(Sachwert-verfahren)이 있으며, 이 중 하나 또는 여러 개를 사용하여 평가한다(§8 Abs. 1 ImmoWertV). 비교가치방식은 조건이 유사한 거래 사례를 조사하는 평가방식으로서, 평가 대산인 부동산과 충분히 일치하는 특징을 갖는 부동산의 구매 가격과 비교하는 방법이다(§15 Abs. 1 ImmoWertV). 비교가치방식은 우리 법상 거래사례비교법에 상응하는 평가방식이다. 수익가치방식은 해당 자산으로 시장에서 얻을 수 있는 소득을 평가하는 것으로(§17 Abs. 1 ImmoWertV), 우리 법상 수익환원법에 상응하는 개념이라 할 수 있고, 물건가치방식은 제조원가를 원칙적 기준으로 가치를 평가하는 것으로(§§21-23 ImmoWertV), 우리 법상으로는 원가법에 상응하는 방식이라고 할 수 있다.

토지의 보상 평가에 있어서는 건축허용성(Bebaubarkeit)이 가격 형성요인 평가에서 중요한 역할을 하는데, 건축허용성의 판단에 있어서는 도시계획을 가장 중요한 기준으로 평가하지만 사실적 요소 역시 필수적으로 고려하여야 한다고 한다.[304] 건축물이 존재하는 전체 토지의 시장가치는 토지 및 그 지상 건물의 가치를 포함하여 평가한다.[305] 즉 건축물이 존재하는 토지의 시장가치는 해당 토지의 전체 가치(토지+그 지상건축물의 가치)로 산정하게 된다. 「부동산가격평가령」은 건축물의 가치는 토지 가치에 포함되어 있지 않은 경우 경험칙 또는 정상적인 생산 비용에 따라 산정하는 것을 원칙으로 규정하면서, 건축물의 감가상각을 고려하여 제조원가를 기준으로 평가하도록 하되(§21 Abs. 2, 3 ImmoWertV), 비교가치법으로 평가하는 경우에는 비교가격에 추가적으로 또는 그를 대신하여 적절한 요소를 사용하여 가치를 결정할 수 있다고 규정한다(§15 Abs. 2 ImmoWertV).

독일의 해석론은 건축물이 있는 토지의 구체적인 가격평가방법으로서 비교가치방식(거래사례비교법)은 물건 속성의 차이(위치, 범위, 설비, 수명)가 현저하기 때문에 거의 적합하지 않고, 비교가치방식과 물건가치방식(원가법) 또는 수익가치방식을 결합하여 평가하는 것이 적당하다고 하고 있다.[306]

흔히 수십년 이상, 또는 드물지 않게 수백년 이상 존재해온 (석조) 건축물부터 현대적인 철근 콘크리트 건물에 이르기까지 다종다양한 건축물이 도시공간을 채우고 있어 건축물의 균질한 가격 비교평가가 쉽지 않은 독일과는 달리, 우리나라의 건축물은 거의 대부분 한국전쟁 이후 급속한 도시화 과정에서 콘크리트 또는 철근 콘크리트와 같이 유사한 재질·유사한 형태의 단조로운 유형으로 건축되어 있어,[307] 건축물 거래사례비교를 위한 통계가 전국단위로 작성되어 활

---

304) Ernst/Zinkahn/Bielenberg, Baugesetzbuch Kommentar, Band II, 1995, §95 RdNr. 21.

305) BGH Urt. v. 2. 4. 1981.(WM 1981, 724; NJW 1981, 1663)

306) Rössler/Langner/Simon, Schätzung und Ermittlung von Grundstückswerten, S. 26f.

307) 참고: 이상현, 『가구 및 획지 세분화를 통한 건축 매스 다양화 - 한국과 독일의 사례 비교를 중심으로』, 한양대학교 석사학위논문, 2008, 72면 이하.

용되고 있고, 그 시장가격의 비교 역시 용이한 편이다.

우리나라에서는 행정상 주택공시지가표가 매년 작성·공표되고 있으며, 이미 전국의 토지·건물 실거래가(實去來價) 통계가 상업적 거래에 활용되고 있으므로 건축물 가격의 비교 집단의 설정과 분석이 용이한 국가이다. 따라서 우리나라에서 위와 같은 독일의 해석론을 참고할 필요성은 그리 높지 않다고 판단된다. 우리나라에서는 원칙적으로 거래사례비교법에 의하여 건축물의 가치를 평가하되, 무허가건축물과 같이 적절한 거래사례를 찾기 어려운 경우에 한하여 원가법 등의 방식을 활용하도록 하는 것이 헌법이 규정한 정당보상의 이념에 가장 근접한 가격 평가방식인 것으로 판단된다.

2) 프랑스

프랑스 역시 독일과 마찬가지로 건축물이 존재하는 토지는 전체로서의 토지(건축물의 가격과 토지의 가격을 포함하는) 가격으로 보상한다. 토지와 건축물을 전체 부동산으로 일괄 수용하므로 우리나라나 일본 법제에서와 같이 건축물의 사업구역 바깥으로의 이전을 전제로 하는 지장물 보상의 문제는 원칙적으로 발생하지 않는다. 토지의 보상 평가에 있어서는 독일과 마찬가지로 건축허용성(La qualification de terrains à bâtir)의 존재 여부가 가격 형성요인 평가에서 중요한 역할을 한다. 건축허용성의 판단에 있어서는 도시계획을 가장 중요한 기준으로 평가하지만 사실적 요소 역시 필수적으로 고려하여야 하는 것 역시 독일과 유사하다. 즉 토지이용계획 등 도시계획에 의하여 건설이 가능한 토지로 지정되었는지 여부가 중요한 기준이고,[308] 토지에 인접하는 접근 도로(接道) 및 전기와 상하수도 등이 해당 토지와 인접하고 건축에 적합한지 여부 등의 사실적 요소

---

[308] 프랑스 공용수용법전 제L.322-3조 제1항.

를 함께 고려하여 평가한다.[309] 이러한 기준에 따라 건축에 적합하지 않은 토지는 실제 현황을 기준으로 용도를 평가한다.[310]

수용될 토지와 건축물의 가치는 사전조사 개시 1년전 또는 공익선 선언 1년전, 공개토론을 거치는 경우 공개조사 개시일로부터 1년전 시점을 기준으로 평가된다(공용수용법전 제L.322-2조).

법령상 건축물의 안전 또는 위생을 보장하는데 필요한 경찰 조치가 건축물 소유자 등에 통지되었으나 이행되지 않은 경우, 그 조치에 필요한 비용은 보상 평가액에서 공제한다. 그러나 이 경우에도 보상 금액은 건축물이 없는 빈 땅의 가액으로까지 감액될 수는 없다(공용수용법전 제L.322-7조).

3) 미국

미국의 연방 법률인 「표준 이주지원 및 부동산취득법」(Uniform Relocation Assistance and Real Property Acquisition Act of 1970)에 따르면 연방기관의 장이 공공사업 시행 등의 목적으로 부동산에 관한 권리(interests)을 취득하는 경우 당해 부동산에서 제거되어야 하거나 또는 당해 부동산이 사용될 용도로 인하여 불리한 영향을 받게 될 것이라고 인정되는 당해 부동산에 존재하는 모든 건축물, 구조물 또는 기타 개량(improvement)에 관하여 최소한 동등한 권리를 취득하여야 한다(제4652조 a항).

일반적인 유럽의 법제와 마찬가지로 미국에서 토지와 그 지상 건축물은 하나의 단일한 부동산 소유권의 객체이다. 따라서 위 규정은 토지와 그 지상 건축물이 동일한 소유권자에게 귀속하는 통상적인 경우를 규율하는 것이 아니라, 토지의 임차권자가 그 지상에 건축물을 건축한 경우와 같이 토지 소유권자와 별도로 건축물에 관한 권리

---

309) 프랑스 공용수용법전 제L.322-3조 제2항.
310) 프랑스 공용수용법전 제L.322-3조 제3항.

자가 존재하는 예외적인 경우를 상정하고 있다. 위 규정은 연방기관의 장이 공공사업 시행 등의 목적으로 위와 같은 예외적인 형태의 부동산을 취득하는 경우 그 지상 건축물도 함께 수용하도록 함으로써 (예외적인) 취득주의 원칙을 채택하고 있다고 할 수 있다.

동법은 이 경우 건축물을 소유하고 있는 토지 임차인에게 지불되어야 할 정당한 보상액은 ① 취득 대상인 전체 부동산의 공정 시장 가치(fair market value) 형성에 건축물이 기여하는 금액(건축물의 기여 가액) 또는 ② 건축물을 당해 부동산으로부터의 제거하기 위한 금액 중 더 큰 금액으로 규정하고 있다(같은 조 b항 1호). 이는 우리 법제상의 용어를 빌려 표현하자면 건축물의 이전비와 건축물 부분의 시장가치(가격)를 비교하여 더 큰 것을 보상금으로 지급하라는 취지라고 할 수 있다.

미국의 수용 보상에 적용되는 구체적이고 세부적인 보상 평가 기준은 연방 법무부 산하의 사업시행자 연합 단체인 Interagency Land Acquisition Conference와 미국 연방의회가 승인한 감정평가업자 단체인 The Appraisal Foundation이 연방 법무부와 협력하여 매년 발간하는 자율 지침인 「Uniform Appraisal Standards For Federal Land Acquisitions」(속칭 'Yellow Book')에 따르고 있다. 동 지침에서는 보상 평가에 있어서는 토지상에 존재하는 건축물을 포함한 모든 개량(improvements, 토지의 정착물인 지상물)에 대한 자료를 수집하고 분석하여야 하며, 건축물의 크기와 건설 유형, 품질, 현재의 사용 및 점유 현황, 내부의 마감, 지붕의 유형과 상태, 기계·전기·배관 시스템, 중요한 개조 날짜를 식별하고 적절하게 평가하도록 하고 있다(1.3.1.2. S. I). 또한 해당 개량이 토지에 고정된 정착물(fixture)인지 또는 이동할 수 있는 설비(equipment)에 불과한 것인지에 관한 의문이 있으면 법률 자문을 받도록 하고 있으며, 이 문제에 관하여 연방수용 목적을 위한 판단과 주 법률에 따른 판단은 항상 일치하지 않을 수도 있음에 유의할 것을 명시하고 있다(1.3.1.2. S. II).

구체적인 보상 평가 방식에 관하여는 원칙적으로 전체 토지의 평가에 관하여는 거래사례비교방식(Comparison Approach)에 따라 평가하도록 하되(2.3.3.4.), 재생산 또는 교체비용의 산정이 필요한 경우 원가법(Cost Approach)에 의하여 평가하도록 하고(2.3.3.3.) 임대수익 등의 산정이 필요한 경우 수익환원법(Income Capitalization Approach)에 의하도록 하고 있다(2.3.3.5.).

4) 일본

우리와 비교적 유사한 공간·도시 환경에 있는 일본은 건축물을 가격으로 보상할 경우의 평가에 관하여 「토지수용법」에 명문의 규정을 두고 있다. 즉 건축물을 포함한 지장물 수용에 있어서 가격 평가는 '근접 동종의 물건의 취득가격'(近接同種の物件の取引價格)을 고려하여 상당한 가격으로 보상하라고 규정함으로써 거래사례 비교를 가격 보상의 기준으로 채택하고 있다.311)

그 이유로는 거래시장이 존재하는 물건은 시장의 매매가격이 가장 객관적인 지표이므로, 건축물의 취득에 있어서도 토지의 경우와 마찬가지로 정상적인 취득가격에 따라 보상하도록 하는 취지라고 한다.312)

(4) 현행 토지보상법 시행규칙의 해석론

지장물인 건축물을 가격보상하게 되는 경우 주거용과 그 이외의 용도의 건축물을 구별하여 주거용 건축물은 거래사례비교법에 의하여 평가하도록 하고, 그 외의 건축물은 원칙적으로 원가법에 의하여

---

311) 일본 「토지수용법」 제80조.
312) 小澤道一, 『逐條解說 土地收用法(下)』, 233면 참조.

평가하도록 하는 현행 「토지보상법 시행규칙」의 규정 취지는 명확하다. 그러나 현행 「토지보상법 시행규칙」에서도 평가방법 적용의 일반 원칙으로서 대상물건의 평가는 동 규칙에서 정하는 방법에 의하되, 그 방법으로 구한 가격과 다른 방법으로 구한 가격을 비교하여 그 합리성을 검토하여야 한다고 규정하고 있으므로(제18조), 주거용 건축물 이외의 건축물 가격을 예외 없이 원가법에 의하여 평가하고 있는 현행 실무의 태도는 타당하다고 할 수 없다. 현행 법령 하에서도 원가법으로 산정된 건축물 가격이 재산 가치를 합리적으로 반영하지 못하는 경우에는 거래사례비교법에 의하여 보상가격을 산정할 수 있다고 해석하는 것이 타당하다.

(5) 입법론

입법론으로서 건축물의 가격은 주거용과 그 이외의 경우를 구별할 필요 없이 원칙적으로 거래사례비교법에 의하여 보상 평가하도록 제도를 개선하는 것이 바람직하다고 생각된다. 다만 비교사례를 찾기 어렵거나(무허가건축물과 같은 경우) 또는 예외적으로 건축물의 이전이 가능하고 이전비가 건축물 가격을 넘지 않아 이전비로 보상을 하게 되는 경우라면 건축물을 해체한 후 사업구역 밖으로 옮겨 다시 짓는데 소요되는 재조달원가(생산가격)에 의하여 보상평가하도록 규정하는 것이 타당하다.313)

3. 건축물의 이전비 보상 평가 기준

현행 「토지보상법」 제75조는 건축물을 포함한 지장물에 대하여는 이전에 필요한 비용(이전비)으로 보상하여야 한다는 것을 원칙으로

---

313) 拙稿, 앞의 논문, 77면 참조.

선언하고, 예외적으로 가격 보상이 가능하다고 천명하고 있다. 그런데 정작 보상기준을 구체적으로 정하고 있는 하위규범인 「토지보상법 시행규칙」에서는 법률의 규정과 달리 건축물의 평가는 원칙적으로 '가격형성에 관련되는 제요인'을 종합적으로 고려하여 평가한다고 함으로써 가격보상이 원칙인 것처럼 규정하고 있다(제33조 제1항). 「토지보상법 시행규칙」은 건축물의 이전비에 관하여는 "이전비라 함은 대상물건의 유용성을 동일하게 유지하면서 이를 당해 공익사업시행지구밖의 지역으로 이전·이설 또는 이식하는데 소요되는 비용(물건의 해체비, 건축허가에 일반적으로 소요되는 경비를 포함한 건축비와 적정거리까지의 운반비를 포함하며, 「건축법」 등 관계법령에 의하여 요구되는 시설의 개선에 필요한 비용을 제외한다)을 말한다."는 정의규정을 두는 외에314) 구체적인 이전비 산정을 위한 평가 규정을 두고 있지 않다.

입법론상 지장물인 건축물은 원칙적으로 가격 보상을 하는 것으로 규정을 개선하여야 하지만, 현행법이 아직 지장물인 건축물에 대한 처리방식으로 사업구역 외 이전과 그에 대한 보상으로서 이전비 보상을 원칙으로 정하고 있으면서도 정작 건축물의 이전비 산정 방식에 관하여 구체적인 규정을 두고 있지 않은 것은 바람직하지 않다. 또한 지장물인 건축물의 처리에 관하여 향후 현실과 맞지 않는 이전주의 원칙을 폐기하고 취득주의 원칙을 채택하는 방향으로 입법개선이 이루어지더라도, 재산권의 존속보장 원칙에 따라 건축물 소유자가 사업구역 외로의 이전을 희망하고 또한 그 건축물이 합리적인 비용 안에서 이전이 가능하다면 이전비 보상을 할 수 있도록 예외 규정을 함께 마련할 필요가 있으므로, 여전히 건축물의 이전비 산정에 관한 규정을 마련할 필요가 있다.

---

314) 「토지보상법 시행규칙」 제2조 제4호.

참고로 일본은 명도재결에서 정하는 건물의 이전비 보상 항목의 산정에 있어서 그 건축물의 이전방식에 따라 보상하여야 할 이전비를 다르게 산정하고 있다. 즉, ① 현존 건축물을 철거하고 사업구역 바깥에서 동종의 건물을 재축하는 방식인 재축공법(再築工法)에 의할 경우 '건물의 현재가치 + 운용이익손실액 + 해체 공사비 – 발생재료가액'으로, ② 건축물을 직접 사업구역 밖으로 옮기는 이전(曳家)공법에 의할 경우 '이전공사비 + 보수공사비'로, ③ 건축물의 일부 부분은 철거하고 남은 잔존 부분은 일부 개축하는 방식인 개조(改造)공법에 의할 경우 '철거공사비 + 철거면(面) 보수공사비 + 잔존부분의 일부개축비 – 발생재료가액'으로, ④ 문화재인 건축물 등을 다른 원형지에 복원하는 방식인 복원공법에 의하는 경우 '해체공사비 + 운반비 + 복원공사비 – 발생재료가격'으로, ⑤ 취득하는 건축물의 전부 또는 일부를 철거하는 방식인 철거(除却)공법에 의하는 경우, 일부 철거의 경우에는 '철거부분의 현존가격 + 철거공사비 + 철거면 보수공사비 – 발생재료가격'으로, 전부를 철거하는 경우는 '건물의 현재가격 + 철거공사비 – 발생재료가격'으로 산정하는 등 건축물의 이전비는 이전 방법에 따라 구체적으로 구분하여 산정하고 있다.315)

4. 보론 – 토지수용위원회의 정보 접근의 문제

현행 「토지보상법」은 토지수용위원회의 재결 심리에 필요한 자료로서, 사업시행자가 재결신청시에 건축물의 가격평가와 관련한 "보상액 및 그 명세"을 제출하도록 하고 있다(토지보상법 시행령 제12조 제1항 제7호). 그런데 현행 제도상 실제 토지수용위원회에 제출하는 감정평가서에서는 단순히 평가액 합계를 기재하도록 하고 그에

---

315) 小澤道一, 『逐條解說 土地收用法(下)』, 190면 참조.

대한 구체적인 평가 근거가 아닌 산출개요만을 간략히 적시하도록 하고 있어(토지보상법 시행규칙 별지 제16호), 재결의 심리를 행하는 토지수용위원회의 위원들이 보상금 산정의 근거와 그 판단의 당부를 구체적으로 파악하기 어려운 구조이다.

실제로 특정 지방 토지수용위원회의 실무 운영 방식도 위원들에게 제공된 자료상 주택의 보상금 결정방식이 구체적으로 기술되어 있지 않고 관련 법률의 조항만을 옮겨 적으면서 매우 추상적으로 기재하고 있기 때문에, 토지수용위원회 위원들은 사업시행자가 제시하고 있는 보상금이 실제 거래시가에 준하는 것인지를 사실상 전혀 알 수 없으며, 통상 감정인이 제출한 감정서에는 감정의 근거가 되는 사실자료가 첨부되어 있지도 않다고 한다.[316]

건축물의 가격에 관한 보상금을 확정하는 관할 토지수용위원회가 사업시행자 및 감정평가업자가 제시하는 보상 평가의 근거조차 구체적으로 파악하지 못하고 사실상 이를 그대로 추인하는 방식으로 재결하도록 하는 것은 중요한 제도적 결함에 해당한다. 수용 목적물의 보상 가액 산정, 특히 건축물 보상가액 산정 근거에 관한 토지수용위원회 위원들의 구체적이고 실제적인 판단 자료 접근권한을 실효적으로 강화하기 위한 입법적 조치가 필요하다.

---

[316] 김성욱, "공익사업을 위한 토지수용절차에서 보상금에 관한 고찰", 『감정평가학논집』 제20권 제1호, 2021. 4, 31-32면 참조.

제4절 공익사업에 필요한 건축물의 수용과 보상

Ⅰ. 개념

1. 예외적인 수용형태로서 공익사업에 필요한 건축물 수용

통상 건축물 수용은 지금까지 살펴본 지장물 수용의 형태로 이루어진다. 그러나 예컨대 역사적 가치가 높은 건물을 수용하여 전시시설로 사용하는 경우와 같이, 건축물도 예외적으로 공익사업의 목적상 직접 필요한 경우가 있다. 이 책에서는 이와 같은 예외적인 사례를 지장물인 건축물 수용과 구별하기 위하여 '공익사업에 필요한 건축물의 수용'이라고 부른다.

공익사업에 필요한 건축물의 수용은 주로 건축물에 내재하는 고유한 가치를 활용하기 위한 목적으로 시행되는 공익사업에서 행하여진다. 현행법상 「문화재보호법」 제83조에 따른 수용(문화재인 건축물), 「고도 보존 및 육성에 관한 특별법」 제17조에 따른 수용(古都에 존재하는 역사적 건축물), 「관광진흥법」 제65조에 따른 수용(관광자원인 건축물) 등을 예로 들 수 있다.

공익사업에 필요한 건축물 수용에 관하여 현행 「토지보상법」은 "적용대상"이라는 표제의 규정에서 "토지와 함께 공익사업을 위하여 필요한 입목(立木), 건물, 그 밖에 토지에 정착된 물건 및 이에 관한 소유권 외의 권리"를 취득하는 경우에는 "이 법을 적용한다"고 규정한다(제3조 제2호). 이 규정은 건축물을 사업구역 안에서 제거하여 버리기 위한 목적으로 수용하는 경우가 아니라 그 건축물 등 지상물이 토지와 함께 직접 공익사업에 필요하여 수용하는 경우를 상정하고 있다.

2. 토지와 함께 수용

이론상 공익사업에 필요한 건축물의 수용은 수용형태에 따라 다시 크게 두 가지 경우로 나누어볼 수 있다. 첫째, 토지와 그 지상 건축물이 동시에 공익사업의 시행에 필요하여 함께 수용하는 경우이다(동시수용형). 두 번째는 토지는 공익사업의 시행에 필요하지 않고 그 지상 건축물만 필요하여 건축물만 수용하는 경우이다(단독수용형). 단독수용형은 예컨대 역사적 가치가 높은 건축물을 해체한 후에 다른 토지로 옮겨 복원 후 보존하는 경우와 같이 토지를 제외하고 건축물 자체만을 수용하는 경우이다.

그러나 현행 「토지보상법」 제3조의 규정은 건축물이 공익사업에 필요하다는 이유로 직접 수용 대상으로 삼을 수 있는 경우를 "토지와 함께" 수용하는 경우로 한정하고 있다. 그 결과 공익사업의 시행자가 건축물만 필요한 경우에도 반드시 그 건축물의 대지인 토지를 함께 수용하여야 하고(동시수용형), 토지는 수용하지 않으면서 건축물만 단독으로 수용할 수는 없다. 이와 관련하여, 유사한 내용의 규정을[317] 두고 있는 일본에서는 토지상 정착 물건은 '토지와 함께' 동일한 사업에 제공되어야 하므로,[318] 물건을 해체하여 단지 그 재료를 활용하거나 물건 그 자체만을 이전하여 -예를 들면 가옥을 다른 곳으로 옮겨 가거나(曳家), 입목을 이식(移植)하는 방식으로- 다른 토지에서 다른 공익사업에 활용하는 것은 허용되지 않는다고 해석한다.[319]

---

317) 일본 「토지수용법」 제6조.
318) 美濃部達吉, 앞의 책, 246면 참조.
319) 小澤道一, 『逐條解說 土地收用法(上)』, 149면 참조.

현행법상 건축물이 존재하는 토지를 공익사업에 제공하지 않으면서, 토지와 분리하여 지상 건축물만을 수용하는 것은 허용되지 않는다. 다만 건축물과 그 부지인 토지가 함께 공익사업에 필요로 하는 경우에 토지는 사법상 계약이나 그 밖의 다른 원인으로 이미 사업시행자가 소유권을 취득하였다면 자기 소유의 토지를 스스로 수용하는 것은 불가능하므로 예외적으로 건축물만을 수용하는 것도 허용된다고 해석하는 것이 타당할 것이다.[320]

II. 토지 수용과 보상에 관한 규정을 적용

1. 개요

현행 「토지보상법」은 공익사업에 필요한 건축물의 수용에 있어서는 토지 수용의 절차와 보상기준에 관한 동법의 규정을 적용하도록 하고 있다(제3조 제2호). 따라서 건축물이 사업시행에 필요하여 수용하는 경우 별도로 특별한 규정이 없는 한 토지 수용과 보상에 관한 규정이 그대로 적용된다.

2. 건축물 수용에 관한 일본 수용법제의 3단계의 변천

(1) 제1단계 : 건축물 수용을 인정하지 않고 토지수용만 인정

우리나라의 수용법제의 형성에 결정적인 영향을 준 일본에서 건축물 보상에 관하여 규정한 최초의 근대적 법령은 메이지유신(明治維新) 후 1872년에 행정규칙(大藏省布達 제159호)의 형태로 발령된

---

[320] 美濃部達吉, 앞의 책, 246-247면 참조.

「地券渡方規則改定」제20조이다. 이 규정에서는 토지수용에 관하여 '어용(御用)'이라는 용어를 사용하여 그 목적을 한정하지 않고 토지에 대한 수용명령(土地申付)을 받을 수 있도록 하고 있었고, 보상에 관하여는 건축물이 없는 토지와 건축물이 있는 토지를 나누어, 건축물이 없는 토지는 지권(地券)321)의 권면액의 대가를 보상으로 지급하도록 한 반면, 건축물이 있는 토지의 경우 추가로 '상당한 수당을 지급'(相當の手當を差遣)하도록 하였다. 이는 건축물 이전에 필요한 인건비(이전비에 상응하는 개념)를 보상금으로 지급하라는 취지로 이해된다.

이처럼 일본도 원시적 형태의 초기 수용법제에서는 건축물의 수용 자체를 인정하지 않고, 단지 모든 건축물을 지장물로 파악하여 수당을 지급하고 옮기게 한다는 결정만을 담고 있을 뿐이었다. 일본의 초기 토지수용법은 건축물이 있는 토지에 대하여 원칙적으로 토지만을 수용하고 건축물은 대부분 이전이 가능하다는 이유로 이전주의만을 채택하고 있었으며, 별도로 건축물을 수용할 수 있는 근거규정 자체를 두고 있지 않았다.

(2) 제2단계 : 건축물 수용에 관한 포괄준용주의

일본은 1927년의 「토지수용법」 개정(법률 제39호)으로 비로소 특수한 경우에는 토지의 정착물도 수용할 수 있도록 인정하였다. 이에 따라 토지의 정착물의 수용이 허용된 경우는 (i) 지상 정착물이 사업시행에 필요한 경우, (ii) 토지소유자의 수용청구에 따라 수용하는 경우, (iii) 사업시행자의 수용청구에 따라 수용하는 경우의 3가지이었다.322)

---

321) 메이지유신 후 1873년 7월 26일 제정된 「地租改正法」은 토지소유자에게 지권(地券)을 교부하고 그 지권 권면 지가의 3%를 지조로 금납하도록 하였다. 일본에서 근대적 토지소유권의 확립과 지조개정에 대하여는 須田政勝, 『槪說 土地法』, 明石書店, 2000, 27면 이하 참조.

　그 첫째 유형인 사업시행에 필요한 지상물건의 수용은 공익사업에 필요한 건축물의 수용 근거규정인 우리 현행 「토지보상법」 제3조 제2호에 상응하는 유형이다. 1927년 일본 「토지수용법」은 제7조의 2를 신설하여 "본법은 제2조에 규정하는 사업의 用에 供하는 토지에 정착한 물건에 관한 권리를 그 사업의 用에 供하기 위하여 수용 또는 사용하는 경우에 준용(準用)한다"라고 규정하고 있었다.[323]

(3) 제3단계 : 준용범위를 구체적으로 규정

　반면 현행 일본 「토지수용법」은 입목, 건물 등의 수용에 관하여 "본법의 규정에 따른다"는 원칙적 준용 규정을 두는 이외에(제6조), 별도로 건물 및 토지에 정착한 물건을 수용하는 경우에 수용절차와 보상에 관하여 준용할 규정들을 열거하여 준용범위를 정하는 규정들을 두고 있다(동법 제138조).

　이와 같이 일본의 토지수용법은 건축물 수용에 관하여 3단계의 법령 변천을 경험하였다. 최초에는 ① 건축물 전체를 지장물로 취급하여 이전대상으로만 규정하였으며 건축물의 수용 자체를 인정하지 않다가, ② 특수한 경우에 건축물 수용을 인정하면서 토지 수용에 관한 규정을 일괄 준용하도록 하는 포괄적인 준용주의로 입장을 바꾸었고, ③ 현재의 「토지수용법」은 입목, 건물 등의 수용에 관하여 "본법의 규정에 따른다"는 원칙적 준용 규정을 두는 이외에(제6조), 별

---

[322] 美濃部達吉, 앞의 책, 245-250면 참조. 세 가지 유형의 지상물 수용에 관하여는 전술한 "지상물의 수용"(제3장 제2절 I. 1.) 참조.

[323] 일본에서 1927년의 법률 개정 이전에는 사업시행자가 토지와 함께 그 지상 정착물이 필요한 경우에도 오직 토지만을 수용할 수 있었고, 그 지상 정착물은 소유자와의 사법상 계약에 의하여 취득하는 수밖에 없었으나, 위 법률 개정으로 토지와 함께 그 지상 정착물을 수용할 수 있게 되었다. 美濃部達吉, 앞의 책, 246면; 武井群嗣, 앞의 책, 42면(삼림지대에 설치하는 공원이나 결핵요양소).

도로 건물 및 토지에 정착한 물건을 수용하는 경우에 수용절차와 보상에 관하여 준용할 규정의 범위를 열거하고 준용에서 제외되는 규정을 특정하여 준용범위를 정하는 규정들을 두고 있다(동법 제138조).

3. 우리 수용법제상 건축물 수용에 관한 규범의 한계

반면 우리나라의 현행 「토지보상법」은 아직까지 동법의 적용대상에 관한 일반 규정에서 "토지와 함께 공익사업을 위하여 필요한 건물 등 토지에 정착된 물건"을 취득하는 경우에 동법을 '적용'하도록 하는 원칙적인 조문을 두고 있을 뿐(동법 제3조), 현행 일본 「토지수용법」과 같이 별도로 적용 범위에 관한 섬세한 규정을 두고 있지는 않다. 이는 일본의 법령 변천단계상으로 제2단계와 유사한 단계라고 할 수 있다. 따라서 현행 「토지보상법」의 해석상 공익사업에 필요한 건축물 수용에 있어서는 성질에 반하지 않는 범위 내에서 토지 수용 및 보상에 관한 규정들이 적용된다.

연혁적으로 우리나라의 현행 「토지보상법」의 전신인 구 「토지수용법」은 제정 당시부터 "토지와 함께 공익사업을 위하여 필요로 하는 입목, 건물 기타 토지에 정착한 물건 및 이에 관한 소유권 이외의 권리"를 수용하는 경우 동법을 "준용한다"고 규정하여 토지 수용 및 보상에 관한 규정을 공익사업에 필요한 건축물 수용에 그대로 준용하도록 하고 있었다.324) 이 규정은 일제강점기에 제정된 「토지수용령」에서 "토지에 관한 소유권 이외의 권리, 물의 사용에 관한 권리 및 공작물 기타 토지의 정착물은 이 영에 준하여 수용하거나 사용할 수 있다."라고 규정함으로써 채택하고 있던 준용주의를 그대로 답습한 조문이다.325) 공익사업에 필요한 건축물 수용에 관하여 토지 수

---

324) 제정 「토지수용법」(1962. 1. 15. 법률 제965호로 제정) 제2조 제2항.
325) 「토지수용령」(1911. 4. 17. 제정 조선총독부제령 제3호) 제3조.

용 및 보상에 관한 규정을 그대로 준용하도록 하는 준용주의의 입법
태도는 토지에 관한 규정을 중심으로 규범을 설계하고 규범 적용대
상을 "토지 등"으로 포괄하여 규정하고 있는 현행 「토지보상법」의
구조로 이어지고 있다.

공익사업에 필요한 건축물의 수용에 관하여 토지 수용을 중심으
로 설계된 규정을 그대로 적용하도록 하고 있는 현행 「토지보상법」
의 규정 체계에서는 경우에 따라 구체적인 규범적용의 혼선이라는
문제점이 발생할 수 있다. 우리 「토지보상법」은 건축물도 공익사업
시행에 필요하면 토지와 마찬가지로 수용할 수 있다고만 결정하였
을 뿐, 그 수용과 보상에 있어서 구체적으로 어떤 규범을 적용할 것
인지에 대하여는 침묵하고 있기 때문이다. 이에 따라 토지의 수용절
차(동법 제19조부터 제48조까지), 토지의 가격보상(동법 제70조부터
제82조까지)에 관한 규정을 그대로 공익사업에 필요한 건축물의 수
용과 보상에 적용되는 것처럼 제도가 설계되어 있다.

「토지보상법」은 제75조에서 지장물로서의 건축물에 대한 보상기
준을 규정하면서, 마치 공익사업에 필요한 건축물 수용의 경우에도
이 규정이 적용될 수 있는 것처럼 표현하고 있고,[326] 「토지보상법」의
하위 법령에서는 공익사업에 필요한 건축물의 수용과 지장물인 건
축물 수용을 구별하지 않고 무차별적으로 건축물의 보상 기준을 규
정하고 있기 때문에,[327] 공익사업에 필요한 건축물과 지장물인 건축
물이 하위 법령에서 정하고 있는 동일한 보상기준을 적용받게 되는

---

[326] 「토지보상법」 제75조의 표제는 "건축물등 물건에 대한 보상"이고, 이전비
를 보상하는 것을 원칙으로 규정하고 있다. 그러나 공익사업에 필요한 건
축물 수용에서 건축물 가격이 아니라 이전비 보상을 원칙으로 규정하는
것은 헌법에 위반되는 것이 명백하므로 동 규정은 법문의 표현에도 불구
하고 지장물로서 건축물 수용에 한하여 적용되는 규정으로 해석하여야
한다.
[327] 「토지보상법 시행규칙」 제33조.

문제가 생긴다.

건축물 보상 기준에 관하여 정하고 있는 현행 「토지보상법 시행규칙」의 조문은 "그 구조·이용상태·면적·내구연한·유용성 및 이전가능성 그 밖에 가격형성에 관련되는 제요인을 종합적으로 고려하여 평가한다."라고 규정하여[328] 보상액 기준이 되는 평가 기준으로서 소유권 취득을 전제로 건축물의 가격 평가를 하라는 것인지, 이전강제를 목적으로 이전비 평가를 하라는 것인지를 규정 스스로도 명확하게 결정짓지 못하고 두 개의 평가요소를 혼합하여 애매하게 표현하고 있다. 연혁적으로 현행 「토지보상법 시행규칙」의 건축물 보상평가 규정의 원형(原型)에 해당하는 구 「공공용지의보상평가기준에관한규칙」(1977. 3. 21. 건설부령 제184호로 제정된 것)은 건축물의 보상 평가에 관하여 다음과 같이 규정하고 있었다.

제10조(건물의 평가) ① 건물(담장우물등 부대시설을 포함한다. 이하 같다)은 그 구조·이용상태·면적·내구년한·유용성·이전가능성 및 그 난이도 기타 가격형성상의 제요인을 종합적으로 고려하여 평가한다.

② 건물은 원가법으로 평가한다.

③ 〈생략〉

④ 건물이 지장물인 경우에는 이전비(이전이 불가능한 부대시설이 있는 경우에는 일취득가격을 포함한다)로 평가하고 그 내용을 평가보고서에 기재하여야 한다.

위 규칙 제10조 제1항 및 제2항이 규정하고 있는 건축물의 보상

---

328) 「토지보상법 시행규칙」 제33조 제1항.

평가기준은 건축물의 소유권 취득을 전제로 한 평가 기준임이 명백
하다. 비록 이 규정에서도 건축물 가격형성요인의 하나로 "이전가능
성"을 언급하고 있는 문제점이 있기는 하지만, 적어도 제4항에서 "건
물이 지장물인 경우"를 공익사업에 필요한 건축물 수용과 항목을 나
누어 따로 규율하여, 지장물인 건축물은 가격형성요소를 평가할 것
이 아니라 이전에 드는 비용을 보상 평가하라고 명확히 밝히고 있기
때문이다. 이처럼 구 「공공용지의보상평가기준에관한규칙」이 건축
물의 보상 기준에 관하여는 현행 「토지보상법 시행규칙」의 혼란스러
운 규율태도보다는 체계적으로는 더 나은 입법 형태를 보여주고 있
다고 평가할 수 있다. 현행 「토지보상법 시행규칙」은 행정입법 과정
에서 공익사업에 필요한 건축물의 수용과 지장물인 건축물 수용이
구별되는 수용법제의 체계를 정확하게 이해하지 못하고 보상기준을
규정하였을 가능성이 있다.

Ⅲ. 공익사업에 필요한 건축물의 수용 절차

현행 「토지보상법」상 공익사업에 필요한 건축물 수용은 '토지와
함께' 수용되는 형태로만 이루어질 수 있다. 따라서 토지에 대한 수
용절차에서 동시에 건축물의 공공필요 및 보상에 관한 판단을 거치
게 된다. 구체적 수용적격 판단절차인 사업인정에서 해당 공익사업
을 통하여 달성하고자 하는 공익(개발사업의 목적으로 추구하는 공
익)과 침해되는 사익을 비교·교량할 때, 사익으로는 전체로서 토지
및 건축물에 관한 재산권 손실을 고려하게 된다.

공익사업에 필요한 건축물 수용이 행하여지는 경우에 구체적 수
용적격 판단은 실제로는 '건축물' 보존을 위한 공익사업이 그 부지인
'토지'를 수용할만큼 공공필요가 있느냐, 즉 건축물에 내재한 고유한

가치가 과연 그 부지인 토지소유권을 강제로 취득하여야 할 정도로
압도적인 공적 가치에 해당하는지를 따지는 역전된 형태로 나타나
게 된다. 전형적인 건축물에 해당하는 사안은 아니지만, 최근의 대법
원 판례 중 풍납토성의 보존·관리를 위하여 성벽의 부지 또는 그 성
벽에 바로 인접한 부지를 수용할 공공필요가 존재하는지 여부가 다
투어진 사례에서329) 이런 판단의 구조가 나타난다.

　개별적 수용적격 판단인 수용재결 절차에서 사업시행자는 토지
와 그 지상 건축물을 모두 수용의 대상으로 하여 재결신청을 하여야
한다. 즉 이 경우 건축물은 재결신청서상 "수용하거나 사용할 토지
에 있는 물건"에330) 해당하는 것이 아니라, "수용하거나 사용할 물
건"으로331) 기재하여야 한다. 토지수용위원회의 수용 재결 주문도
"별지 목록 1 기재 물건(토지)은 사업시행자가 취득하게 하고, 별지
목록 2 기재 물건(건축물)은 이전하게 한다"라고 할 것이 아니라, "별
지 목록 1 기재 물건(토지) 및 별지 목록 2 기재 물건(건축물)을 사업
시행자가 취득하게 한다"라고 기재하여야 한다.332) 그 효과로 사업
시행자는 수용개시일에 토지와 그 지상 건축물의 소유권을 취득한
다(동법 제45조 제1항).

---

329) 대법원 2019. 2. 28. 선고, 2017두71031 판결. 이 사건에서 대법원은 ① 풍
　　납토성의 역사적 가치에 비추어 이를 복원·정비하기 위한 사업은 그 공익
　　성이 인정될 뿐 아니라, ② 이 사건 수용대상 토지는 풍납토성 성벽의 부
　　지 또는 그 성벽에 바로 인접한 부지로서, 이를 수용하여 성벽 또는 해자
　　시설을 복원·정비하는 것은 풍납토성의 보존·관리를 위하여 필요하며, ③
　　공·사익 상호 간의 비교형량 또한 비례원칙에 적합하다고 본 원심의 판단
　　을 유지하였다.

330) 「토지보상법」 제12조 제1항 제4호.

331) 「토지보상법」 제12조 제1항 제3호 괄호.

332) 현재까지의 수용 업무편람(중앙토지수용위원회, 『2020 토지수용 업무편람』,
　　2019, 『2021 토지수용 업무편람』, 2020.)에는 이러한 주문 기재례가 수록되
　　어 있지 않다.

IV. 공익사업에 필요한 건축물 수용의 보상

1. 현행 보상 규정의 문제점

공익사업에 필요한 건축물의 수용은 그 건축물 자체가 토지와 함께 해당 공익사업의 목적상 필요하기 때문에 행하는 강제적인 소유권 취득절차이다. 그러므로 지장물로서 건축물 수용과는 달리 그 건축물의 사업구역 바깥으로의 이전 또는 제거(철거)가 문제될 여지가 없다. 해당 건축물을 현존 상태 그대로 사업시행자가 취득하여 이를 공익사업에 활용하기 위하여 수용하는 것이기 때문이다. 현행법은 공익사업에 필요한 건축물의 수용이 예정되어 있는 경우 수용 목적을 달성하기 위하여 사업인정 이후에는 소유자나 제3자가 해당 건축물을 임의로 수거하거나 훼손하지 못하도록 금지하고,[333] 그 위반행위는 형사처벌의 대상으로 규정하고 있다.[334] 공익사업에 필요한 건축물 수용에 있어서는 수용 이전이든 이후이든 그 건축물은 소유권자가 사업구역 밖으로 이전하거나 철거하여서는 수용 목적을 달성할 수 없기 때문에 수용목적물 보존의무의 대상이 된다.

따라서 공익사업에 필요한 건축물의 수용에 있어서, 수용되는 건축물에 대한 보상으로 그 건축물의 '이전비'를 보상하는 것을 원칙으로 하고, 사회통념상 이전이 불가능하거나 적합하지 아니한 경우에 한하여 그 건축물 가격을 보상한다는 현행 「토지보상법」 제75조 및 「토지보상법 시행규칙」 제33조의 건축물 보상기준 규정은 수용의 내용 및 보상의 실질과 부합하지 않는다. 사업시행자가 건축물 자체가 공익사업에 필요하여 이를 강제로 취득하는 경우에는 건축물의 가격을 지급하는 것이 당연하고, 만약 건축물 가격이 아닌 이전비를

---

333) 「토지보상법」 제25조 제1항.
334) 「토지보상법」 제96조.

보상하는 것을 원칙으로 하는 규정을 적용할 경우 정당보상의 원칙
에 어긋나 헌법에 위반될 소지가 있다.

2. 현행 법령상 보상의 기준

공익사업에 필요한 건축물 수용에 대한 보상 기준으로 이전비 보
상을 원칙으로 규정한 현행 「토지보상법」 및 「토지보상법 시행규칙」
의 규정이 적용될 수 없다면, 공익사업에 필요한 건축물 수용에 있
어서는 보상에 관한 원칙이 법령상으로 명확하게 결정되어 있지 않
은 상태라고 볼 수밖에 없다.

공익사업에 필요한 건축물의 수용에 관하여 토지수용에 관한 규
정이 적용되도록 하는 현행법의 해석으로서는 현실적인 이용상황과
일반적인 이용방법에 의한 객관적 상황에 따라 보상 평가하도록 하
는 현황평가주의를 규정한 「토지보상법」의 규정을[335] 준용하되, 구
체적 타당성 있는 보상을 위하여 지장물인 건축물 가격평가에 관한
규정을 함께 참조하여 현재의 이용현황과 가격형성요소를 종합적으
로 고려하여 건축물의 객관적 시장가치를 평가하여 보상하는 것을
원칙으로 해석하는 수밖에 없다.

---

335) 「토지보상법」 제70조 제2항.

제4장

무허가건축물의 수용과 보상

제1절 무허가건축물의 수용

I. 무허가건축물의 개념

1. 의의

(1) 개관

제4장에서는 특수한 건축물의 수용과 보상 문제로서 무허가건축물의 수용과 보상을 살펴보고자 한다. 무허가건축물이라는 단어의 뜻은 '필요한 허가를 받거나 신고를 하지 않고 건축한 건축물'이다. 현행 「토지보상법 시행규칙」은 무허가건축물을 "건축법 등 관계법령에 의하여 허가를 받거나 신고를 하고 건축 또는 용도변경을 하여야 하는 건축물을 허가를 받지 아니하거나 신고를 하지 아니하고 건축 또는 용도변경한 건축물"이라고 개념 정의하고 있다(제24조). 이는 일반적인 용어로서 불법건축물과336) 유사한 개념으로 이해할 수 있다.

수용에 수반하는 보상을 규율하는 보상법제는 일부 보상항목에서는 무허가건축물에 대한 보상을 제한하기도 하고, 어떤 경우에는 허가를 받은 적법한 건축물과 다름없이 보상하도록 규정하기도 한다. 공법 질서 전체의 관점에서 존립이 허용되지 않는 중대한 불법이 있는 무허가건축물에 대해서는 보상이 제한될 수 있다. 그러나 그러한 정도에 이르지 않음에도 규제를 위반하였다는 이유로 보상이 필요한 재산적 가치가 있는 건축물에 대하여 전혀 보상을 하지 않는 경우 수용재산에 대한 정당보상을 규정한 헌법의 규정에 위반

---

336) 김종보, 앞의 책, 172-177면 참조.

되게 된다. 여기에서 헌법상 정당보상의 이념을 실현하면서도 법질
서의 통일성을 유지하기 위한 조화의 원칙으로서 무허가건축물의
보상에 관한 적정한 규율이 요구된다.

(2) 건축물

건축허가절차를 규율하고 있는 법률인 「건축법」은 기본적으로 사
람의 생명·신체를 위협하는 위험한 건축물의 출연을 방지하고자 하
는 건축경찰법의 성격을 가지고 있는 법률이다.[337] 이에 「건축법」은
건축물을 만들어내는 행위, 즉 '건축물의 건축'을 건축허가의 대상으
로 정하고, 허가를 받지 아니하고 건축되는 건축물을 불법건축물로
서 통제하는 기본구조를 가지고 있다. 토지보상법령의 무허가건축
물 개념도 "건축법 등 관계법령에 의하여 허가를 받거나 신고를 하
고 건축 또는 용도변경을 하여야 하는 건축물을 허가를 받지 아니하
거나 신고를 하지 아니하고 건축 또는 용도변경한 건축물"이라고 하
는 정의 규정에서 알 수 있듯이 기본적으로 「건축법」의 불법건축물
개념에 의존하고 있다. 그러므로 불법건축물 또는 무허가건축물의
개념 분석에 있어서는 (i) 건축물이란 무엇인가, (ii) 건축행위란 무엇
인가가 문제된다.

「건축법」상 건축물의 정의는 "토지에 정착하는 공작물 중 지붕과
기둥 또는 벽이 있는 것과 이에 딸린 시설물, 지하나 고가(高架)의 공
작물에 설치하는 사무소·공연장·점포·차고·창고 그 밖에 대통령령
으로 정하는 것"이다(건축법 제2조 제1항 제2호). 건축법의 개념 정
의 규정에 열거된 시설물이 모두 동일한 차원의 건축물은 아니다.
그 중 "토지에 정착하는 공작물 중 지붕과 기둥 또는 벽이 있는 것"
은 전통적인 의미의 건축물에 해당하고, '지하나 고가의 공작물에 설

---

337) 김종보, 앞의 책, 30면 참조.

치된 사무소'와 같은 나머지 시설물은 전통적으로 건축물 개념에 속하지 않음에도 건축법이 특정한 공익을 목적으로 통제 대상으로 삼고자 건축물의 외연을 넓힌 유형(확장된 건축물)에 해당한다.[338]

　무허가건축물의 수용과 보상에서 전통적인 건축물이 아닌 확장된 건축물이 건축물로서 수용과 보상규범의 적용을 받아야 하는 것인지 또는 공작물에 불과한 지장물로서 수용과 보상규범의 적용을 받는 것인지는 법령상으로나 이론상 명확히 결정되지 않은 채로 남아있다. 이 둘은 대부분 지장물에 해당하고, 보상규범의 적용에 있어서도 공작물의 보상 평가는 건축물의 평가에 관한 규정을 준용하도록 하고 있으므로(토지보상법 시행규칙 제36조 제1항) 결과적으로 법 적용에 차이가 없어 양자의 구별이 쟁점으로 부각될 계기가 거의 없기 때문이다. 생각건대 「토지보상법」에서 무허가건축물을 다루는 이유는 보상의 범위를 정하기 위한 것이므로 건축법과 그 입법 목적이 서로 다르기는 하지만, 「토지보상법」이 무허가건축물에 대하여 보상을 제한하는 취지도 결국은 건축허가절차를 거치지 않은 불법을 이유로 하는 것이므로, 법질서 전체의 통일성이라는 관점에서 건축법상 건축물에 해당하는 것은 전통적인 의미의 건축물과 확장된 의미의 건축물을 불문하고 모두 무허가건축물에 해당될 수 있다고 보는 것이 타당하다고 생각된다.

　무허가건축물의 수용과 보상에서 주로 문제되는 것은 물론 전통적인 의미의 건축물이다. 건축법의 정의 규정에 따른 전통적인 건축물의 개념요소로는 ① 공작물로서 토지에 정착된 구조를 가지고 있을 것과 ② 지붕 또는 기둥 또는 벽이 있을 것이라는 두 가지 형태적 요소가 도출된다. 그리고 해석에 의하여 추가적으로 ③ 독립성이 있고 ④ 사람이 머물 수 있는 구조이어야 한다는 요건이 추가된다.[339]

---

338) 김종보, 앞의 책, 33면 참조.
339) 김종보, 앞의 책, 31면 참조.

이는 위험한 건축물의 출현을 방지하여 사람의 신체나 생명을 보호하고자 하는 건축법의 목적을 고려한 해석이다. ①의 요건으로부터 토지에 고정적으로 정착되지 않고 분리가 가능한 물건은 건축물이 아니라 별도의 동산이거나 공작물에 불과하고, ②의 요건으로부터 토지로부터 분리된 독립된 건축물로서 인정되기 위한 최소한의 형태적 요소를 인식할 수 있으며, ③의 요건으로부터 건축물과 다른 부동산의 구성요소가 구별되고,340) ④의 요건으로부터 건축물과 그 밖의 공작물이 구별된다.

(3) 건축행위

건축허가 또는 건축신고의 대상이 되는 '건축행위'란 건축물을 짓는 행위, 또는 만들어내는 행위를 일컫는 말이다.341) 현행 「건축법」은 건축행위를 '건축물을 신축·증축·개축·재축(再築)하거나 건축물을 이전하는 것'으로 정의하고 있다(동법 제2조 제1항 8호). 이 규정의 문언에서 나타나듯이 건축물이 아닌 공작물이나 그 밖의 물건을 만들어내는 행위는 건축행위에 해당하지 않는다.

'신축'이란 건축물이 없는 대지에 새로 건축물을 축조(築造)하는 것으로(건축법 시행령 제2조 1호), 통상 건축행위라고 하면 신축을 뜻하는 경우가 많다. '증축'이란 기존 건축물이 있는 대지에서 건축물의 건축면적, 연면적, 층수 또는 높이를 늘리는 것을 말한다(같은 조 제2호). '개축'이란 기존 건축물의 전부 또는 일부(내력벽·기둥·보·지붕틀 중 셋 이상이 포함되는 경우를 의미함)를 해체하고 그 대

---

340) 건축법이 규정하는 확장된 건축물인 '지하나 고가(高架)의 공작물에 설치하는 사무소·공연장·점포·차고·창고 등'은 독립성이 없어 본래 전통적인 건축물에 해당하지 않는 것이지만, 건축법의 규정에 의하여 건축허가제도의 규율을 받도록 하고 있다.

341) 김종보, 앞의 책, 41면 참조.

지에 종전과 같은 규모의 범위에서 건축물을 다시 축조하는 것을 말
한다(같은 조 제3호). '재축'이란 건축물이 천재지변이나 그 밖의 재
해(災害)로 멸실된 경우 그 대지에 다시 축조하는 것을 말한다(같은
조 제4호). '이전'이란 건축물의 주요구조부를 해체하지 아니하고 같
은 대지의 다른 위치로 옮기는 것을 말한다(같은 조 제5호). 이상과
같은 건축행위는 모두 건축허가 또는 건축신고의 대상이 된다(건축
법 제11조 제1항, 제14조 제1항).

(4) 형식적 불법과 실질적 불법

건축허가를 받아 그 허가받은(또는 건축신고를 하고 신고한) 내용
대로 건축물을 건축하는 경우 불법건축의 문제는 발생하지 않는다.
이러한 정상적인 경우가 아닌 건축행위의 위법성은 크게 두 가지 범
주로 나누어 볼 수 있다. 첫째, 건축허가를 받지 않고 건축물을 건축
하는 경우이다. 이 때 건축행위의 내용이 법령의 실체적 요건에 적
합한지 여부와 무관하게 건축허가나 신고절차를 거치지 않은 위법
을 형식적 불법이라고 한다.[342] 형식적 불법은 건축허가를 받았는지
여부라는 형식적 기준에 의하여 판단되는 것이므로, 실제로 해당 건
축물이 공법이 정하는 건축허가요건을 충족하지 못하는 상태에 있
는지 여부를 확정하지 못한다. 여기에서 형식적 불법과 구별되는 개
념으로서, 어떤 건축물이 실제로 법령이 정한 허가요건을 충족하지
못하는 상태에 있는 것을 실질적 불법이라고 한다.[343] 가령 도시계
획선을 침범하여 건축된 건축물,[344] 용도지역 내에서 용도제한을 위
반하여 건축된 건축물,[345] 형태제한 규제를 위반한 건축물,[346] 소방

---

342) 김종보, 앞의 책, 173면; 김종보, "건축의 개념과 불법건축", 『공법연구』 제
　　29집 제1호, 2000. 11, 525면 참조.
343) 김종보, 앞의 책, 175면; 김종보, "건축의 개념과 불법건축", 526면 참조.
344) 대법원 1992. 8. 14. 선고 92누3885 판결.

법령에 위반하는 위험한 건축물347) 등이 여기에 해당한다.

「건축법」에서 형벌(건축법 제108조, 제110조) 및 시정명령과 각종 불이익 처분(건축법 제69조, 제79조, 제80조 등)의 제재 대상으로 삼고 있는 불법건축물은 건축허가를 받지 않거나 건축신고를 하지 않은 형식적 불법을 요건으로 한다. 다만 건축행위의 결과를 전면 부인하는 결과를 초래하는 철거명령의 요건으로는 형식적 불법이 존재하는 외에 실체법상 건축허가요건에 위반되는 상태일 것을 의미하는 실질적 불법이 존재하는 것도 필요로 한다고 해석된다.348)

(5) 허가를 받거나 신고를 하지 않고 건축 또는 용도변경한 건축물

현행 토지보상법 시행규칙이 규정하고 있는 '무허가건축물'이란 건축법 제11조, 제14조에 따른 허가·신고의 대상에 해당함에도 행정청으로부터 허가를 받거나 행정청에 신고를 하지 아니하고 건축한 건축물을 의미하는 것이 조문상 명백하다.349) 그러므로 토지보상법령상 무허가건축물 해당 여부는 형식적 불법을 기준으로, 즉 필요한 허가나 신고절차를 거쳤는가를 여부로 판단하여야 한다. 다만, 비록 허가를 받지 않았거나 신고를 하지 않았다고 하더라도 실제로 법령이 요구하는 건축허가요건을 모두 갖추고 있어 건축규제에 관한 공법의 규정에 전혀 저촉되지 않는 건축물이라면 수용 보상에 있어 불이익을 가할 필요성은 없다고 할 수 있다. 현행 보상법령상 무허가

---

345) 대법원 1992. 4. 24. 선고 91누8111 판결; 대법원 1997. 11. 14. 선고 97누7936 판결.
346) 대법원 1997. 8. 26. 선고 96누8529 판결.
347) 대법원 1989. 3. 28. 선고 87누930 판결.
348) 김종보, 앞의 책, 177면 참조.
349) 김현근, 『무허가건축물에 대한 손실보상에 관한 연구』, 서울대학교 대학원 법학석사학위논문, 13면 참조.

건축물은 형식적 불법 이외에 실질적 불법도 인정되는 건축물일 것임을 요한다고 해석하는 것이 타당하다고 생각한다.

'허가를 받거나 신고를 하지 않고'의 의미는 건축법상 허가나 신고의 대상에 해당함에도 불구하고 필요한 허가나 신고절차를 거치지 않고 건축행위를 하는 것을 의미한다. 그러므로 건축법이 건축행위로 정하고 있는 건축물의 신축·증축·개축·재축·이전행위를 허가나 신고 없이 행한 경우 모두 토지보상법상 무허가건축물에 포함된다. 그리고 「토지보상법 시행규칙」은 '건축행위' 이외에 '건축물의 용도변경'을 추가하고 있으므로, 허가나 신고대상인 용도변경 행위를 허가 등의 절차를 거치지 않고 한 경우에도 보상법상으로는 무허가건축물에 해당하게 된다.350) 다만 그 보상평가에 있어서는 건축허가 자체가 없었던 것과 동일하게 평가할 것이 아니라, 용도변경행위가 없었던 상태를 상정하여 이를 기준으로 보상평가를 하는 것이 타당하다.

건축허가를 받거나 신고를 한 이후에도 건축물을 완공하기 위해서는 일련의 단계적 절차가 필요하다. ① 건축주는 건축허가를 받은 건축물의 공사에 착수하기 전에 착공신고를 하여야 한다(건축법 제21조 제4항). 착공신고를 하지 않고 공사를 개시한 건축주는 벌금형에 처해질 수 있다(동법 제111조 제1호). ② 건축주는 건축허가 또는 신고사항을 변경하고자 하는 경우 허가를 받거나 신고를 하여야 한다(동법 제16조 제1항 본문). 이를 설계변경이라고 한다. 다만 경미한 설계변경은 허가나 신고대상이 아니다(같은 항 단서). 설계변경허가의 본질은 건축허가의 변경이다.351) 설계변경허가를 거치지 않은 건

---

350) 건축법은 건축물의 용도를 변경하기 위하여 건축물의 용도를 건축법 제19조 제4항에 규정된 상위군으로 변경하려면 허가를 받아야 하는 것으로, 하위군에 해당하는 용도로 변경하려면 신고를 하여야 하는 것으로 규정하고 있다(제19조).

축주는 형벌의 대상이 될 수 있다(동법 제110조 제2호, 제111조 제11
호). ③ 건축주는 건축물이 완공된 이후 건축허가 내용대로 건축되었
는지를 확인받기 위하여 행정청으로부터 사용승인을 받아야 한다
(동법 제22조). 사용승인이 되면 비로소 건축물을 사용할 수 있게 된
다. 사용승인을 받지 않은 건축물의 사용은 금지된다(같은 조 제3항).
사용승인을 받지 않은 건축물을 사용하는 행위는 형사처벌의 대상
이 된다(동법 제110조 제2호).

　이들 각각의 허가나 신고 절차를 거치지 않은 경우 건축허가 자
체를 받지 않은 경우와 동일하게 '허가를 받거나 신고를 하지 않고
건축'한 무허가건축물로 볼 수 있을 것인가? 「건축법」은 동법 또는
동법에 따른 명령이나 처분에 위반되는 경우 공사의 중지를 명하거
나 그 밖에 필요한 시정조치를 명할 수 있도록 하고 있으므로(제79
조 제1항), 착공신고, 설계변경허가, 사용승인을 거치지 않은 경우에
도 건축허가를 받지 않은 경우와 마찬가지로 시정명령의 대상이 될
수 있다. 그러나 건축허가 자체를 받지 않은 경우와 일단 허가를 받
은 이후에 건축행위의 단계에서 요구되는 사후적 절차를 거치지 않
은 위법은 법 위반의 정도가 서로 다르므로 동일하게 평가하기는 어
렵다. 또 현행 토지보상법령도 무허가건축물로서 건축허가를 받거
나 신고를 하지 않은 건축물을 규정하고 있을 뿐 건축허가 이후의
단계에서 필요할 수 있는 중간적 허가나 신고를 문제 삼고 있지는
않으므로 원칙적으로 착공신고, 설계변경허가, 사용승인 미비를 이
유로 보상법령상 무허가건축물에 해당한다고 보기는 어렵다고 생각
된다.

　대법원 판례도 사용승인을 받지 않은 건축물에 대하여, 토지보상
법령은 무허가건축물 또는 무신고건축물을 이주대책대상에서 제외

---

351) 김종보, 앞의 책, 145면 참조.

하고 있을 뿐 사용승인을 받지 않은 건축물에 대하여는 아무런 규정을 두고 있지 않은 점, 건축법은 무허가건축물과 사용승인을 받지 않은 건축물을 요건과 효과 등에서 구별하고 있고, 허가와 사용승인은 법적 성질이 다른 점 등을 고려할 때, 건축허가를 받아 건축되었으나 사용승인을 받지 못한 건축물의 소유자는 그 건축물이 건축허가와 전혀 다르게 건축되어 실질적으로는 건축허가를 받은 것으로 볼 수 없는 경우가 아니라면 토지보상법령상 무허가건축물에 해당하지 않는다고 판시한 바 있다.352)

위와 같은 판례 법리에 준하여 일단 건축허가를 받은 이상 이후에 비록 착공신고나 설계변경허가가 갖추어지지 않고 건축물이 완공된 경우라도, 건축물이 건축허가와 전혀 다르게 건축되어 실질적으로는 건축허가를 받은 것으로 볼 수 없는 경우가 아니라면 토지보상법령상 무허가건축물에 해당하지 않는 것으로 해석하는 것이 타당할 것으로 생각된다. 다만 착공신고와 달리 설계변경허가는 건축허가의 변경이라는 실질을 가지고 있으므로, 설계변경허가 없이 건축설계를 변경하여 건축한 경우에는 '건축물이 건축허가와 전혀 다르게 건축되었는지' 여부를 판단함에 있어서 더욱 엄격하고 면밀한 심사가 필요할 것으로 생각된다.

(6) '건축법 등 관계법령'의 범위와 무허가건축물

현행 「토지보상법 시행규칙」은 무허가건축물을 "건축법 등 관계법령에 의하여 허가를 받거나 신고를 하고 건축 또는 용도변경을 하여야 하는 건축물을 허가를 받지 아니하거나 신고를 하지 아니하고 건축 또는 용도변경한 건축물"이라고 개념 정의하고 있다(제24조). 이는 널리 건축규제에 관한 공법 규정을 위반하여 필요한 허가나 신

---

352) 대법원 2013. 8. 23. 선고 2012두24900 판결.

고 없이 지어진 건축물을 뜻한다.353)

건축규제에 관한 공법 규정이란 구체적으로 ① 보상법규 자체 및 공익사업의 근거법률(개발사업법)을 제외하고, ② 건축행위로부터 발생하는 위험방지를 목적으로 하는 건축경찰법과 ③ 토지의 합리적 이용을 목적으로 하는 도시계획법을 포함하는 건축행위를 통제하는 공법 규범 전체를 의미한다.

본래 건축경찰법(건축법)과 도시계획법(국토계획법)은 서로 다른 목적에서 각각 건축물의 건축행위를 규제대상으로 삼는다. 건축경찰법은 건축물의 위험방지를 목적으로 허가요건을 정하는 반면 도시계획법은 토지의 합리적 이용을 목적으로 건축물의 입지 및 용도와 형태를 규제한다. 이론적으로 두 법률은 서로 다른 별개의 입법목적을 가지고 서로 다른 건축허가 요건을 정하고 있는 것이므로, 만약 건축법상 후술할 인·허가의제조항이 없다면 건축주는 건축경찰법에 따른 건축허가와 도시계획법에 따른 건축허가를 각각 받아야 한다.354)

현행 「건축법」은 동법에 따른 건축허가를 받으면 「국토계획법」에 따른 개발행위허가, 「도로법」에 따른 도로점용허가, 「농지법」에 따른 농지전용허가 등을 받거나 신고를 한 것으로 본다는 인·허가의제조항을 두고 있다(제11조 제5항). 본래 「건축법」은 건축경찰법으로서 건축행위로부터 발생할 수 있는 위험을 방지하는 것을 그 임무로 한다. 그러나 우리나라에서는 연혁적인 이유로 오랜 세월 동안 건축법이 건축물에 대한 규율을 관장하는 기본법처럼 작동하여 오면서, 도시계획법의 기능인 토지의 합리적 이용을 목적으로 하는 규제까지 상당 부분 담당하여 왔다. 여기에 더하여 규제 완화의 기조에 따라

---

353) 김현근, 앞의 논문, 13면 이하 참조.
354) 김종보, "建築法과 都市計劃法의 關係", 『공법연구』 제26권 제2호, 1998. 6. 333면 이하 참조.

건축행위에 대한 공법적 규제로 건축법에 따른 건축허가절차 속에 다른 법률들(특히 도시계획법)이 통제해야 하는 처분들이 통합되는 과정이 진행되었다.[355] 그 결과 건축법상의 건축허가를 받으면 다른 법률에서 정하는 처분들이 발급된 것으로 의제하는 인·허가의제조항이 만들어졌고, 이에 따라 건축허가요건을 규율하는 각종 공법 규정의 인·허가절차가 건축법의 건축허가절차로 상당부분 단일화되게 되었다.

「건축법」상 인·허가의제의 대상으로 명시되지 않은 각종 건축규제 역시 건축법의 건축허가 절차와 연동되도록 입법되고 있다. 가령 「군사기지 및 군사시설 보호법」은 군사시설의 보호를 목적으로 군사보호구역 내의 건축을 제한하고 있는데, 이 때 보호구역 내에서 건축행위를 허가하려는 건축허가권자는 미리 국방부장관 또는 관할부대장과 협의하도록 규정함으로써(동법 제13조), 그 협의결과에 따라 종국적으로 「건축법」상의 건축허가가 발급되거나 거부되도록 하는 체계를 형성하고 있다.

이에 따라 통상적으로 각종 공법상의 건축규제는 「건축법」에 따른 건축허가처분에 앞선 협의절차를 통하여 관철되게 되며, 건축허가 이외에 별도의 허가 절차를 거치는 것은 아니므로 결국 「건축법」에 따른 건축허가나 신고가 있었는지 여부를 기준으로 무허가건축물에 해당하는지 여부를 판단하게 된다. 현행 보상법령상 무허가건축물에 해당하는지 여부의 판단 기준은 건축허가나 신고를 받지 않았다는 '형식적 불법'임은 전술하였다. 따라서 건축허가관청이 행정착오로 인하여 관계 법령상 필요한 협의를 누락하고 건축허가를 발급하여 건축물이 건축되고, 결과적으로 「건축법」 이외의 다른 법령의 요건에 부합하지 않은 건축물이 출현하게 된 경우에도 건축허가

---

355) 김종보, 앞의 책, 125면 참조.

자체는 있었던 것이므로 원칙적으로 무허가건축물에 해당한다고 보기는 어렵다.

2. 보상법규를 위반한 무허가건축물

(1) 개념과 구별실익

수용·보상법제에서 통상 지칭되는 무허가건축물은 지금까지 설명한, 건축규제에 관한 공법 규정을 위반하여 필요한 허가나 신고 없이 지어진 건축물을 뜻한다. 즉 보상법상 통상적인 의미의 무허가건축물은 「토지보상법 시행규칙」 제24조에 규정된 무허가건축물이다.356) 그런데 「토지보상법 시행규칙」 제24조에 규정된 무허가건축물 이외에도, 현행 보상법령상 보상이 제한되는 또 다른 무허가건축물의 유형이 별도로 존재하고 있다. 이는 건축허가요건을 규율하는 '건축 관계 법령'을 위반한 무허가건축물이 아니라, 토지수용절차를 규율하는 「토지보상법」의 건축금지규정 또는 해당 공익사업의 근거가 된 개발사업법의 건축제한규정을 위반하여 건축된 건축물이다.

공익사업의 사업시행구역으로 결정된 수용예정지 위에 토지소유자 등이 건축물을 새로 지을 경우 해당 공익사업의 목적을 저해할 뿐만 아니라, 그 건축물은 결국은 수용의 대상이 됨으로써 무의미한 가치증가행위로 인한 보상재원의 낭비와 사회경제적 손실을 초래하게 된다. 이에 따라 대다수의 수용보상법제에서는 통상 구체적 수용적격 판단이 내려져 수용대상인 토지의 범위가 확정된 이후로는 수용개시일 이전까지 사업구역 내의 건축행위를 금지하고, 이 단계에서 행하여진 사업구역 내의 건축행위로 작출된 건축물은 보상의 대

---

356) 이 책에서도 별다른 언급 없이 '무허가건축물'이라고 하는 경우 「토지보상법 시행규칙」 제24조에 규정된 무허가건축물을 뜻한다.

상에서 제외하도록 규율하고 있다. 연혁적으로 우리나라는 제정 구 「토지수용법」 당시부터 "제21조제2항의 규정에 위반하여 공작물의 신축, 개축, 증축 또는 대수선을 하거나 물건을 부가, 증치한 토지소유자 또는 관계인은 이에 관한 손실의 보상을 청구할 수 없다."라고 하여 보상에서 배제하는 규정을 두었으며(제52조), 이 규정은 현행 「토지보상법」에도 계승되고 있다(토지보상법 제25조). 이 책에서는 이를 일반적인 의미의 무허가건축물과 구별하여 보상법규를 위반한 무허가건축물이라고 부르기로 한다.

일반적인 건축규제를 위반한 무허가건축물(토지보상법 시행규칙 제24조)은 뒤에서 살펴보듯이 보상법령이 정하는 바에 따라 일정한 보상항목의 지급대상에서 제외되거나 보상액의 제한을 받게 되지만, 전적으로 보상에서 제외되는 것은 아니다. 반면, 보상법규를 위반한 무허가건축물에 대해서는 아무런 보상이 주어지지 않는다. 이처럼 두 유형의 무허가건축물은 그 효과에 있어서 중요한 차이가 있다.

(2) 건축금지의 규율 강도

보상법규를 위반한 무허가건축물을 규율하는 입법 태도는 건축금지의 강도에 따라 다시 두 가지 형태로 나뉜다. 첫째, 일정 단계 이후 수용개시일 이전까지 사업구역 내 건축행위 자체를 금지하고 이를 위반한 경우 보상대상에서 제외할 뿐만 아니라 처벌 대상으로까지 삼는 법제가 있다. 우리나라의 수용법제가 여기에 속한다. 우리나라의 「토지보상법」은 사업인정 이후의 건축행위로 건축된 건축물을 보상의 대상에서 제외함은 물론이고 그 건축행위를 처벌하는 형벌 규정까지 두고 있다(동법 제96조). 이는 강력한 건축금지의 입법형태라고 할 수 있다.

반면, 사업예정지가 되었다 하더라도 수용개시일까지 토지는 토지소유자의 자유로운 이용에 속하므로 수용 보상법제가 그 이용 자체를 제한할 필요는 없다고 보고 건축행위 자체를 처벌하는 것은 아니지만, 손실보상의 증가를 목적으로 현재의 이용가치를 높이는 건축행위, 이른바 惡意의 投資로부터 사업시행자를 보호하기 위하여 보상 대상에서는 제외하고 있는357) 입법형태가 있다. 프랑스와 일본의 수용법제가 여기에 속한다.

프랑스 공용수용법전은 "판사는 수용 명령(소유권 이전 명령)의 날짜에 보상 금액을 결정한다. 그러나 건축물, 공작물, 농작물 등 모든 종류의 지상물은 수용 명령 이전에 설치된 것이라도 이러한 그 설치가 이루어진 시기나 그 밖의 사정으로 인해 더 많은 보상을 받을 목적으로 설치된 것으로 인정되는 경우 보상의 대상에서 제외한다. 그리고 달리 입증되지 않는 한, 제L.1조에 규정된 사전조사 개시 이후에 설치된 지상물은 위 목적을 위해 행하여진 것으로 추정한다."358)라고 규정하고 있다.

일본의 「토지수용법」은 "손실보상의 제한"이라는 표제 하에 토지소유자 등이 사업인정의 고시 후에 토지의 형질변경이나 공작물의 신축, 개축, 증축 또는 대수선이나 물건의 부가증치(附加增置)를 한 경우 도도부현지사의 승인을 받은 경우를 제외하고는 그에 관한 손실보상을 청구할 수 없다고 규정하고 있다(제89조 제1항).359)

---

357) 高田賢造/國宗正義, 앞의 책, 263-264면 참조.
358) 프랑스 공용수용법전 제L.322-1조.
359) 그 입법취지는 사업의 원활한 진행 및 기업자를 보호하고 사회적·국민경제적 견지에서 보상의 증가를 초래하는 행위를 억제하기 위한 것이라고 한다. 小澤道一, 『逐條解說 土地收用法(下)』, 349-350면 참조. 다만, 통상의 용법에 따른 토지이용에 필요한 정도의 개량(예를 들어 경작지에 작물을 심는 것)은 지사의 승인을 얻어 가능하고, 이 경우 보상청구권이 인정된다고 한다. 高田賢造/國宗正義, 앞의 책, 264면 참조.

(3) 보상법규를 위반한 무허가건축물의 규율

1) 위반의 효과

현행 「토지보상법」은 "사업인정고시가 된 후에 고시된 토지에 건축물의 건축·대수선, 공작물(工作物)의 설치 또는 물건의 부가(附加)·증치(增置)를 하려는 자는 특별자치도지사, 시장·군수 또는 구청장의 허가를 받아야 한다. 이 경우 특별자치도지사, 시장·군수 또는 구청장은 미리 사업시행자의 의견을 들어야 한다."라고 규정하여(제25조 제2항) 사업인정 후 구역 내 건축을 금지하고 있다. 이는 본래 국민의 자연적 자유에 속하는 건축행위를 일반적으로 금지하였다가 법이 정하는 요건을 갖춘 경우에 개별적으로 그 금지를 해제하여 자연적 자유를 회복시켜 주는 강학상 허가가 아니라, 원칙적으로 건축행위를 허용하지 않는 억압적 금지에 해당한다.

위 규정을 위반하여 허가를 받지 않고 건축물을 건축한 토지소유자 등은 해당 건축물을 원상으로 회복하여야 하며 이에 관한 손실의 보상을 청구할 수 없다(같은 조 제3항). 보상법규를 위반하여 건축된 무허가건축물은 ① 그 건축물 부지인 토지에 관한 보상가격이 건축물의 부지로 평가되지 못함은 물론이고, ② 건축물 그 자체의 철거로 인한 손실과, ③ 그에 부수한 손실에 대하여서도 일체의 보상을 청구할 수 없다.[360] 또한 일본과 달리 우리 법제는 그 건축행위를 형사처벌의 대상이 되는 것으로까지 규정하고 있음(토지보상법 제96조)도 상술하였다.

---

[360] 대법원 2000. 3. 10. 선고 99두10896 판결: "지장물인 건물은 그 건물이 적법한 건축허가를 받아 건축된 것인지 여부에 관계없이 토지수용법상의 사업인정의 고시 이전에 건축된 건물이기만 하면 손실보상의 대상이 됨이 명백하다."; 같은 취지: 대법원 2001. 4. 13. 선고 2000두6411 판결.

2) 건축금지의 시기

사업인정고시 전에 사업시행지구 내에서 건축된 건축물은 보상 법규를 위반한 무허가건축물이 아니므로 원칙적으로 손실보상의 대상이 된다. 다만 대법원 판례 중에는 비록 사업인정고시 이전에 지장물을 설치하였다 하더라도, 보상계획공고 등으로 공익사업의 시행과 보상 대상 토지의 범위 등이 객관적으로 확정된 후에 해당 토지의 통상적 이용과 관계없거나 이용 범위를 벗어나는 것으로 손실보상만을 목적으로 지장물을 설치하였음이 명백하다면 손실보상의 대상에 해당하지 않는다고 한 예외적인 사례도 보인다.361)

보상법규(토지보상법) 자체 뿐 아니라, 공익사업의 근거법률인 개발사업법에서도 일정 단계의 계획절차가 진행되면 사업구역 내에서 건축행위를 금지하는 규정을 따로 두기도 한다. 가령 「국토계획법」은 기반시설을 설치하기 위하여 도시계획시설결정이 된 구역 내에서 건축물의 건축을 허가하여서는 아니된다고 규정하고 있다(동법 제64조). 물론 이 규정은 제1차적으로 해당 공익사업의 목적과 저촉되는 건축물의 출현을 막기 위한 규정이지만, 수용 예정지의 무익한 가치증가행위로 보상의 규모를 부당하게 확대하는 것을 방지하기 위한 보상규범의 성격도 갖는다. 개발사업법의 건축금지 규정을 위반한 경우의 보상 제한 효과도 보상법규의 건축금지 규정을 위반한 경우와 마찬가지로 해석하는 것이 타당하다. 현재까지 우리나라에서 개발사업법의 건축금지 규정을 위반한 무허가건축물의 보상을 정면으로 다룬 대법원 판례는 발견하기 어렵지만, 하급심 판례 중에는 "도시계획사업의 실시계획의 인가·고시가 있은 후에 건축된 건축물의 경우는 보상 대상에서 제외된다고 할 것이다."라고 한 것이 있다.362) 이처럼 실무상으로도 개발사업법의 건축금지를 위반하여 건

---

361) 대법원 2013. 2. 15. 선고 2012두22096 판결.
362) 서울행정법원 1999. 2. 24. 선고 98구617 판결.

축된 무허가건축물도 보상법규 그 자체의 위반과 동일한 방식으로 보상 대상에서 제외하는 것으로 해석하고 있다. 「국토계획법」에 따라 도시계획시설의 실시계획이 인가되면 토지보상법상 사업인정이 있은 것으로 의제되어(동법 제96조 제2항), 어차피 실시계획 인가 시점에 이르면 「토지보상법」의 건축금지 규정이 적용되는데, 「국토계획법」에 건축금지 규정을 따로 둠으로 인하여 구역 내 건축금지의 시점이 실시계획의 인가보다 훨씬 이른 시점인 도시계획시설결정 시점으로 앞당겨지는 효과가 있게 된다.

II. 무허가건축물의 수용

1. 공익사업에 필요한 무허가건축물 수용

앞서 자세히 살펴본 바와 같이363) 건축물의 수용은 크게 두 가지로 나뉜다. 첫째는 공익사업에 필요한 건축물의 수용이다. 이는 토지와 함께 건축물이 공익사업의 시행에 필요하여 수용하는 예외적인 경우이다. 두 번째는 지장물인 건축물 수용이다. 이는 일반적인 건축물 수용의 형태이다. 현행법에 따르면 지장물인 건축물은 원칙적으로 사업구역 바깥으로의 이전 대상이 되지만, 이전이 곤란하거나 이전비가 가격을 넘는 경우 철거를 위하여 사업시행자가 수용하게 된다.

공익사업 시행에 필요한 무허가건축물의 수용이 현행법상 허용되는가? 현행 「토지보상법」은 건축물이 토지와 함께 사업시행에 필요한 경우 수용할 수 있다고 규정하고 있을 뿐(동법 제3조 제2호), 수

---

363) 제3장 제2절 I. 2. (1)

용 목적물을 적법한 건축물로 한정하지 않고 있다. 따라서 무허가건축물이라 하더라도 공익사업의 목적상 사업시행에 필요한 경우에는 수용할 수 있다고 해석된다.

그렇다면 사업시행에 필요하다는 이유로 무허가건축물을 수용하는 경우(공익사업에 필요한 건축물의 수용)에도 「토지보상법」상 보상 제한에 관한 특례들이 적용될 수 있는가? 이와 관련하여 현행 토지보상법령상 명문의 규정은 없으나, 해석상 무허가건축물의 보상 제한에 관한 규정은 공익사업에 필요한 건축물 수용에는 적용될 수 없다고 보아야 한다. 무허가건축물을 공익사업시행에 활용하기 위하여 취득하는 것은 사업시행자가 사업목적에 필요한 건축물의 소유권을 취득하여 수용 이후에도 계속 활용하는 것을 전제로 한다. 사업시행자가 무허가건축물을 취득하여 제거(철거)하는 지장물 수용의 경우와는 달리, 해당 건축물을 수용하여 계속적으로 활용하는 경우에까지 무허가건축물이라는 이유로 보상금액을 절하하는 것은 법치국가원리상 허용되지 않는다고 해석하는 것이 타당하다.

2. 지장물 수용으로서 무허가건축물 수용

통상 무허가건축물은 사업시행에 필요하지 않은 지장물에 해당한다. 현행법에 따르면 사업시행에 필요하지 않은 무허가건축물은 지장물로서 이전비 보상의 대상이 되며 사업시행자가 이를 취득하기 위한 수용재결의 대상은 되지 않는 것이 원칙이다. 무허가건축물이 사업구역 바깥으로 이전 가능한 경우 무허가건축물이라는 이유로 보상내용인 건축물 이전비 산정에 있어서 제한을 가할 수 있는가? 우리 「토지보상법」은 이에 관한 명문의 규정을 두고 있지 않다. 이 문제에 대하여서는 바로 다음 절에서 검토하기로 한다.

사업시행에 필요하지 않은 지장물도 예외적으로 수용의 대상이 되는 경우가 있다. 이러한 예외적 지장물 수용은 청구사유를 기준으로 지장물 이전곤란을 이유로 하는 수용청구에 따른 지장물 수용(②)과 이전비 과다를 이유로 하는 수용청구에 따른 지상물 수용(③)의 두 유형으로 나누어 볼 수 있음은 앞서 살펴보았다. 무허가건축물의 지장물 수용도 일반적인 건축물의 지장물 수용에서와 마찬가지로 수용재결절차와 가격 보상이 유리되어 있는 문제점이 있다. 현재 판례는 토지와 별개로 명시적인 수용재결신청이 있어야 사업시행지가 지장물의 소유권을 취득할 수 있다고 보고 있지만, 현행법의 해석상 사업시행자는 토지 수용재결절차를 통하여 가격을 보상한 지장물의 소유권을 수용개시일에 취득한다고 해석함이 타당하다는 점도 前述한 바와 같다.364)

---

364) 제3장 제2절 II. 5.

제2절 무허가건축물의 보상

Ⅰ. 정당보상과 규범적 요소의 반영

1. 헌법상 수용 원칙과 토지보상법의 목적

헌법상 수용의 제1원칙은 수용권 발동의 절대적 조건으로서 공공 필요의 원칙이다. 이는 공공필요가 없는 사업에 대하여 강제적 재산 권 박탈을 의미하는 수용권을 부여되는 것을 방지하는 보호기능을 수행하고, 공공필요가 인정되는 경우에도 필요한 범위를 넘는 수용 을 통제한다.

헌법상 수용의 제2원칙은 정당보상 원칙이다. 특별한 희생으로서 수용이 있는 곳에는 사업시행자가 반드시 수용 상대방이 누리고 있 던 재산권의 존속보장 대신에 가치보장의 형태로 정당한 가격의 보 상을 지급할 것을 요구한다. 수용과 보상에 관한 법률은 헌법상 수 용의 기능을 제도적으로 구현하여 실제로 집행되도록 하여야 한다. 현행 「토지보상법」도 "공익사업에 필요한 토지등을 협의 또는 수용 에 의하여 취득하거나 사용함에 따른 손실의 보상에 관한 사항을 규 정함으로써 공익사업의 효율적인 수행을 통하여 공공복리의 증진과 재산권의 적정한 보호를 도모하는 것을 목적으로 한다."고 함으로써 공익성 통제 기능과 정당한 보상의 관철 기능을 동법의 목적으로 제 시하고 있다(제1조).

2. 정당보상 관철의 목적

수용·보상법제의 목적 중에서 무허가건축물이 문제되는 국면은 정당한 보상의 관철기능이다. 정당한 보상의 목적을 실현하기 위하여서는 강제적으로 취득되거나 제거되는 재산의 정당한 가치를 평가하여 이를 지급하도록 제도적으로 강제하여야 하는 동시에, 해당 재산의 가치를 초과하여 과다한 보상을 지급하거나 이중으로 보상하는 것을 방지하는 기능 역시 수행되어야 한다. 이 중 전자는 과소보상금지, 후자는 과다보상금지로 표현할 수 있다.

어떤 보상법제의 제도 설계와 운용 과정에서 전자의 기능이 원활히 수행되지 못하는 경우 피수용자의 재산권이 침해되는 헌법위반의 문제가 발생하고, 후자의 기능이 제대로 수행되지 못하면 공공필요가 존재하는 공익사업에 지장을 초래하거나 사업시행의 유인을 상실하게 되어 기반시설을 포함한 공공재를 적절히 공급하지 못하는 폐해가 초래된다. 양 기능의 원활한 구현은 모두 보상법제가 추구하여야 할 중요한 목적이지만, 두 기능 중 헌법적으로 보다 더 우월한 가치를 평가하자면 전자, 즉 피수용자의 재산권이 침해되지 않도록 과소한 보상이 지급되는 것을 방지하는 것이 상대적으로 더 중요한 의미를 갖는다. 따라서 제도설계와 운용에 있어서는 과소보상금지와 과다보상금지라는 두 기능을 모두 고려하여 '정당보상'이 관철되도록 하여야 하고, 최소한 전자의 기능이 관철되지 못할 위험은 배제하여야 한다.

3. 무허가건축물에 대한 보상 개관

수용대상인 물건이 공법상 규제나 제한을 받고 있는 경우나 공법의 규정에 저촉되는 현실 이용상태에 있는 물건과 같이, 사실의 요소가 아닌 규범적 요소가 부각되는 경우 이를 보상평가에 어떻게 반영할 것인지가 문제된다. 규범적 요소를 수용목적물의 보상평가에 반영할 것인지 여부, 반영한다면 어떠한 방식으로 어느 정도 반영할 것인지는 각 나라의 사회적 실태와 규범 인식을 고려하여 입법으로 정하여질 입법정책의 문제이다. 여기에서 헌법상 정당보상의 이념을 실현하면서도 전체 법질서의 통일성을 유지하기 위한 조화의 기술로서 보상에 관한 적정한 규율이 요구된다

규범적 요소를 보상 평가에 반영하는 대표적인 규율사항이 무허가건축물에 관한 보상이다. 현행 보상법령상 무허가건축물의 개념이 정면에 등장하는 규정은 무허가건축물의 '부지' 보상 기준에 관하여 정하고 있는 「토지보상법 시행규칙」 제24조이다.

제24조(무허가건축물 등의 부지 또는 불법형질변경된 토지의 평가)

「건축법」 등 관계법령에 의하여 허가를 받거나 신고를 하고 건축 또는 용도변경을 하여야 하는 건축물을 허가를 받지 아니하거나 신고를 하지 아니하고 건축 또는 용도변경한 건축물(이하 "무허가건축물등"이라 한다)의 부지 또는 「국토의 계획 및 이용에 관한 법률」 등 관계법령에 의하여 허가를 받거나 신고를 하고 형질변경을 하여야 하는 토지를 허가를 받지 아니하거나 신고를 하지 아니하고 형질변경한 토지(이하 "불법형질변경토지"라 한다)에 대하여는 무허가건축물등이 건축 또는 용도변경될 당시 또는 토지가 형질변경될 당시의 이용상황을 상정하여 평가한다.

무허가건축물에 관련된 보상항목은 크게 ① 무허가건축물의 부지인 토지에 대한 보상, ② 지장물인 무허가건축물 그 자체에 대한 보

상, ③ 그 밖의 생활보상으로 나누어 볼 수 있다.

(i) 「토지보상법 시행규칙」은 무허가건축물 등의 '부지'인 토지에 대하여는 무허가건축물등이 건축 또는 용도변경될 당시의 이용상황을 상정하여 평가한다"라고 규정한다(제24조). 즉 현행법령은 무허가건축물의 대지가 되는 토지의 보상평가에 있어서는 현재 그 토지의 이용상태인 건축물의 대지로서 평가하지 않으며, 무허가건축물의 현존을 무시하고 건축물이 존재하지 않는 토지 상태(임야, 전, 답 등)로 평가하도록 하고 있다. 불법으로 형질변경된 토지에 대하여서도 동일한 기준을 적용한다.

본래 건축허용성이 없는 '대지'가 아닌 용도(임야, 전, 답 등)의 토지를 토지형질변경허가 없이 건축에 적합한 평탄한 상태로 조성하여 그 지상에 무허가건축물을 건축하였다면, 필요한 허가 없이 토지의 형상과 성질의 변경을 초래한 것이므로[365] 무허가건축물 부지인 동시에 불법형질변경된 토지에도 해당한다. 따라서 「토지보상법 시행규칙」 제24조의 해석상 무허가건축물의 부지를 건축 당시의 이용상황으로 평가하라는 규범과 불법형질변경토지를 형질변경 당시의 이용상황으로 평가하라는 규범의 적용관계가 문제된다. 무허가건축물의 부지에 관한 규범과 불법형질변경된 토지에 관한 규범을 중첩하여 적용할 이유는 없으므로 현행 「토지보상법 시행규칙」 제24조의 '불법형질변경토지'는 그 토지상에 무허가건축물이 건축되어 있지 않은 경우로 한정되는 것으로 해석하는 것이 타당하다.[366]

(ii) 무허가건축물 그 자체의 보상 평가에 관하여서는 보상법령에

---

365) 김종보, "건축허용성의 부여와 반영", 『서울대학교 法學』 제53권 제3호, 2012. 9, 158-159면; 김종보/박건우, "국토계획법상 토지형질변경허가와 건축허용성 – 대법원 2020. 7. 23. 선고 2019두31839 판결–", 『행정법연구』 제64호, 2021. 3, 52-53면 참조.
366) 박수혁/김채규/김동천, 앞의 책, 625면 참조.

특별한 규정이 없다. 다만 주거용 건축물에 대한 보상평가액이 6백만원 미만인 경우 그 보상액을 6백만원으로 의제하는 특례규정의 적용대상에서 무허가건축물은 원칙적으로 제외되도록 규정하고 있을 뿐이다(같은 규칙 제58조).

(iii) 생활보상에 해당하는 각종 보상 항목들에 관하여서는 현행 보상법령상 특별 규정들이 산재하여 있다. 먼저 영업보상에 대하여 토지보상법 시행규칙은 사업인정고시일 등 이전부터 적법한 장소에서 행한 영업을 영업보상 대상으로 규정하면서 원칙적으로 무허가 건축물에서 행하여진 영업은 보상 대상에서 제외하도록 하고(같은 규칙 제45조), 무허가건축물의 소유자는 원칙적으로 주거이전비 지급 대상에서도 제외하는 규정을 두고 있다(같은 규칙 제54조). 이주 대책의 대상에서도 무허가건축물 소유자와 세입자는 원칙적으로 제외한다(토지보상법 시행령 제40조 제5항 제1호).

(iv) 「토지보상법 시행규칙」은 부칙에서 매우 특이한 형태의 경과 규정을 두어 특정 시점(1989. 1. 24.) 이전에 존재하고 있던 무허가건축물은 적법한 건축물로 본다는 예외 규정(합법화 조항)을 다시 두고 있다(부칙 제5조).

4. 무허가건축물 보상에 관한 두 가지 입법주의

(1) 보상을 제한하는 입법주의(독일, 프랑스, 영국)

무허가건축물에 관련한 보상을 규율하는 입법태도는 크게 두 가지로 분류할 수 있다. 첫 번째는 무허가건축물에 대한 보상을 제한하는 입법주의이다. 이러한 입법주의에서는 건축을 제한하는 규범을 강조하여 공법의 규범을 대전제로 놓고, 현재의 토지나 물건의 이용 상태를 소전제로 하여 현재의 이용 상태가 공법의 규범과 합치하지 않을 경우 현실의 이용상태는 존재하지 않는 것으로 무시하거나 또는 공법의 규범에 합치하는 상태대로 존재하는 것으로 의제하여 보상 평가(절하)하는 규율방식이다.

토지와 그 지상 건축물을 일체로 수용하고 보상하는 법제에서는 적법한 허가를 받지 않은 무허가건축물의 보상에 대하여 제한을 가할 개연성이 크다. 사업시행자가 보상금으로 지급하여야 할 전체로서의 토지(토지+건축물) 가치에는 건축물의 '시장가치'가 포함되기 때문에, 공법의 규범에 저촉되는 불법건축물에 내포된 위법성을 평가하여 보상액에서 공제하는 것이 형평에 맞다고 생각될 수 있기 때문이다.

독일 연방건설법전은 "공법상 보상 없이 언제든지 철거를 요구할 수 있는 건축물에 대하여는 형평상 필요한 경우에만 보상을 지급할 수 있다"고 규정하고 있다.[367] 이는 현존하는 불법건축물이 존재하지 않는 것으로 의제하고 건축물 가치에 대한 보상을 원칙적으로 부정하는 태도로서, 무허가건축물의 보상을 제한하는 대표적인 입법례라고 할 수 있다.

영국도 보상제한이라는 결과에 있어서 유사한 법원칙을 가지고 있다. 영국의 보상법제는 법원에 의해 제한된 방법 또는 '법을 위반하는'(contrary to law) 방법이나 거주자의 건강이나 공중보건에 유해한 방법으로 부동산을 이용하여 증가된 토지가격은 보상에서 배제된다고 규정한다.[368] 이를 '불법 사용가치 배제원칙'이라고 한다.[369]

프랑스의 공용수용법전은 법령상 건물의 안전 또는 위생을 보장

---

[367] Abs. 3 §95 BauGB.

[368] Land Compensation Act 1961 Section 5.

[369] Barry Denyer-Green, supra note 162, p. 177-178; 국내문헌으로는 성중탁, "토지수용에서의 보상 문제 검토 및 대안의 제시", 『감정평가』, 제124호, 2016, 36면 참조.

하는데 필요한 경찰 조치가 소유자 등에 통지되었으나 이행되지 않은 경우, 그 조치에 필요한 비용은 보상 평가액에서 공제하도록 하되, 이 경우에도 보상 금액은 건축물이 없는 빈 땅의 가액으로까지 감액될 수는 없다고 규정하여 적절한 범위에서 건축물의 불법성을 평가하여 보상에서 감액하도록 하고 있다.370)

(2) 특별히 보상제한을 규정하지 않는 입법주의(일본)

이와 달리 무허가건축물 보상에 관하여 별다른 보상제한을 규정하지 않고 있는 입법례도 있다. 통상적으로 공법의 규정에 저촉되는 건축물의 상태는 시장가격에도 반영되어 적법한 건축물에 비하여 저가로 평가되게 된다. 무허가건축물에 대하여 특별히 보상제한을 규정하지 않는 입법례에서는 수용 대상 물건의 가격 평가의 기준이 되는 목적물의 현재 이용 상태, 즉 사실적 현황(現況)의 하나로서 시장가치에 이미 반영된 공법상의 규제나 위법성을 고려할 뿐 따로 규범적인 판단을 보상평가에 반영하지는 않는다. 이러한 법제에서는 원칙적으로 위법한 건축물의 보상을 제한하는 특별한 규정을 따로 두지 않고 보상평가에 있어서 가격형성요소의 하나로 고려할 뿐이다.

토지와 건축물을 별개의 수용 대상으로 삼으면서, 사업시행에 필요한 토지만을 수용하고 지장물인 건축물은 사업구역 바깥으로 이전하도록 하는 이전주의 원칙을 취하는 입법례에서는 무허가건축물의 보상에 관하여 특별히 규율할 필요를 느끼지 못할 개연성이 크다. 사업시행자가 건축물의 소유권을 취득하지 않아 시장가격을 보상하지 않고, 단지 건축물 소유자로 하여금 사업구역 바깥으로 건축물을 옮기게 하고 이전비를 보상하는 것을 원칙으로 하면서 그 건축물의 적법 여부를 문제 삼을 이유는 별로 없기 때문이다.

---

370) 프랑스 공용수용법전 제L.322-7조.

지장물인 건축물에 대하여 이전주의 원칙을 채택하고 있는 일본은 보상기준에 관한 법률이나 하위법령에서 불법건축물이나 공법상 규제를 받는 토지의 보상평가에 관하여 별도의 규정을 두고 있지 않다. 다만 그 해석상 (i) 토지의 이용에 관한 공법상 규제의 정도는 토지의 시장가치에 반영하여야 할 평가요소 중 하나라고 하고,371) (ii) 불법건축물에 대한 이전비 보상 역시 법령이 명시적으로 제한하고 있지 않는 이상 적법한 건축물과 마찬가지로 지급하여야 할 것이라고 보고 있으며,372) (iii) 마찬가지 이유에서 건축물 소유자가 그 건축물을 수용대상토지에 존치시킬 권한이 없는 경우(이른바 無斷占用物件)의 경우에도 이전비 보상의 대상이 된다고 해석하고 있다.373)

일본 법제에서는 건축물의 이전에 필요한 보상금 산정에 있어서 해당 건축물이 「건축기준법」 등 공법상 규제에 필요한 시설의 개선을 요하는 비용은 보상의 대상이 되지 않는다는 정도의 소극적인 요소를 강조한다. 이를 건축물을 법령이 정하는 기준에 맞도록 개선하는데 필요한 비용이라는 의미에서 법령개선비라고 부르고,374) 법령개선비를 이전비에 포함하여 보상하는 것은 이전물건의 가치를 증가하는 것이 되어 부당하다고 한다.375) 하위규범인 세목정령 제17조

---

371) 公共用地補償研究會編, 『公共用地の取得に伴う損失補償基準要綱の解說』(補訂版), 大城出版社, 2021, 61면 참조.

372) 1958(昭和33)년 8월 13일자 내각 법제국(內閣法制局第一部長) 회답은 공법상 제한에 위반하여 신축한 공작물에 대하여서도 국법상 소유권 및 그 밖의 재산권의 성립을 인정하고 있는 이상, 이러한 공작물의 부지인 토지의 수용으로 인하여 공작물의 이전에 따라 발생하는 손해에 대하여 명문의 규정 없이 그에 관한 보상을 부정하는 것은 허용되지 않는다고 하였다. 학설도 대체로 위 내각 법제국의 해석을 지지하여 보상 적극설의 입장을 취하고 있다(小澤道一, 『逐條解說 土地收用法(下)』, 185면 참조).

373) 小澤道一, 『逐條解說 土地收用法(下)』, 185면 참조.

374) 小澤道一, 『逐條解說 土地收用法(下)』, 204면 참조.

375) 小澤道一, 『逐條解說 土地收用法(下)』, 205면 참조.

제2항 및 일반보상기준요강 제24조 제2항에서도 법령개선비는 이전
비 보상에 포함되지 않는다고 규정하고 있다. 일본에서는 건축물을
해체하여 옮긴 후 사업구역 밖의 토지(이른바 '移轉先地')에서 재축
하는데 드는 비용을 이전비의 한 요소로 관념하고 있으므로, 그 이
전비에 공법상 규정에 합치하도록 건축물을 개선하는데 소요되는
비용은 포함시키지 않겠다는 측면을 강조하고 있다.

(3) 각 입법주의의 장점과 단점

무허가건축물에 대하여 보상을 제한하는 규정을 두는 입법주의
의 장점은, 무엇보다 건축을 통제하는 공법상 규제가 보상법제에도
강력하게 반영되어 전체 법질서의 일관성과 통일성을 확보할 수 있
다는 점이다. 또한 적법한 건축물의 소유자와 위법한 건축물의 소유
자를 보상에 있어 달리 취급함으로써 다른 것은 다르게 취급할 것을
요구하는 평등원칙 또는 형평의 원리에 부합하는 보상제도를 구현
할 수 있다.

반면, 보상제한에 관한 규정을 별도로 두지 않는 입법주의의 장
점은 수용 대상 물건의 정확한 시장가격 평가를 추구할 수 있다는
점이다. 보상평가에서 규범적 요소에 과도하게 집착할 경우 자칫 토
지보상법의 기능인 정당보상의 원칙에서 일탈하여 건축경찰법이나
도시계획법 등 본래 건축규제에 관한 공법이 담당하여야 할 공법상
규제에 저촉하는 이용상태에 대한 처벌이나 제재 수단으로 변질될
우려가 있다. 또 보상평가에서 극단적인 형태로 규범을 강조할 경우
보상을 필요로 하는 경제적 가치가 존재하는 헌법상 재산권의 보호
대상에 대하여 사소한 규범 저촉을 이유로 보상을 부정함으로써 정
당보상의 원칙을 위반하는 결과를 초래할 위험이 존재한다.

II. 토지보상법의 무허가건축물에 관한 보상

1. 무허가건축물 부지(토지)의 보상

(1) 원칙: 강력한 보상제한

연혁적으로 우리나라에서 무허가건축물의 보상평가에 관한 최초의 규정은 1989년 「공공용지의취득및손실보상에관한특례법시행규칙」376)에서 비롯한다. 동 시행규칙에서는 무허가건축물 보상에 관하여 세 가지 규율 내용을 담고 있었다.

그 첫 번째는 무허가건축물의 부지인 '토지' 보상에 관한 내용으로 "무허가건물등의 부지는 당해토지에 무허가건물등이 건축될 당시의 이용상황을 상정하여 평가한다."라는 조문(동 규칙 제6조 제6항)이었다. 두 번째는 무허가건축물 자체의 보상평가에 관한 규정으로서, 주거용건축물은 보상평가액이 100만원 미만일 경우 보상액을 100만원로 한다는 특례규정의 적용대상에서 무허가건축물을 제외하도록 하는 내용(제5조의9)이었다. 세 번째는 세입자에 대한 주거대책비 지급대상에서 무허가건축물의 세입자는 제외하도록 하는 규정(제30조의2)이었다. 이처럼 우리나라에서는 최초로 무허가건축물에 관한 보상 특례를 규정할 당시부터 그 부지가 되는 '토지'의 보상평가에는 건축의 불법성을 강력하게 반영하여 보상을 제한하도록 하였다. 반면, 정작 무허가건축물 자체의 가격 보상에 대하여서는 보상을 제한하는 규정을 두지 않고 다만 당시 시혜적인 성격으로 규정하고 있었던 최소 보상액 규정의 적용 대상에서 제외하도록 하는 정도로 규율하고 있었을 뿐이었다.

위 시행규칙은 1995년의 개정으로377) 불법형질변경된 토지에 관

---

376) 건설부령 제444호, 1989. 1. 24. 일부개정.

한 내용을 추가하였다. 동 시행규칙 제6조 제6항은 "무허가건물등의 부지나 불법으로 형질변경된 토지는 무허가건물등이 건축될 당시 또는 토지의 형질변경이 될 당시의 이용상황을 상정하여 평가한다." 라고 하여 "불법으로 형질변경된 토지"를 추가하였다. 이 규정 내용은 현행 「토지보상법 시행규칙」 제24조에서도 동일한 내용으로 이어지고 있다.

원래 토지에 대한 보상평가의 일반원칙에 따르면 취득할 토지에 대한 평가는 지적공부상의 지목에 불구하고 가격시점에 있어서의 현실적인 이용상황에 따라 평가하며 일시적인 이용상황은 이를 고려하지 않는다(토지보상법 제70조 제2항). 이를 현황평가주의라고 한다.

「토지보상법」상 불법 건축물이 건축된 부지(토지)의 보상 평가에 관한 규정은 현황평가주의에 대한 예외로서 건축물이 존재하지 않는 땅으로 보고 토지의 가치 평가를 하겠다는 취지로, 강력한 보상제한의 입법형태라고 할 수 있다. 이에 따라 토지의 가치 평가에 있어서 건축허용성이 부여된 고가의 토지(대지)로 보상하지 않고 건축허용성이 부여되지 않은 저가의 토지 용도(임야, 전, 답 등)로 평가하게 된다.

(2) 부지 범위의 미확정

그런데 위 규정의 적용에 있어서 발생하는 중요한 문제는 정작 규범의 적용대상인 무허가건축물의 '부지'의 범위가 정해지지 않는다는 점이다. 원래 건축단위인 건축물의 '대지'는 건축허가 과정에서 정해진다.378) 기본적으로 대지는 1필지의 토지를 대상으로 하지만, 둘 이상의 필지를 하나의 대지로 하거나 하나 이상의 필지의 일부를

---

377) 건설교통부령 제3호, 1995. 1. 7, 일부개정.
378) 건축법 제54조부터 제58조까지, 제77조의15, 제77조의 16.

하나의 대지로 할 수도 있다.[379] 그러므로 건축물의 '대지'의 지정은 건축허가 처분의 내용 중 하나이다.[380]

무허가건축물은 건축허가 절차를 거치지 않고 곧바로 건축행위를 하여 조성된 것이므로 애초에 건축단위인 대지가 정해진 바 없다. 그리고 해당 무허가건축물이 존재하는 필지 전부가 대지라고 의제할 수 있는 법적 근거도 없다. 따라서 현행 토지보상법령에서 '무허가건축물의 부지'의 범위는 그 결정 기준이 법령에 의하여 정하여진 바 없이 전적으로 해석에 맡겨져 있다.

대법원 판례는 '무허가건물 등의 부지'라 함은 "당해 무허가건물 등의 용도·규모 등 제반 여건과 현실적인 이용상황을 감안하여 무허가건물 등의 사용·수익에 필요한 범위 내의 토지와 무허가건물 등의 용도에 따라 불가분적으로 사용되는 범위의 토지를 의미하는 것"이라고 해석된다(①)고 하면서도, 무허가건물의 바닥면적은 무허가건물 등의 부지에 해당하지만, 통로, 야적장, 마당, 비닐하우스·천막 부지, 컨테이너·자재적치장소, 주차장 등은 그 무허가건물의 용도에 따라 불가분적으로 사용되어 온 부지라고 볼 수 없다(②)고 하고 있다.[381] 그런데 위 대법원 판결에서 앞의 법리 판시 내용(①)은 '부지'에 건축물의 위요지(圍繞地)를 포함한다는 취지이고, 뒤의 인정 내용(②)은 반대로 사실상 건축물의 바닥면적만을[382] 부지로 인정하는 취

---

[379] 건축법 제2조 제1호.

[380] 건축법 시행규칙 별지 2(건축허가서) 참조.

[381] 대법원 2002. 9. 4. 선고 2000두8325 판결. 이 판결에 대한 평석으로는 박해식, "무허가건물의 부지의 의미와 범위(공공용지의취득및손실보상에관한특례법시행규칙 제6조 제6항과 관련하여)", 『안암법학』 제15호, 2002. 11, 33면 이하 참조.

[382] 건축물의 각 층 또는 그 일부로서 벽·기둥, 그 밖에 이와 비슷한 구획의 중심선으로 둘러싸인 부분의 수평투영면적을 말한다(건축법시행령 제119조 제1항 제3호).

지이어서 판단기준으로서는 명확하지 않다.

실무상으로는 무허가건축물의 부지면적 산정에 대해서 법령에 별도로 규정한 바 없으므로 당해 무허가건축물부지의 용도·규모 등 현지여건을 종합적으로 고려하여 사업시행자의 재량에 따라 판단할 사항이라고 이해하고 있다.[383] 그러나 특정한 보상규범의 적용 대상이 되는 토지의 범위에 관해 법령에서 아무런 기준을 두지 않고 사업시행자가 이를 전적으로 결정하는 것을 허용할 수는 없다. 무허가건축물의 '부지'의 범위는 한 번도 결정된 적이 없으므로 보상법규에서 보상특례를 규정하기 위해서는 부지의 인정 범위를 설정하여 주어야 한다. 입법론으로는 법령상 무허가건축물의 '부지'의 범위를 건축물의 용도와 규모에 따라 산정하는 기준을 마련하는 것이 바람직하고, 최소한 건축물의 바닥면적에 비례하여 부지를 산정할 수 있는 산식이라도 규정할 필요가 있다고 생각된다.

(3) 예외: 기존 무허가건축물 부지에 대한 합법화 조항

1) 합법화조항의 개념

「토지보상법 시행규칙」 부칙 제5조에 따라 1989년 1월 24일 현재 이미 존재하는 기존 무허가건축물의 '부지'는 "이를 적법한 건축물(의 부지)로 본다." 이는 무허가건축물의 부지에 대한 보상제한 원칙의 예외이다. 부칙 조항에 따라 1989년 1월 24일 이전에 이미 건축된 무허가건축물의 부지는 다시 현실 이용상황(現況)에 따라 "적법한 건축물의 부지로" 평가하게 된다. 이를 기존무허가건축물 부지에 대한 합법화조항이라고 부를 수 있다. 「토지보상법 시행규칙」 부칙 제5조의 합법화 조항에서는 무허가건축물 부지 평가에 관한 일반 규정(토

---

[383] 박수혁/김채규/김동천, 앞의 책, 622면 참조.

지보상법 시행규칙 제24조)에서와 달리, 부지 면적 산정에 관한 최소한의 기준으로서 건폐율을 적용하여 산정한 면적을 초과할 수 없다는 규정을 두고 있다(부칙 제5조 제2항).

2) 합법화조항의 취지

「토지보상법 시행규칙」 부칙 제5조로 규정된 합법화 조항의 취지는 무허가건축물 부지의 보상에 대하여 보상 제한을 최초로 규정한 공특법 시행규칙의 제정일자(1989. 1. 24.)를 기준으로 현존하는 기존 무허가건축물의 부지는 현황대로 평가하여 보상하고자 함이다. 앞서 보았듯이 독일 연방건설법전상 불법 건축물에 대한 보상은 '형평상 필요한 경우'에만 지급된다. 그 보상 근거 및 범위는 형평성의 개념에 따라 다르므로 건축법규 위반의 강도, 불법 상황의 기간 및 당국이 이러한 상황을 허용하는 정도가 고려되어야 한다.384) 여기에서는 건축물 소유자 등 당사자의 행동도 고려되어야 하는데, 일반적으로 소유자가 질서 있는 주택 및 건물에 대한 감독이 이루어지는 시기에(in Zeiten eines geordneten Wohnungs- und Bauaufsichtswesen) 건축법령을 위반하여 건축물을 의도적으로 건축한 경우 보상이 비합리적이다.385)

우리나라는 건국 직후 한국전쟁을 겪으면서 무수한 피난민들이 도시로 유입되었고, 이후 진행된 압축성장기에 산업화와 도시화가 고도로 진행되면서 도시가 폭증하는 인구를 감당할 수 없어 우후죽순 늘어나는 도시 내 무허가건축물을 방치하는 경우가 많았다. 이러한 현실적·사회적 배경을 고려하여 1989년 1월 24일이라는 특정 시점을 기점으로 그 이전에 존재하던 무허가건축물을 보상평가에 관하여 적법한 건축물로 간주하는 것은 마치 독일법상 "질서 있는 주

---

384) Ernst/Zinkahn/Bielenberg, Baugesetzbuch Kommentar, Band II, §95, RdNr. 108
385) *supra* note 384.

택 및 건물에 대한 감독이 이루어지는 시기에" 건축법령 위반이 있었는지와 관련하여, 소유자의 언동에 대한 귀책성을 고려할 수 있는 시기에 관한 나름의 입법적 판단을 한 것이라고 볼 수 있으므로, 그 무허가건축물의 존속보장에 관한 「토지보상법 시행규칙」의 규정은 일응의 합리성이 있는 한 존중받아야 한다.

3) 과도한 보상기준

그런데 현행 부칙 규정의 합법화 시점은 정당하다고 해석하더라도, 그 효과로서 무허가건축물의 부지를 적법한 건축물의 대지로 보상평가하는 것은 보상기준으로서 과도하다고 판단된다. 일정 시점까지 "질서 있는 주택 및 건물에 대한 감독이 이루어지지 못한" 사정을 고려하더라도 현존하는 무허가건축물의 존립을 전제로 하여 그 가치 보장을 보호하는 것으로 충분하고, 그 부지인 토지에 대하여 장래에도 건축이 가능한 대지로 보상평가하여야 할 합리적인 이유가 없기 때문이다.

현행 부칙의 합법화 조항에 그대로 따르면 무허가건축물의 존립을 합법화할 뿐 아니라(즉 무허가건축물 자체에 대한 보상금을 지급하고 그에 더하여) 그 부지인 토지까지 '적법한 건축물'의 대지로 보상평가하게 된다. 이는 현존하는 무허가건축물의 가치에 대한 보상을 모두 받을 수 있도록 하는 것에 더하여, 그 부지에 대해 현존하고 있는 무허가건축물이 철거되거나 멸실된 이후에도 앞으로 얼마든지 새로운 건축물을 적법하게 신축할 수 있는 지위가 확보된 토지(대지)로서의 시장 가치에 준하여 보상하는 효과를 초래한다. 이는 보상평가에 관한 합법화 조항의 입법취지에 비추어보아도 과도하다.[386] 현행 「토지보상법 시행규칙」이 1989. 1. 24. 이전에 건축한 무허가건축

---

386) 유사한 취지: 김은유/임승택/김태원, 앞의 책, 431면 참조.

물의 부지에 대하여 이처럼 과도한 보상을 부여하고 있는 것은, 그 이후에 건축된 무허가건축물 부지의 보상에 대해서는 강력한 보상 제한을 규정하고 있는 현행법의 원칙을 무색하게 할 정도로 균형을 상실한 규범일 수 있다는 의심을 갖게 한다.

현행「토지보상법 시행규칙」부칙 제5조의 문언상 합법화 조항의 적용을 받는 기존 무허가건축물의 부지는 '대'로 평가하여야 할 것으로 해석되지만,[387] 정작 많은 보상 현장에서는 1989. 1. 24. 이전의 무허가건축물의 부지를 현황평가하는 경우에도 이를 '대'로 보아 평가하는 것이 아니라 '무허가건축물의 부지'로서 평가하는 실무관행을 적용하고 있는 것으로 보인다.[388] 이는 형평에 어긋나는 과도한 보상을 막기 위하여 실무에서 고안된 보상 관행인 것으로 추측되지만, "적법한 건축물의 부지"로 평가하라고 하는 법령의 문언에 반한다. 이처럼 현행「토지보상법 시행규칙」부칙의 합법화 조항에 따른 무허가건축물 부지인 토지에 대한 보상기준이 과도하기 때문에, 규범과 보상실무가 괴리되어 운용되고 있는 양상이 나타나고 있다.

4) 토지 소유자와 건축물 소유자가 서로 다른 경우

현행 부칙 규정의 합법화 조항은 무허가건축물의 소유자와 그 부지인 토지 소유자가 동일한 경우 뿐 아니라 양자가 서로 다른 경우에도 제한 없이 적용되는 것으로 규정되어 있다. 현행「토지보상법 시행규칙」부칙의 합법화 조항은 토지 소유자가 무허가건축물 소유자와 서로 다른 경우를 미처 고려하지 못하고 입법된 것으로 추측된다. 그러므로 예컨대 국·공유지상에 무허가건축물을 건축한 경우나 제3자 소유의 토지에 무허가건축물을 건축한 경우에도 부칙의 합법

---

387) 강현호, 앞의 논문, 14면; 김현근, 앞의 논문, 50면 참조.
388) 박수혁/김채규/김동천, 앞의 책, 621면; 한국감정원, 『보상평가(上)』, 1226
면 참조.

화조항이 적용된다. 이에 따르면 건축에 아무런 자본이나 노력을 투여한 바 없이, 타인이 건축한 무허가건축물을 사실상 방치하고 있는 토지소유자가 우연적인 사정에 따라 적법한 건축물의 부지로 의제된 고가의 토지 보상을 받게 됨으로써 형평에 어긋나는 보상사례가 발생하게 되는 문제가 있다.

2. 무허가건축물(지장물) 자체의 보상

(1) 보상법령상 규정의 부존재

무허가건축물 그 자체에 대한 보상에 관하여서는 명문의 규정이 없으므로, 해석상 무허가건축물이 보상의 대상이 되는지, 보상의 대상이 된다면 그 보상 평가는 어떻게 하여야 하는지가 문제된다.

(2) 보상 대상인지 여부

현행법상 무허가건축물(지장물)이 보상의 대상이 되는지 여부에 대해서는 명문의 규정이 없다. 우선 무허가건축물의 이전이 가능한 경우(목조주택 등)로서 그 이전비로 보상금을 지급하는 경우라면, 원칙적으로 건축법령 위반을 문제 삼아 이전에 드는 비용의 보상을 거부하거나 절하할 수는 없다고 보는 것이 타당하다. 문제는 무허가건축물의 이전이 현저히 곤란하거나 이전에 드는 비용이 그 가격을 초과하여 무허가건축물의 가격을 보상하는 경우이다. 실무 해설서에서는 불법건축물도 보상의 대상이 된다고 하면서 그 이유로 건축법에 의한 위반건축물에 대한 처분으로서 공사의 중지·철거·사용금지 등을 명할 수 있고, 이에 불응할 때에는 「행정대집행법」에 의한 대집행이 가능함에도 시정조치를 취하지 아니하고 방치하다가 토지 및 건축물이 공익사업에 편입됨을 기화로 보상 없이 철거하게 된다면

재산권의 침해가 되기 때문이라고 하고 있다.[389]

대법원 판례는 비록 무허가건축물이라 하더라도 사업인정고시 이전에 건축된 건물이기만 하면 원칙적으로 손실보상의 대상이 된다고 판시하고 있다.

> 도시계획법에 의한 토지 및 지장물의 수용에 관하여 준용되는 토지수용법 제49조 제1항, 제57조의2, 공공용지의취득및손실보상에관한특례법 제4조 제2항 제3호, 같은법시행령 제2조의10 제4항, 제5항, 제8항, 같은법시행규칙 제10조 제1항, 제2항, 제4항에 의하면, 지장물인 건물의 경우 그 이전비를 보상함이 원칙이나, 이전으로 인하여 종래의 목적대로 이용 또는 사용할 수 없거나 이전이 현저히 곤란한 경우 또는 이전비용이 취득가격을 초과할 때에는 이를 취득가격으로 평가하여야 하는데, 그와 같은 건물의 평가는 그 구조, 이용상태, 면적, 내구연한, 유용성, 이전가능성 및 그 난이도 기타 가격형성상의 제 요인을 종합적으로 고려하여 특별히 거래사례비교법으로 평가하도록 규정한 경우를 제외하고는 원칙적으로 원가법으로 평가하여야 한다고만 규정함으로써 지장물인 건물을 보상대상으로 함에 있어 건축허가의 유무에 따른 구분을 두고 있지 않을 뿐만 아니라, 오히려 같은법시행규칙 제5조의9는 주거용 건물에 관한 보상특례를 규정하면서 그 단서에 주거용인 무허가건물은 그 규정의 특례를 적용하지 아니한 채 같은법시행규칙 제10조에 따른 평가액을 보상액으로 한다고 규정하고, 같은법시행규칙 제10조 제5항은 지장물인 건물이 주거용인 경우에 가족수에 따른 주거비를 추가로 지급하되 무허가건물의 경우에는 그러하지 아니하다고 규정함으로써 무허가건물도 보상의 대상에 포함됨을 전제로 하고 있는바, 이와 같은 관계 법령을 종합하여 보면, 지장물인 건물은 그 건

---

389) 박수혁/김채규/김동천, 앞의 책, 690면 참조.

물이 적법한 건축허가를 받아 건축된 것인지 여부에 관계없이 토지수
용법상의 사업인정의 고시 이전에 건축된 건물이기만 하면 손실보상
의 대상이 됨이 명백하다.[390]

무허가건축물 자체의 보상에 관하여 관심을 기울이지 않고 있는
우리 「토지보상법」의 태도는, 지장물인 건축물에 관하여 이전주의
원칙을 취하고 있는 일본이 불법건축물의 보상(이전비)에 관하여 특
별한 보상 제한의 필요성을 느끼지 않아 별도의 특칙을 두고 있지
않은 것이 상당한 영향을 미쳤을 것이라는 추측을 하게 된다. 그런
데 우리 수용법제는 지장물에 대하여 명목상 이전주의를 원칙으로
채택하고 있기는 하나, 실무상 건축물을 이전하는 경우는 거의 없고
실제로는 지장물인 건축물의 소유권 취득을 원칙으로 제도가 운용
되고 있으므로, 불법건축물의 부지(토지)에 관하여 취하고 있는 강력
한 보상제한 원칙과 균형을 맞추기 위해서라도 무허가건축물 자체
의 보상평가에 관한 별도의 규정을 두는 것이 타당하다고 생각된다.
대법원 판례 중에는 주거용 건축물이 아닌 불법 건축물의 불법의
정도가 관계 법령의 규정이나 사회통념상 용인할 수 없을 정도로 크
고, 객관적으로도 합법화될 가능성이 거의 없어 거래의 객체도 되지
아니하는 경우에는 예외적으로 보상의 대상이 되지 않는다고 본 사
례도 있다.[391] 이 사안은 건축허가 면적을 초과하여 건물을 건축하
여 관할 행정청으로부터 공사중지명령을 받고도 공사를 강행하여
행정대집행의 계고서가 발부되기까지 하였으나 대집행이 미루어져
온 경우이었다.
한편 최근 대법원 판례 중에는 불법건축과 관련한 흥미로운 판시
가 발견된다. 이 판결에서 대법원은 국가배상청구권의 성립요건으

---

390) 대법원 2000. 3. 10. 선고 99두10896 판결.
391) 대법원 2001. 4. 13. 선고 2000두6411 판결.

로서 손해는 현실적으로 발생한 것이어야 하는데, 건축허가절차에 하자가 있어 결과적으로 불법건축물이 되었다 하더라도 사용승인이 반려된 상태가 지속되고 있을 뿐 건축물의 철거명령이 내려지지 않은 상태로서는 건축물의 철거를 전제로 하는 손해가 현실적으로 발생하였다고 볼 수 없다고 판시하였다.

사실심 변론종결 시점에 후행처분이 실제로 이루어질 가능성에 의문이 제기되는 등의 예외적인 상황이 존재하며, 실제로 행정관청에서 장기간 후행처분을 하지 않고 있을 뿐만 아니라 제반 사정에 비추어 볼 때 앞으로도 후행처분이 이루어지지 아니할 가능성을 배제할 수 없는 경우라면, 가까운 장래에 선행처분의 상대방에게 후행처분이 이루어질 개연성을 인정하기 부족하여 후행처분에 의하여 부과될 의무이행을 위한 비용 상당의 손해가 확정적으로 발생하였다고 보기는 어렵다.[392]

위 판시 내용에서 '후행처분'은 건축물의 철거명령을 뜻한다. 이는 불법건축물이라 하더라도 실제로 규제 위반을 이유로 철거가 될 가능성은 높지 않다는 우리의 행정현실 또는 관행을 반영한 판단이라 할 수 있다.[393]

프랑스의 「건축 및 주거 법전」(code de la construction et de l'habitation)은 위험한 건축물 또는 비위생적 건축물에 대한 시정명령으로서 (i) 인접 건축물의 안전 등을 위한 수리 등 시정조치, (ii) 건

---

[392] 대법원 2020. 10. 15. 선고 2017다278446 판결.
[393] 우리나라에서 무허가건축물, 특히 주거용 무허가건축물에 대한 묵인 내지 방관적 행정관행의 성립 배경에 관한 상세는 이수안, 『무허가건축물의 법적 지위에 관한 연구』, 서울대학교 대학원 법학석사학위논문, 2015, 20면 이하 참조.

축물의 전체 또는 일부의 철거, (iii) 거주 금지, (iv) 일시적 또는 영구
적 사용 또는 접근 금지를 명할 수 있음을 규정하고 있다. 이 명령은
이행기간을 정하며 발령하고, 건축물의 위험 또는 비위생 상태를 해
결할 기술적 수단이 없거나 시정에 필요한 비용이 재축보다 더 많은
비용이 드는 경우에 한하여 철거 또는 영구적 사용금지를 명할 수
있다고 규정한다.394) 또한 「공용수용법전」에는 동 법전의 일반 규칙
과는 다르게, 주 관할 당국은 건축물, 시설 및 토지가 「건축 및 주거
법전」에 따라 건축물 또는 주택의 철거나 영구적 사용 금지를 선언
하는 안전 명령 또는 비위생 처리 명령의 대상이 된 것을 발견한 경
우에는 그 수용을 위하여 공익성 선언을 하여야 한다는 규정을 두고
있다.395) 이는 특별수용절차(Procédures spéciales)이다. 이 때 수용 주
체로는 「도시계획법전」 제L.300-4조에 따라 국가가 자본의 대부분을
출자한 건설회사나 지방자체단체 등이 지정된다. 이를 통하여 불법
건축물의 수용 주체로 지정된 수용자는 보상의무를 부담하게 된다.
위 공익성 선언에서는 건축물의 전부 또는 일부와 관련된 시설 및
토지를 양도할 수 있다고 선언하고, 소유자와 상업용 임대인에게 배
분되는 일시불의 보상 금액을 결정한다.396) 이는 우리 「도시정비법」
상 주거환경개선사업과 유사한 형태의 공익사업이라고 할 수 있으
나,397) 프랑스의 공용수용법전은 불법 건축물에 대한 시정명령에 그

---

394) 프랑스 건축 및 주거법전 제L.511-11조.
395) 프랑스 건축 및 주거법전 제L.511-2조.
396) 프랑스 건축 및 주거법전 제L.511-1조.
397) 우리나라는 2017년 개정 「시설물의 안전 및 유지관리에 관한 특별법」에서
   시설물이 공중의 안전한 이용에 미치는 영향이 중대하여 긴급한 조치가 필
   요하면 시장, 군수, 구청장은 시설물의 소유자 등 관리주체에게 사용제한,
   사용금지, 철거, 주민대피 등의 필요한 안전조치를 명할 수 있도록 하고,
   이를 임의이행하지 않을 경우 행정대집행할 수 있도록 하는 근거 규정을
   마련하였다(제23조). 「도시정비법」은 「시설물의 안전 및 유지관리에 관한
   특별법」에 따라 긴급하게 정비사업을 시행할 필요가 있을 때에는 공공주

치지 않고, 그 제거를 위한 수용절차까지 규정하여 공법상 규제를 위반한 불법건축에 대한 강력한 통제를 행하고 있음을 알 수 있다.

우리나라의 무허가건축물 보상 평가에 있어서는 불법 건축물에 대한 느슨한 행정통제 역시 하나의 중요한 고려 사항이 될 수밖에 없다. 현행 보상법제가 건축물 자체의 가격 보상 평가에 있어서 불법성 반영에 관한 규정을 전혀 두고 있지 않은 것은, 수용과 보상이라는 법률관계 이외에도 일반 건축경찰권한 행사에 있어서도 불법건축물이 철저히 통제되지 않고 많은 경우 묵인(duldung)되고 있는 행정현실도 영향을 미쳤으리라고 생각된다.

(3) 보상 평가기준

「토지보상법 시행규칙」 제58조 제1항은 주거용 건축물에 대한 보상가격 산정의 특례로 최저보상기준(600만원)을 정하면서, 그 단서에서 무허가건축물은 적용 대상에서 제외하도록 규정하고 있다. 우리나라에서 현실적으로 주거용 건축물 가격이 600만원 미만인 경우는 없다고 보아도 무방하므로, 최저 보상의 적용 제외에 관한 특칙은 사실상 무의미한 규정이라고 할 수 있다. 그 밖에 현행법령상 보상의 대상이 되는 무허가건축물의 보상 제한에 관하여는 아무런 규정이 없으므로, 적법한 건축물의 보상 평가기준과 동일한 기준에 의하여 평가하는 수밖에 없다.[398]

앞서 지적하였듯이 우리 수용법제는 명목상으로는 지장물 이전

체가 직접 정비사업을 시행할 수 있도록 하는 근거규정을 두고 있다(제26조 제1항 제1호). 이러한 유형의 정비사업에서 기존 거주자의 보상을 위한 특별 규정의 마련 필요성에 관하여는 소성규/전철/윤익준, "위험건축물의 긴급정비사업에 따른 원주민의 조기이주 및 보상의 법정책적 과제", 『부동산법학』 제25집 제1호, 2021. 3. 59면 이하 참조.

398) 한국감정원, 『보상평가(下)』, 2000, 276면 참조.

원칙을 채택하고 있기는 하나, 실제로는 지장물인 건축물 소유권 취득을 원칙으로 제도가 운용되고 있으므로, 불법건축물의 부지에 관하여 취하고 있는 강력한 보상제한 원칙과 균형을 맞추기 위해서라도 무허가건축물 자체의 보상평가에 관하여 별도의 규정을 둘 필요가 있다. 기술적으로도 무허가건축물은 일반적인 건축물과는 달리 유사한 거래사례를 수집하기가 용이하지 않고, 또 유사 거래사례를 수집한다고 하더라도 개별요인 비교가 쉽지 않기 때문에399) 보상법령에서 적정한 평가방법을 별도로 규정할 필요가 있다. 현재로서는 적어도 앞의 대법원 2000두6411 판결 사례와 같이 이미 공법상 건축물에 대한 시정명령이 내려지고 법규 위반의 시정을 위한 구체적인 절차를 개시한 경우에는 보상의 대상에서 제외하도록 하는 규정부터 마련할 필요가 있다고 생각된다.

(4) 합법화 조항과 무관한 무허가건축물 자체의 보상

1989년 1월 24일 당시 이미 존재하고 있던 기존 무허가건축물은 부지 뿐 아니라 무허가'건축물' 자체의 가격 보상 평가에 관하여서도 「토지보상법 시행규칙」 부칙 제5조의 합법화 조항의 적용을 받을 수 있는가? 현행 「토지보상법 시행규칙」 부칙 제5조는 1989년 1월 24일 당시의 무허가건축물에 대하여는 같은 규칙 제24조, 제54조 제1항 단서, 제54조 제2항 단서, 제58조 제1항 단서 및 제58조 제2항 단서의 보상 제한 규정에도 불구하고 보상에 있어 이를 적법한 건축물로 본다고 규정하고 있다.400) 그런데 위 부칙의 합법화조항에서 열거하

---

399) 정광호, 『공익사업을 위한 주거용 무허가건축물 취득에 따른 손실보상규정의 개선방안에 관한 연구』, 동아대학교 석사학위논문, 2012, 58면 이하 참조.

400) 토지보상법 시행규칙 부칙의 기존 무허가건축물 합법화 조항은 제정 당시(2002. 12. 31.)부터 동일한 내용과 체제를 유지하고 있다.

고 있는 시행규칙의 규정들은 무허가건축물의 '부지'(토지)의 보상제한 및 주거이전비 지급의 예외, 최소 보상평가액(600만원) 및 주거용 건축물에 대한 추가 보상규정의 적용 제외를 규정한 것들이고, 무허가건축물의 보상 가격 산정에 있어 그 건축물의 불법성을 반영하여 평가 절하할 수 있도록 하고 있는 근거 규정이 아니다. 현행 토지보상법령은 무허가건축물 자체의 보상 가격 산정에 관하여 그 불법성을 고려하여 보상액을 제한할 수 있도록 하는 규정 자체를 두고 있지 않기 때문에, 다시 그 보상 제한규정의 적용 예외라는 것은 아무런 의미가 없다.

요컨대 현행 보상법령은 1989. 1. 24. 이전의 기존 무허가건축물이든 그 이후의 신생무허가건축물이든 무허가'건축물' 자체의 가격 보상에 관하여는 아무런 제한 규정을 두고 있지 않고, 결과적으로 무허가건축물 그 자체의 보상가격은 적법한 건축물과 완전히 동일하게 평가되도록 하고 있다. 따라서 기존 무허가'건축물'의 가격보상에 관하여는 보상 제한의 예외를 정하는 부칙의 합법화 조항이 적용될 여지가 없다.

3. 각종 생활보상

(1) 무허가건축물과 영업보상

「토지보상법 시행규칙」은 사업인정고시일 등 이전부터 '적법한 장소에서 행한 영업'을 영업보상의 대상으로 규정하면서, 원칙적으로 무허가건축물에서 행하여진 영업은 보상 대상에서 제외하도록 규정하고 있다(제45조).

제45조(영업손실의 보상대상인 영업) 법 제77조제1항에 따라 영업손실을 보상하여야 하는 영업은 다음 각 호 모두에 해당하는 영업으로 한다.

1. 사업인정고시일등 전부터 적법한 장소(무허가건축물등, 불법형질변경토지, 그 밖에 다른 법령에서 물건을 쌓아놓는 행위가 금지되는 장소가 아닌 곳을 말한다)에서 인적·물적시설을 갖추고 계속적으로 행하고 있는 영업. 다만, 무허가건축물등에서 임차인이 영업하는 경우에는 그 임차인이 사업인정고시일등 1년 이전부터 「부가가치세법」 제8조에 따른 사업자등록을 하고 행하고 있는 영업을 말한다.
2. 영업을 행함에 있어서 관계법령에 의한 허가등을 필요로 하는 경우에는 사업인정고시일등 전에 허가등을 받아 그 내용대로 행하고 있는 영업

현행 「토지보상법 시행규칙」은 영업보상의 대상을 '적법한 장소'에서 행하고 있는 적법한 영업으로 규정하고 있다. 이는 무허가건축물 내에서 행하여지는 영업을 영업보상의 대상에서 제외하고자 하는 취지이다.

이 규정에 대하여 살펴보기에 앞서 우선 현행 「토지보상법」상 영업보상은 구 공특법 시행규칙에서 규정한, 협의취득에 협조하는 자들에게 사업시행자가 시혜적으로 또는 임의 취득에 협조하게 할 유인으로서 제공하는 차원의 보상이 아니라, 법령상 정당보상의 내용을 구성하는 정식의 보상항목임에 유의할 필요가 있다. 현행 「토지보상법」은 건축물의 이전 또는 수용으로 인하여 그 무허가건축물 내에서 영위하던 영업을 폐지하거나 휴업함으로써 입게 되는 손실은

수용으로 인하여 통상 발생하는 손실(일본 법령상으로는 '通損'이라고 한다)으로 평가하여 수용취득과 협의취득을 불문하고 사업시행자가 공히 보상하여야 할 항목으로 정하고 있다(토지보상법 제77조 제1항). 따라서 현행 토지보상법령에 규정된 영업보상은 비록 생활보상의 측면을 일부 겸유하고 있기는 하지만, 더 이상 구 공특법 시행규칙의 해석에서와 같이 사업시행자가 그 지급 여부에 관하여 폭넓은 재량을 갖고 시혜적으로 지급하는 보상금원의 성격을 갖는 것이 아니라, 헌법상의 정당보상의 내용을 구체화하는 법령상 보상으로서의 지위를 갖는다.

그런데 토지 및 그 지상 건축물의 수용으로 인하여 건축물 내에서 영위하고 있던 영업을 폐지하게 되거나 휴업하게 됨으로써 입는 손실은 그 건축물이 적법한지 여부와 무관하게 항상 입게 되는 손실로서, 건축물이 적법한가 여부에 따라 그 손실의 범위와 내용이 달라지는 것이 아니다. 특히 건축물의 세입자인 영업자는 그 건축물의 불법성에 관하여 귀책사유가 없기 때문에 그 세입자의 영업에 가하여진 손실보상의 제한을 정당화할 수 있는 사유를 찾기 어렵다. 현행 법령은 사업인정고시일 등 1년 전부터 영위하고 있는 무허가건축물 세입자의 영업은 다시 보상의 대상이 되도록 함으로써 보상제한을 일부 완화하고 있으나, 세입자의 영업보상을 사업인정고시일 1년 이전부터 영위한 것과 그 이후에 개시된 영업으로 나누어 차별취급하여야 할 특별한 근거도 발견하기 어렵다.

나아가 무허가건축물 소유자가 직접 영위하고 있던 영업이라 하더라도, 그 건축물의 불법성으로 인한 보상의 제한은 무허가건축물 그 자체의 가격 및 그 대지인 토지의 가격 보상에서 반영하여야 할 요소이지, 그 건축물 안에서 행하여지는 영업에 끼친 손실의 보상을 제한하여야 할 직접적인 인과성이 존재한다고 보기는 어렵다. 현행 보상법령이 무허가건축물 자체의 가격 보상에 있어서는 그 불법성

을 감안하여 보상을 제한할 수 있도록 하는 규정은 두지 않으면서,
그 건축물 내에서 행하여진 영업의 손실에 대한 보상을 제한하도록
규정하고 있는 것은 규율의 조준점이 빗나가 있거나 내용상 균형이
맞지 않는 제도로 평가될 여지가 상당하다.

일본에서는 법령에 따라 행정기관의 허가 등을 요하는 영업에서
허가 등을 받지 않은 영업(불법영업)이라 하더라도 보상대상에 해당
한다는 취지의 하급심 판결이 보인다.[401] 학설도 대체로 무허가영업
도 무허가물건이나 불법점거물건에 대한 보상의 법리에 따라 원칙
적으로 보상의 대상이 된다고 해석하고 있으며, 예외적으로 사회적
으로 그 존재를 도저히 인정할 수 없는 업태에 대해서는 영업 보상
의 대상이 아니라고 하고 있을 뿐, 영업이 이루어지는 점포가 무허
가건축물 내에 있다고 하여 영업보상을 제한하여야 한다는 논의는
찾아보기 어렵다.[402]

당초 우리나라의 제정 「공공용지의보상평가기준에관한규칙」
(1977. 3. 21. 건설부령 제184호로 제정된 것)에서는 영업손실의 보상
에 있어서 영업의 적법 여부 또는 점포가 무허가건축물 내에 위치하
는지 여부를 문제 삼고 있지 않았다.[403] 「토지보상법 시행규칙」도
2007년의 개정 이전까지는 사업인정고시일 등 전부터 영업을 계속
하고 있었을 것과 영업 자체의 적법성을 영업보상의 요건으로 규정
하고 있었을 뿐 그 영업이 무허가건축물 내에서 이루어졌는지 여부
는 문제삼지 않았다.[404] 당시의 하급심 판례도 일본의 하급심과 유

---

401) 大阪地判 昭和 46. 6. 24. 行集 22-8·9-1244호
402) 小澤道一, 『逐條解說 土地收用法(下)』, 302면 참조.
403) 동 규칙 제24조, 제25조.
404) 「토지보상법 시행규칙」(2007. 3. 19. 건설교통부령 제551호로 개정된 것)
     제45조 (영업손실의 보상대상인 영업) 법 제77조제1항의 규정에 의하여
     영업손실을 보상하여야 하는 영업은 다음 각호의 영업으로 한다.
     1. 사업인정고시일등 전부터 일정한 장소에서 인적·물적시설을 갖추고 계

사하게 「토지보상법 시행규칙」 제45조 제2호에서 영업보상의 요건으로 요구하는 '허가 등'은 영업 자체의 적법성을 구비하기 위해 필요한 허가 등을 의미하는 것이지 그 영업과 직접적인 관련이 없는 영업장소가 적법한 건축물일 것까지 요구하는 것이라고 볼 수 없으므로, 영업을 영위하는 건물이 무허가건물이라는 이유만으로 그 영업을 손실보상의 대상에서 제외할 수는 없다고 판시하였다.[405] 이 판결 선고 이후 2007. 4. 12.에 개정된 「토지보상법 시행규칙」은 제45조 제1호에서 '적법한 장소'에서 행하고 있는 영업만을 영업보상의 대상으로 규정하면서, 무허가건축물 내의 영업을 보상대상에서 제외하는 것으로 규율 태도를 변경하였다.

우리 보상법령도 원래 채택하고 있었던 입장과 같이 건축물의 불법성을 이유로 무허가건축물 내에서 행하여진 영업의 폐지나 휴업으로 인한 손실의 보상을 제한하지 않는 것으로 제도를 개선하는 것이 타당하다. 그리고 부수적인 사항으로서, 현행 「토지보상법 시행규칙」이 '적법한 장소'를 규정한 것은 입법기술상의 편의를 위한 것으로 추측되나, 우리말 법률용어로서는 어색하다. '적법'은 법령의 규율에 들어맞는다는 뜻으로 사람의 어떤 행위, 특히 신청이나 절차가 법규에 어긋나지 않는다는 가치판단을 나타낼 때 사용하는 단어이다. '건축물'은 '건축행위'를 전제로 하는 개념이므로 '적법'이라는 술어와 조응할 수도 있으나, '장소'는 의미상 사람의 행위와는 관련을 갖지 않고 단지 외계의 일정 공간을 점유하는 자리를 뜻하는 단어일 뿐이므로 '적법/위법'이라는 가치판단을 담은 술어와는 잘 어

속적으로 영리를 목적으로 행하고 있는 영업
2. 영업을 행함에 있어서 관계법령에 의한 허가·면허·신고 등(이하 "허가 등"이라 한다)을 필요로 하는 경우에는 허가등을 받아 그 내용대로 행하고 있는 영업
[405] 서울고등법원 2007. 3. 16. 선고 2006누19787 판결(상고취하로 그대로 확정).

울리지 않는다.

(2) 무허가건축물과 주거이전비, 이주대책

현행 「토지보상법 시행규칙」은 무허가건축물의 소유자는 원칙적으로 주거이전비 지급 대상에서도 제외하는 규정을 두고 있다(제54조 제1항 단서). 무허가건축물의 세입자는 보상계획공고일이나 사업인정고시일 이전부터 1년 이상 거주한 경우에 한하여 주거이전비를 보상한다(같은 조 제2항)

주거이전비는 주거용 건축물에서 주거를 영위하던 사람이 수용으로 인하여 주거를 옮기게 됨으로써 발생하는 손실을 전보하는 것이므로 이 역시 통상 발생하는 손실에 해당한다. 비록 생활보상의 성격을 겸유하고 있으나 이는 건축물 수용으로 통상 발생하는 손실로서 항상 보상대상이 된다고 보는 것이 타당하다. 개발사업으로 인하여 주거지를 이전함으로써 발생하는 손해는 인적(人的)인 것이고, 해당 건축물의 불법성 여부 및 그 건축물의 시장가격과는 무관한 요소이다. 우리 보상법제가 주거이전비를 법령이 보장하는 보상내용으로 규정하고 있는 이상 무허가건축물의 소유자나 세입자에 대한 주거이전비 지급을 차별취급할 이유는 없다고 생각된다.

이주대책의 대상에서 무허가건축물 소유자는 원칙적으로 제외하고 있는 것(토지보상법 시행령 제40조 제5항 제1호)도 위와 마찬가지 이유로 타당하지 않다고 생각된다.

4. 무허가건축물 보상에 관한 현행 보상법제의 평가

이상에서 살펴 본 현행 토지보상법제의 무허가건축물에 관한 보상 규율 체계를 평가하여 보면 다음과 같다.

첫째, 현행 「토지보상법 시행규칙」은 무허가건축물의 '부지'가 되는 토지 보상에 관하여서는 원칙적으로 강력한 보상 제한 원칙을 채택하여 무허가건축물이 존재하지 않는 것으로 의제하고 건축용도가 아닌 건축 이전의 용도대로 토지의 가치를 평가하도록 하고 있다. 그러나 정작 그 규정의 적용에 있어서 보상 대상인 부지의 범위를 확정할 수 없는 제도적 결함이 있다.

그리고 보상 제한의 예외로서 일정 시점 이전에 건축된 기존 무허가건축물의 부지에 대한 합법화 조항(토지보상법 시행규칙 부칙 제5조)을 두어 적법한 건축물의 대지로 보상 평가하도록 하고 있다. 우리나라의 역사적·사회적 현실을 고려하여 일정 시점 이전부터 존재하던 무허가건축물 부지에 대하여 규범주의의 예외를 인정하여 그 건축물의 존속보장을 인정한 것은 타당하지만, 그 부지인 토지를 적법한 건축물의 부지인 대지로 의제하여 평가하는 과도한 보상을 인정하여 형평에 어긋나는 결과를 초래하고 있는 것은 문제이다.

둘째, 현행 보상법령은 무허가'건축물' 그 자체의 보상에 관하여는 아무런 규정을 두지 않고 있다. 따라서 무허가건축물의 보상가격은 적법한 건축물과 동일하게 평가된다. 이러한 태도는 지장물인 건축물에 관하여 이전주의 원칙을 취하고 있는 일본 「토지수용법」이 불법건축물의 보상에 관하여 특별한 보상 제한의 필요성을 느끼지 않아 별도의 조문을 두고 있지 않은 영향에 더하여, 불법건축에 대한 규제가 느슨한 행정현실을 의식한 결과로 추측된다. 무허가건축물 자체의 보상기준을 따로 규정하지 않는 현행법의 입법태도는 지장물인 건축물을 원칙적으로 사업구역 밖으로 이전하는 것으로 규범과 실무가 동일하게 운용되고 있는 일본에서는 타당하다고 할 수 있다.[406] 우리 수용법제는 명목상으로 지장물 이전주의를 원칙으로

---

406) 물론 일본에 목조주택이 많다고 하더라도 1900년대와 달리 오늘날은 콘크리트·철근 콘크리트 건축물 등의 증가로 '이전'이라는 원래의 의미, 즉 ①

채택하고 있기는 하나, 실제 건축물을 이전비로 보상하는 경우는 없고 지장물인 건축물 가격 보상과 취득을 전제로 제도가 운용되고 있으므로, 무허가건축물 자체의 보상평가에 관한 별도의 규정을 둘 필요가 있다고 생각된다.

셋째, 영업보상, 주거이전비나 이주대책의 특례 등 각종 생활보상 규정이나 보상 특례에서 무허가건축물은 원칙적으로 보상 대상에서 배제하도록 하고, 예외적으로 일정 기간 이상 거주나 영업을 계속해 온 경우는 다시 보상대상에 포함시키고 있다. 이는 공법 규범체계의 일관성과 실효성 확보를 위하여 규범적 측면을 강조하는 원칙적 입장으로 평가하기 어렵고, 다른 한편 보상 기준을 형성하는 시장가치에 이미 반영된 규범적 요소의 가격형성요인을 측정하는 태도라고 보기도 어려우며, 어떠한 입법원칙을 정하고 그 예외를 인정하는 규율 방식이라기보다는 당대의 사회적·정책적 고려 내지 필요에 따라 보상대상에서 제외시키기도 하고 다시 일부 포함시키기도 하는 규율태도에 가까운 것으로 보인다. 특히 무허가건축물의 세입자에 대하여는 원칙적으로 생활보상의 대상으로부터 제외하였다가 땜질식

물건의 (사업구역 토지에서의) 해체, ② (사업구역 바깥으로의) 운반, ③ (사업구역 밖 토지에서의) 재현이라는 방식을 그대로 취하는 지장물 이전은 제한적일 수밖에 없다. 일본의 보상실무는 '이전'의 본래적 의미를 넘어 개조, 철거, 개축 등 다양한 工法을 '이전'으로 관념하여, 사실상 동등한 건축물을 새로 짓는데 필요한 비용을 이전비 산정에 포함하고 있다. 물론 그 비용이 건축물 가격을 상회하는 경우에는 사업시행자가 수용을 청구할 수 있다. 일본에서는 '이전'은 이제 '물리적 이전'에서 '기능회복이전'을 포함하는 것으로 해석하게 되었다고 하면서(이른바 機能回復移轉設), 아예 新築이 기능회복의 방법으로서 가장 합리적인 공법이라는 점을 인정하여 이축 공법을 대체하는 원칙적인 공법이 되었음을 시인하여야 한다는 주장도 유력하게 제기되고 있다. 이처럼 일본은 '이전'의 개념을 넓게 잡음으로써, 실무상 보상법의 규범 원칙인 이전주의(이전비보상) 원칙을 유지하고 있다. 小澤道一, 『逐條解說 土地收用法(下)』, 188-195면 참조.

으로 보상을 점진적으로 추가하는 방식의 입법을 반복하여 왔다고 할 수 있다. 그러나 영업보상, 주거이전비나 이주대책은 건축물의 불법성과는 직접적 관련성이 없는 인적 손실에 대한 보상의 성격이 강하므로, 무허가건축물의 세입자나 소유자라고 하여 원칙적으로 보상대상에서 제외하는 것은 타당하지 않다고 생각된다. 더욱이 현행 법령이 건축물 자체의 가격보상 평가에 있어 건축물의 불법성을 반영할 수 있는 규정을 전혀 두고 있지 않는 것과 균형이 맞지 않는다고 여겨진다. 건축물의 불법성은 점유자의 생활보상을 제한하는 방식으로 보상에 반영할 것이 아니라 건축물 그 자체의 보상 가격 산정에서 고려할 수 있도록 제도를 개선하는 것이 바람직하다.

넷째, 무허가건축물의 보상 원칙 및 그 적용 범위는 기본권 실현에 있어 중요한 내용임에도(헌법 제37조 제2항 참조) 현행법제상 이들에 관한 규율은 전적으로 국토교통부령인 「토지보상법 시행규칙」에 의하여 규정되고 있다. 의회에 의한 사회적 합의 형성 절차를 생략한 채 부령으로 개폐될 수 있도록 하는 것도 법률유보의 원칙상 문제가 있다고 생각된다. 적어도 무허가건축물의 부지 및 건축물 자체의 보상기준, 생활보상 항목별로 보상 여부에 관한 규율과 부칙의 기존무허가건축물 합법화에 관한 규율 원칙은 법률로써 상향 입법될 필요가 있다고 생각된다.

Ⅲ. 무허가건축물과 재개발사업의 조합원 지위

1. 재개발사업의 조합원 지위

(1) 개념

일반적인 공익사업과 달리 도시정비사업인 재개발사업에서는 무허가건축물 소유자에게 조합원 지위를 부여할 것인가라는 보상의 특수문제가 추가로 제기된다. 재개발사업이란 정비기반시설이 열악하고 노후·불량건축물이 밀집한 지역에서 주거환경을 개선하거나 상업지역·공업지역 등에서 도시기능의 회복 및 상권활성화 등을 위하여 도시환경을 개선하기 위한 정비사업이다(도시정비법 제2조 제2호 나목). 재개발사업은 주택재건축사업과 함께 「도시정비법」에 따른 대표적인 정비사업 중 하나로, 주로 낙후한 단독주택지 등을 사업구역으로 하여 새롭게 공동주택(아파트)을 조성한 후 이를 조합원에게 배분하는 방식으로 시행된다.

재개발사업의 사업시행자는 토지등소유자로 구성된 정비사업조합(재개발 사업 조합)이 되는 것이 원칙이다(동법 제25조). 이를 조합시행의 원칙이라고 한다.[407] 재개발사업 조합을 구성하는 조합원들은 사업구역 내 '토지등소유자'들이다. 「도시정비법」은 구역 내 토지 '또는' 건축물 소유자를 모두 재개발사업의 '토지등소유자'로 인정하고 있다(제2조 제9호 가목).

---

407) 김종보, 앞의 책, 446면 참조.

제2조(정의) 이 법에서 사용하는 용어의 뜻은 다음과 같다.

9. "토지등소유자"란 다음 각 목의 어느 하나에 해당하는 자를 말한
다. 다만, 제27조제1항에 따라 「자본시장과 금융투자업에 관한 법
률」 제8조제7항에 따른 신탁업자(이하 "신탁업자"라 한다)가 사업
시행자로 지정된 경우 토지등소유자가 정비사업을 목적으로 신탁
업자에게 신탁한 토지 또는 건축물에 대하여는 위탁자를 토지등
소유자로 본다.

　가. 주거환경개선사업 및 재개발사업의 경우에는 정비구역에 위
　　치한 토지 또는 건축물의 소유자 또는 그 지상권자

여기에서 재개발사업 구역에 편입된 무허가건축물 소유자의 지
위에 관한 중요한 해석상의 논점이 발생한다. 만약 재개발사업 구역
내에 존재하는 무허가건축물 소유자도 '건축물의 소유자'로 보아 재
개발사업조합의 조합원 지위를 인정하면 사업시행의 결과 조성될
공동주택을 분양 신청할 수 있는 가능성이 생긴다. 이에 따르면 무
허가건축물 소유자에게 재개발사업의 개발사업 이익을 향유할 수
있는 가능성을 부여하는 결과가 된다. 반면 무허가건축물은 적법한
건축물이 아니라는 이유로 '건축물의 소유자'가 아니라고 보고 조합
원 지위를 인정하지 않으면 그 건축물은 단지 수용의 대상이 될 뿐
이다(도시정비법 제63조 참조).

그런데 재개발사업에서 무허가건축물의 소유자에 대하여 조합원
지위 또는 공동주택 분양신청권을 부정한다고 하여 그에 대한 보상
자체를 부정하는 것은 아니라는 점에 유의하여야 한다. 조합원 지위
나 공동주택 분양신청권을 인정하지 않으면 무허가건축물은 재개발
사업시행을 위한 수용대상이 되므로, 「토지보상법」의 일반원칙에 따

른 건축물 수용과 보상의 규정에 따라 보상을 받게 된다(도시정비법 제65조). 만약 무허가건축물 소유자에게 조합원 지위를 인정하면 건축물 자체의 가격 보상에 추가하여, 재개발사업의 개발이익에까지 참여할 수 있는 가능성을 부여하는 실질이 있다.

(2) 조합원 자격으로서 '토지등소유자'

재개발사업 구역 내의 토지등소유자는 조합설립에 동의하지 않더라도 조합원이 된다(도시정비법 제39조 제1항). 이를 주택재건축사업에서 사업에 동의한 토지등소유자만 조합원이 되는 것(같은 항 괄호 안, 임의가입제)과 대비하여 강제가입제라고 한다.[408]

조합원 자격으로서 '토지등소유자'의 개념은 재건축사업과 재개발사업에서 서로 다른 의미로 사용된다. 통상 낙후된 공동주택(아파트)을 헐고 새로운 공동주택을 짓는 유형의 정비사업인 재건축사업에서 '토지등소유자'는 건축물 '및' 그 부속토지의 소유자이다(동법 제2조 제9호 나목). 반면 재개발사업에서의 토지등소유자는 토지 '또는' 건축물 중 어느 하나만 소유한 소유자도 '토지등소유자'로 본다(동법 제2조 제9호 가목).

조합원은 재개발사업의 주체인 조합의 구성원으로서 조합의 의사형성에 참여하는 공법적 지위(가령 조합총회에 참석하여 의결권을 행사할 권리)와 함께, 정비사업의 비용을 분담하고 조합에 토지등의 소유권을 이전하여야 할 공법상의 의무도 부담하게 된다. 조합원 지위의 가장 큰 실익은 재개발사업 시행의 결과 조성하게 될 새로운 공동주택(아파트)에 관하여 조합원으로서 분양을 신청할 권리가 인정된다는 점이다. 재개발사업의 사업시행자는 관리처분계획의 수립에 있어서 새롭게 조성되는 공동주택을 정비구역의 토지등소유자에

---

408) 김종보, 앞의 책, 492면 참조.

게 분양하여야 한다(도시정비법 제79조 제2항, 동법 시행령 제63조 제1항 제3호 본문). 조합원에게 분양하고 남는 공동주택은 일종의 체비지(替費地)로서 일반 분양될 수 있다. 다만, 조합원에 대한 공동주택 분양에 있어서 시·도조례로 정하는 금액·규모·취득 시기 또는 유형에 대한 기준에 부합하지 아니하는 토지등소유자는 시·도조례로 정하는 바에 따라 분양대상에서 제외할 수 있다(도시정비법 시행령 제63조 제1항 제3호 단서).

「도시정비법 시행령」의 위임에 따른 서울특별시의 조례상 실제로 주택재개발사업으로 새롭게 건립되는 공동주택의 분양대상자는 ① 사업구역 내 '건축물 소유자' 중에서는 관리처분계획 기준일[409] 현재 건축물 중 '주택'을 소유한 사람이고(「서울특별시 도시 및 주거환경정비 조례」 제36조 제1항 제1호), (ii) '토지소유자' 중에서는 사업구역 내에 총면적 90제곱미터 이상의 토지를 소유하고 있는 사람이다(같은 조례 제36조 제1항 제2호).

(3) 부지(토지)보상과는 무관한 조합원 지위

재개발사업에서 무허가건축물 소유자에게 조합원 지위를 부여할 것인지 여부의 문제는 그 무허가건축물의 부지인 '토지'에 대한 처우 또는 보상과는 무관하다. 현행 「도시정비법」상 구역 내 '토지소유자' 이기만 하면 그 토지상에 건축된 건축물이 적법한지 여부와 무관하게 조합원 지위를 부여하도록 하고 있기 때문이다(도시정비법 제2조 제9호 가목). 물론 그 토지의 종전자산의 가액 평가와 관련해서는 지상 건축물의 적법 여부를 따지는 것이 의미가 있을 수 있으나, 이는 조합원 지위 자체를 인정할지 여부의 문제와는 무관하다. 그러므로 무허가건축물 소유자의 재개발사업 조합원 지위 인정 여부는 부지

---

409) 「도시정비법」 제72조 제1항에 따른 분양 신청기간이 만료되는 날을 뜻한다.

인 토지와는 무관하게 오로지 무허가'건축물' 자체의 처우 또는 보상
에 관련되어서만 문제된다. 가령 국·공유지에 무단으로 건축한 무허
가건축물 소유자와 같이, 토지소유자가 아니면서 무허가건축물을
소유한 건축물 소유자가 무허가건축물 소유자에 대하여 조합원 지
위를 인정할지 여부의 논점에서 문제되는 경우이다.

2. 무허가건축물 소유자와 조합원 지위

(1) 조합원 지위를 부정하는 대법원 판례의 해석

재개발 사업구역 내에 존재하는 무허가건축물 소유자도 '토지등
소유자'로 보아 재개발사업조합의 조합원 지위를 인정할 수 있는지
여부에 관하여, 대법원 판례는 다음과 같이 원칙적으로 조합원 지위
를 인정할 수 없다는 입장을 판시한 바 있다.

구 도시재개발법(1995. 12. 29. 법률 제5116호로 전문 개정되기 전의
것) 제2조 제4호, 제20조는 재개발조합이 시행하는 재개발구역 안의 토
지 또는 건축물의 소유자와 지상권자는 당해 조합의 조합원이 된다고
규정하고 있는바, 무허가건축물은 원칙적으로 관계 법령에 의하여 철
거되어야 할 것인데 그 소유자에게 조합원 자격을 부여하여 결과적으
로 재개발사업의 시행으로 인한 이익을 향유하게 하는 것은 위법행위
를 한 자가 이익을 받는 결과가 되어 허용될 수 없는 점, 재개발사업
의 원활한 시행을 위하여는 재개발구역 내의 무분별한 무허가주택의
난립을 규제할 현실적 필요성이 적지 않은 점 등에 비추어 볼 때, 같
은 법 제2조 제4호, 제20조에 의하여 소유자에게 조합원의 자격이 부
여되는 건축물이라 함은 원칙적으로 적법한 건축물을 의미하고 무허
가건축물은 이에 포함되지 않는다고 보아야 할 것이고, 다만 조합은

각자의 사정 내지는 필요에 따라 일정한 범위 내의 무허가건축물 소
유자에게 조합원의 자격을 부여하도록 정관으로 정할 수 있다.[410]

무허가건축물 소유자의 재개발 조합원 지위를 부정하는 판례의
입장은 이후로도 반복되고 있다.[411] 판례가 제시하고 있는 논거는 (i)
무허가건축물은 원칙적으로 관계 법령에 의하여 철거되어야 할 것
이므로 재개발사업의 개발 이익을 향유하게 할 자격이 없고, (ii) 재
개발사업을 원활하게 시행하기 위하여서는 구역 내 무분별한 무허
가주택의 난립을 규제할 현실적 필요가 있다는 두 가지이다.

우선 판례가 제시하고 있는 첫 번째 논거는 무허가건축물의 보상
에 있어서 공법 질서 전체의 일관성과 통일성을 강조하여 보상을 제
한하는 입장과 유사한 논리라고 할 수 있다. 그러나 판례가 무허가
건축물이 재개발사업의 목적상 수용될 경우 그 보상 자체를 부인하
는 것은 아니고 단지 향후 건립될 공동주택을 분양받을 수 있는 권
리, 즉 개발이익의 향유와 연결되어 있는 조합원 지위를 인정하는
않는 취지임에 유의하여야 한다. 두 번째 이유는 법리적 이유보다는
현실적인 규제 필요와 관련이 있다. 즉 무허가건축물에 대하여 조합
원 지위를 인정하면 재개발 사업계획이 알려진 이후 사업구역 내에
서 개발이익을 기대한 무허가건축물의 양산을 막을 방법이 마땅치
않다는 현실적인 문제의식이다.

현행 「도시정비법」은 법률의 문언상 재개발사업의 조합원 지위를
보유하게 되는 토지등소유자로서 사업구역 내 "건축물의 소유자"를
규정하였을 뿐, "적법한 건축물의 소유자"로 제한하지 않고 있다. 따
라서 재개발사업의 조합원 지위를 '적법한 건축물 소유자'로 제한하

---

410) 대법원 1999. 7. 27. 선고 97누4975 판결.
411) 대법원 2009. 9. 24.자 2009마168,169 결정; 대법원 2012. 12. 13. 선고 2011
두21218 판결 등.

고 있는 대법원 판례의 입장은 그 판단의 이유가 된 현실적 고심에
는 공감하더라도 해석론으로서는 다소 무리라고 생각된다. 그리고
강제가입주의를 채택하면서 재개발 사업조합의 조합원 자격을 법정
하고 있는 현행 「도시정비법」의 체계상 조합이 정관을 통하여 다시
무허가건축물 소유자에게 조합원 지위를 부여할 수 있다는 예외를
인정하는 논리도 어색하다.[412] 현행법의 해석상 무허가건축물 소유
자라 하더라도 사업구역 내 '건축물 소유자'로서 조합원 지위 자체를
부정하기는 어려울 것으로 생각된다.

(2) 분양대상자에 해당하지 않는 무허가건축물 소유자

재개발 조합의 조합원 지위가 조합원의 공동주택 분양신청권과
긴밀하게 연동되기는 하지만 양자가 반드시 동의어는 아니다. 사업
시행자는 정비사업의 시행으로 건설된 공동주택을 인가받은 관리처
분계획에 따라 토지등소유자에게 공급하여야 한다(도시정비법 제79
조 제2항). 따라서 현행 「도시정비법」상 재개발사업으로 신축되는 공
동주택의 분양대상자는 토지등소유자 중에서 관리처분계획을 통하
여 정하여진다(동법 제74조 제1항). 관리처분계획의 수립에 있어 정
비사업으로 조성된 공동주택을 분양하는 경우 시·도조례로 정하는
금액·규모·취득 시기 또는 유형에 대한 기준에 부합하지 아니하는
토지등소유자는 시·도조례로 정하는 바에 따라 분양대상에서 제외
할 수 있다(도시정비법 시행령 제63조 제1항 제3호 단서). 「도시정비
법 시행령」의 위임에 따라 현행 서울특별시 조례는 '종전의 건축물
중 주택(주거용으로 사용하고 있는 특정무허가건축물 중 조합의 정
관등에서 정한 건축물을 포함한다)을 소유한 자'를 분양대상에 포함

---

412) 강신은, 『관리처분계획방식 정비사업에 관한 법적 연구 – 주택재개발·재
    건축사업을 중심으로-』, 중앙대학교 대학원 법학박사학위논문, 2012, 141
    면 참조.

시키도록 하고 있다. 여기에서 '특정무허가건축물'이란 "1989년 1월 24일 당시의 무허가건축물등"을 의미한다(동 조례 제2조 제1호).

따라서 현행 법령상 적어도 서울특별시 내에서 시행되는 재개발 사업에서는 「토지보상법 시행규칙」 부칙의 규정 내용과 마찬가지로, 1989. 1. 24. 당시 이미 존재하고 있던 무허가건축물(주택) 소유자는 재개발사업의 조합원 지위가 인정되는 동시에 공동주택의 분양대상 으로도 인정되고 있다. 반면 1989. 1. 24. 이후에 건축된 무허가건축 물은[413] 재개발사업의 조합원 지위가 인정된다고 해석하더라도 결 국은 관리처분계획상 공동주택의 분양대상에서 제외된다.

결론적으로 현행 「도시정비법」의 문언상으로는 사업구역 내 무허 가건축물 소유자에 대해서도 조합원 지위 그 자체를 부정하기는 어 렵다고 생각된다. 그러나 도시정비법령의 위임을 받은 지자체의 조 례에 따라 관리처분계획의 수립에 있어서 1989. 1. 24. 이후에 건축 된 무허가건축물 소유자는 공동주택 분양대상에서 제외하도록 하고 있으며, 이 점에서 논의의 실익은 크지 않다고 말할 수 있다. 다만, 입법론으로 「토지보상법 시행규칙」의 보상 합법화 조항과 균형을 맞 추어, 1989. 1. 24. 당시부터 존재하고 있는 무허가건축물에 대하여는 조합원 지위를 인정하고 그 이후에 건축된 무허가건축물의 소유자 에 대하여는 조합원 지위를 인정하지 않는 명문의 규정을 「도시정비 법」에 둘 필요가 있다고 생각된다.

3. 재개발 조합원 지위 규율에 관한 현행 법령의 평가

현행 「도시정비법」이 무허가건축물 소유자에 대하여 재개발 사업 의 조합원 지위를 부여할 것인지 여부에 관한 명문의 규정을 두지

---

[413] 서울특별시 조례에서는 이를 '신발생무허가건축물'이라고 한다. 「서울특 별시 도시 및 주거환경정비 조례」 제2조 제2호.

않는 (무관심한) 규율 태도를 갖고 있는 것은, 「토지보상법 시행규칙」
의 무허가건축물 보상 규범의 규율 태도와 흥미로운 일관성을 보인다.

앞서 살펴본 바와 같이 현행 토지보상법령은 무허가건축물의 부
지 보상에 대하여는 원칙적으로 강력한 보상 제한 규정을 두고, 그
예외로서 1989년 이전에 건축된 기존 무허가건축물의 부지 보상에
관하여는 다시 현황 평가를 하도록 합법화 조항을 두는 등 상세한
규율을 하고 있다. 그러나 무허가건축물 그 자체의 보상에 대하여는
보상 제한에 관한 아무런 규정을 두지 않고 있다. 이에 따라 결과적
으로 무허가건축물 그 자체의 보상은 적법한 건축물과 동일하게 산
정된다. 규범상 그 보상의 내용은 건축물의 이전비를 보상하는 것을
원칙으로 하고, 가격보상은 예외적으로 지급된다. 그러나 이는 명목
상 규율일 뿐이고, 실제로 우리나라 사회통념상 건축물은 이전불능
이므로 지장물인 무허가건축물에 대하여는 가격보상을 지급하게 된
다. 이는 일본에서 보상실무와 규범이 다 같이 지장물인 건축물은
사업구역 밖으로의 이전 및 재축을 원칙으로 운용되는 것과는 전혀
다른 형태이다. 그럼에도 우리 토지보상법제는 일본에서 건축물에
대하여 가격이 아니라 이전비를 보상으로 지급하면서 그 건축물의
위법 여부를 보상에 반영할 특례를 두어야 할 특별한 필요를 느끼지
않아 보상제한에 관한 규범을 두고 있지 않은 것과 동일한 규율 태
도를 갖고 있다.

우리나라의 현행 토지보상법령은 지장물인 건축물의 처리에 관
한 규범의 명목과 실질의 괴리, 즉 지장물인 건축물의 이전 원칙이
라는 '착시' 때문에, 실제로 무허가건축물의 가격 보상 제한에 관한
근거로서 보상 기준 특례를 규율할 필요성이 있음에도 이를 명확하
게 인식하지 못하여 규범공백을 초래하고 있다고 할 수 있다. 결과
적으로 무허가건축물은 그것이 적법하게 건축된 것이 아니라 하더
라도 건축물 가격에 있어서 적법한 건축물과 동일하게 보상평가되

고 있으며, 오히려 건축물 그 자체의 적법성과 직접적 관련성이 적은 인적 손실에 대한 생활보상은 광범위하게 제한하고 있는 불균형한 형태의 규율방식을 가지고 있다.

한편 재개발 사업에서 무허가건축물 소유자의 조합원 지위 인정 여부는 건축물의 '부지'인 토지에 대한 보상과는 무관하고, 그 '건축물' 자체의 소유자에게 재개발사업으로 발생하는 개발이익을 향유할 가능성을 부여할 것인지의 문제이다. 우리 「도시정비법」은 여기에서도 토지보상법령과 마찬가지로 건축물의 적법 여부에 별다른 관심을 기울이지 않고 단지 '건축물 소유자'이면 조합원 지위를 보유하는 것으로 규정하고 있다.

이 역시 재개발 사업시행에 지장이 되는 구역 내 건축물은 원칙적으로 사업구역 밖으로 이전할 수 있다는 잘못된 전제 또는 착시에 근거한 규율이라고 추측할 수 있다. 재개발사업구역이 지정되면 지장물인 건축물 소유자가 이전비를 받고 구역 밖으로 쉽게 이주될 수 있다는 착시이다. 사실상 전원동의의 방식으로 시행되는 일본의 제1종 재개발사업이나 관리처분방식을 전제로 하는 제2종 재개발사업에서라면 지장물인 건축물은 이러한 방식(해체 후 사업구역 외 재축)으로 처리될 수 있다.[414] 그러나 우리나라에서 대부분의 무허가건축물은 일본의 표준적인 주택양식인 목조 주택 등과 같이[415] 그 건축

---

414) 藤田邦昭, 이동근 譯, 『日本 都市再開發의 實際』, 명보문화사, 1989, 145면 참조.

415) 일본의 주택을 건축구조별로 분류하여 보면 목조는 1987년에 81.7%이었던 것이 2008년에는 약 58.9%의 비중을 나타내고 있어 주택에서 점진적인 비목조화가 진행되고 있음을 알 수 있다. 그럼에도 여전히 단독주택은 92.6%가 목조, 공동주택은 13.3%가 목조주택의 형태를 가지고 있어 주류적인 비중을 차지한다. 서동천, "일본 목조주택의 현재: 우리 한옥의 미래를 위한 교훈", 『건축』 제60권 8호, 대한건축학회, 2016. 7, 34-35면 참조. 1987년까지 신규로 지어진 주택은 재래목조구조가 70%대를 유지하였으나 (1983년 73.7%, 1987년 73.8%), 1988년부터는 60%대의 비중을 보이고 있다

물이 사업구역 밖으로 이전, 재현될 수 있는 형태가 아니고, 일반적인 규범인식도 건축물을 해체한 후 사업구역 밖에서 옮겨 짓는다는 관념에 친숙하지 않다. 이들 건축물의 소유자는 대부분 사업구역 밖으로의 자발적인 건축물 이전 의사가 없으며 재개발사업의 조합원 지위를 요구한다. 그 주장의 실질은 무허가건축물의 건축물의 가격 보상 뿐 아니라 재개발사업의 사업이익 향유에도 참여하게 하여 달라는 요구이다.

그러므로 재개발 사업의 조합원 자격으로서 '건축물 소유자'의 범위를 정하는 현행 「도시정비법」의 규정은 입법개선이 필요하다고 생각된다. 적어도 토지보상법령과 보조를 맞추어 1989. 1. 24. 이후에 건축된 무허가건축물 소유자는 재개발 조합원 지위에서 배제하는 규정을 법률에 명확하게 신설할 필요가 있다고 판단된다.

현행 「도시정비법」의 문언상 현재의 대법원 판례와 같이 무허가 건축물 소유자의 조합원 지위 자체를 부정하는 방식은 그 판단의 이유에는 공감하더라도 해석론으로서는 다소 무리가 아닐까 생각된다. 무허가건축물의 조합원 지위에 관한 규범의 미비를 해석으로 해결하면 입법의 미비를 시정할 계기가 부각되지 않는다는 점도 고려할 필요가 있다.

물론 현행법상으로도 「도시정비법 시행령」의 위임과 그 위임에 따른 지방자치단체(서울특별시)의 조례에 따라 1989. 1. 24. 이후에 건축된 무허가건축물의 소유자는 공동주택의 조합원 분양의 대상으로 삼지는 못한다. 이는 「도시정비법」의 입법 공백을 하위 규범과 지방자치단체의 조례로 불완전한 형태로나마 메우고 있는 것이라고 할 수 있다.

무허가건축물 소유자에게 조합원 지위를 인정하게 되면 비록 공

(1988년 69.7%, 1994년 64.6%). 정재하, "일본의 건설산업 동향", 『건설경제』, 국토연구원, 1996. 6, 74-76면 참조.

동주택의 조합원 분양대상에서 제외한다고 하더라도 조합설립의 동
의(도시정비법 제35조 제2항, 제36조), 주민대표회의의 구성 동의(동
법 제47조 제3항), 사업시행계획인가의 동의(동법 제50조 제6항, 제7
항), 분양계획의 통지(동법 제72조 제1항), 관리처분계획의 공람 및
의견청취(동법 제78조 제1항) 등 다양한 공법적 절차에 참여할 수 있
는 지위를 인정하여야 한다.416) 이는 불완전한 현행법의 해석으로서
는 불가피하다.

---

416) 법원행정처, 『재개발·재건축재판실무편람』, 2006, 33면 참조.

제5장

건축물의 인도 및 이전

제1절 건축물의 인도의무 및 이전의무

Ⅰ. 건축물의 점유이전의무

1. 헌법상 수용의 원칙과 수용재결의 역할

「토지보상법」은 헌법상 수용의 기능을 실현할 임무를 부여받은 대표적인 공법이다. 헌법상 수용의 첫 번째 원칙은 공공필요의 통제이다. 두 번째는 정당한 보상 원칙이다. 그리고 수용 제도는 제도의 본질상 공익사업시행자의 재산 취득을 적법한 절차 내에서 확보하는 기능을 발휘하여야 한다.417)

「토지보상법」이 강제적 수용 절차에서 종국단계의 처분으로 예정하고 있는 수용재결은 사업시행자의 수용 목적물 취득을 위한 조치를 명하고 법령이 보장하는 정당한 보상금을 확정짓는 역할을 수행한다. 이 때 수용재결이 발휘하여야 할 것으로 요구되는 기능은 최우선적으로는 헌법이 수용에 있어서 요구하고 있는 두 번째 원칙, 즉 "정당 보상 없이는 수용 없다"는 원칙을 집행하고 관철하는 기능이다. 헌법의 정당보상 원칙은 수용재결을 통하여 법령을 통하여 구체화된 헌법상의 정당한 보상을 구성하는 보상 항목들이 보상 권리자에게 빠짐없이 지급될 수 있도록 보장하고, 또한 그것이 정당한 시기에 보상권리자에게 지급되도록 보장할 것을 요구한다.

수용은 특정한 공익 목적으로 사인 소유의 재산을 행정주체나 공익사업의 사업주체가 강제적으로 취득하게 하는 제도이다. 수용재

---

417) 제2장 제1절 Ⅱ, Ⅲ. 참조.

결을 통하여 구현되어야 하는 수용 제도의 본질적 기능은 법정 절차 내에서 사업시행자의 재산 취득을 확보하여 주는 것에 있다. 전통적으로 수용은 시장 원리에 맡겨둘 경우 필요한 수준만큼 공급되지 않는 기반시설 등 공익성을 갖는 시설을 행정주체가 공급할 수 있도록 하는 제도적 수단이다. 만약 사업인정과 같이 법률이 정하는 공익성 결정을 거친 공익사업에 관하여, 사업구역 내 토지등 사업시행에 필요불가결한 재산을 취득할 수 있도록 제도적으로 확보하여 주는데 실패한다면 법률이 수용제도를 규정하고 있는 취지가 몰각된다. 이런 측면에서 행정주체나 사업시행자가 수용절차를 통하여 토지등 재산을 취득할 수 있도록 정당한 절차의 테두리 안에서 보장하는 것도 제도설계와 운용에서 고려하여야 할 중요한 원칙이다.

공익사업에 필요한 ① 토지의 인도의무, ② 그 토지상의 지장물이전의무 또는 철거를 위한 지장물인도의무 중 어느 하나가 불이행되고 그 이행이 확보되지 못하는 경우 결국 그 공익사업은 시행될 수 없다. 이는 해당 사업의 공익성을 인정한 사업인정의 제도적 취지와 맞지 않는다. 만약 토지 또는 지장물의 점유자가 인도 또는 이전의무를 이행하지 않고 그 이행강제도 제도적으로 불가능한 경우 사업시행자는 위법한 사실상의 해결방법을 시도할 유인에 노출된다. 따라서 사업시행자가 수용재결절차를 통하여 취득한 토지 및 그 지상 지장물의 점유를 확보할 수 있도록 제도적 공백 또는 집행부전(執行不全)이 없이 정당한 절차의 테두리 안에서 이행되도록 하는 것은 「토지보상법」에 부여된 중요한 기능 중 하나이다.

그러므로 수용재결은 정당한 보상금의 지급을 전제로, 피수용자와 관계인이 수용 목적물의 지배를 사업시행자에게 넘기도록 명하고, 만약 보상금이 지급되었음에도 이것이 이행되지 않는 경우에는 구체적으로 그 이행을 강제할 수 있는 수단과 힘을 확보하는 기능을 발휘하여야 한다.

2. 수용재결에 따른 점유이전의무의 개관

(1) 토지보상법의 규정

현행 「토지보상법」은 수용재결에 따른 수용목적물의 인도의무 및 지장물의 이전 또는 인도의무에 관하여 하나의 조문에서 일괄하여 규정하고 있다. 동법 제43조는 "토지소유자 및 관계인과 그 밖에 토지소유자나 관계인에 포함되지 아니하는 자로서 수용하거나 사용할 토지나 그 토지에 있는 물건에 관한 권리를 가진 자는 수용 또는 사용의 개시일까지 그 토지나 물건을 사업시행자에게 인도하거나 이전하여야 한다."라고 규정한다.

(2) 인도(引渡)의무와 이전(移轉)의무의 구별

현행 「토지보상법」 제43조는 "토지 또는 물건의 인도 등"이라는 표제하에 "토지나 물건을", "사업시행자에게 인도하거나", "이전하여야 한다"라고 포괄하여 표현하고 있다. 이처럼 「토지보상법」의 조문상 지장물의 이전·인도는 병렬적으로 함께 등장하는 경우가 많다.[418] 법률용어로서 '인도'는 어떤 물건의 점유를 누군가에게 이전(移轉)하여 주는 것이기 때문에(인도=점유의 이전), 지장물의 '인도' 의무를 지장물의 '이전'(移轉)의무와 동일하거나 비슷한 개념인 것으로 오해할 수 있다. 그러나 아래에서 살펴볼 바와 같이 지장물의 이전의무와 지장물의 인도의무는 그 개념과 의무의 내용이 서로 다르다.

이전주의 원칙을 채택하고 있는 우리 토지보상법제상 지장물에 대한 보상은 지장물 소유자가 사업구역 밖으로의 지장물 이전을 위

---

418) 「토지보상법」 제43조(토지 또는 물건의 인도 등), 동법 제44조(인도 또는 이전의 대행), 동법 제95조의2(벌칙) 제2호 "제43조를 위반하여 토지 또는 물건을 인도하거나 이전하지 아니한 자"

하여 지출하게 되는 비용(이전비)를 지급하는 것으로 충분하다는 것이 원칙으로 된다. 이 때 이전비는 법령상 정의와 같이 "대상물건의 유용성을 동일하게 유지하면서 이를 당해 공익사업시행지구밖의 지역으로 이전·이설 또는 이식하는데 소요되는 비용"이다(토지보상법 시행규칙 제2조 제4호). 이전주의 원칙의 논리적 귀결로서 이전비를 보상금으로 지급받은 토지소유자는 지장물 이전의무, 즉 사업구역 밖으로 지장물을 이전하거나 철거할 의무를 부담하게 된다(토지보상법 제43조). 따라서 현행 「토지보상법」상 지장물의 이전(移轉)의무는 단순한 점유 이전을 의미하는 것이 아니라, 지장물을 사업지구 바깥으로 옮기는(즉 사업구역 내에서 치우는) 것을 의미한다. 즉 지장물 이전의무란 지장물을 '사업구역 바깥으로' 이전하는 것이 가능한 경우에 지장물 소유자가 사업시행자로부터 이전비를 보상받고 그 지장물을 토지상에서 해체하여 사업구역 바깥으로 옮겨 갈(이전할) 의무이다.

반면 지장물의 인도(引渡)의무는 지장물의 철거를 목적으로 사업시행자에게 지장물의 사실상 지배(점유)를 넘겨줄 의무이다. 지장물의 인도란 지장물의 사업구역 밖으로의 '이전이 불가능하거나 적합하지 않은 경우'에 사업시행자가 소유자에게 지장물의 가격을 보상한 후에 그 소유권을 취득하여 사업시행자가 직접 철거할 목적으로 종전 소유자로부터 지장물의 사실상 지배를 넘겨받는 것을 뜻한다.

이처럼 지장물의 이전은 지장물을 '사업구역 바깥으로' 이전이 가능한 경우에 문제되는 것이고, 이전 의무의 내용도 지장물의 점유를 누군가에게 넘겨주는 것이 아니라 지장물 소유자가 지장물을 토지로부터 분리하여서 사업구역 바깥으로 옮기는 것(移轉)이다. 또한 지장물에 대한 보상의 내용은 사업구역 밖으로의 이전에 소요되는 비용(이전비)이 된다. 반면, 지장물의 인도는 지장물을 사업구역 바깥으로의 이전하는 것이 경제적·사회적 관점에서 불가능한 경우에 문

제된다. 인도의무의 내용은 지장물의 점유를 사업시행자에게 넘겨
주는 것뿐이고, 이를 초과하여 의무자 스스로 지장물을 옮기거나 해
체하는 것을 내용으로 하지 않는다. 이 경우 지장물의 철거는 지장
물 소유자로부터 지장물의 지배를 넘겨 받은 사업시행자가 사업시
행자 자신의 노력과 비용으로 실시하여야 한다. 또 이 때 지장물 소
유자에게 지급되어야 할 보상의 내용은 이전에 드는 비용이 아니라
지장물의 객관적인 경제적 가치(가격)이다.

토지와 그 토지상에 존재하는 지상물에 관한 각각의 점유이전의
무를 항목별로 나누어서 그 의무의 구체적 내용을 살펴보면 다음과
같다.

(3) 인도의무 및 이전의무의 구체적 내용

1) 토지의 인도의무

사업시행자는 수용재결을 통하여 토지의 소유권을 취득한다(토지
보상법 제45조). 그러므로 종전의 토지소유자는 보상금을 모두 지급받
은 것을 조건으로 수용재결로 정한 수용개시일까지 사업시행자에게
토지를 인도하여야 한다(토지인도의무, 토지보상법 제43조, 제42조).

2) 공익사업에 필요한 건축물의 인도의무

토지의 지상물인 건축물은 경우를 나누어 보아야 한다. 만약 건
축물이 토지와 함께 직접 공익사업의 목적상 필요하여 수용의 대상
으로 삼은 예외적인 경우(공익사업에 필요한 건축물의 수용)라면, 사
업시행자는 수용재결을 통하여 그 건축물의 소유권을 취득한다(토
지보상법 제45조). 이 경우 건축물 가격을 보상금으로 지급받은 건축
물 소유자가 수용개시일까지 사업시행자에게 건축물을 인도할 의무
가 있음은 앞의 토지인도의무와 동일하다.

3) 지장물인 건축물의 이전의무

그 밖의 모든 건축물은 지장물이다. 지장물인 건축물의 처리방법은 두 가지로 나뉜다. 첫째, 지장물인 건축물이 사업구역 바깥으로 이전이 가능한 경우에는 건축물 소유자에게 그 이전에 소요되는 비용(이전비)를 지급하고 건축물 소유자가 이를 사업구역 밖으로 이전하도록 하여야 한다. 이전비 보상을 지급받은 건축물 소유자는 사업시행자에 대하여 그 건축물을 수용개시일까지 사업구역 밖으로 이전할 의무를 부담한다(지장물인 건축물의 이전의무). 이전비 보상을 받는 자는 이전의무를 부담하는 자와 일치하는 것이 원칙이다.[419] 그리고 여기에서 '이전' 의무의 내용은 건축물의 지배를 사업시행자에게 '인도'하는 것이 아니라 건축물 소유자가 건축물을 토지로부터 분리하여 직접 사업구역 바깥으로 이전하는 것임은 상술하였다. 현행법상 건축물도 다른 지장물과 마찬가지로 이전을 원칙으로 규율하고 있지만 이는 현실과 맞지 않는 법원칙임은 상술하였다. 우리나라에서 실제로 건축물을 이전하는 경우는 없다고 보아도 무방하다.

4) 지장물인 건축물의 인도의무

만약 지장물인 건축물의 이전이 불가능하거나 이전에 과다한 비용이 드는 경우 사업시행자는 건축물 소유자에게 건축물의 가격을 보상한다. 앞의 논의에서 밝힌 바와 같이[420] 사업시행자가 토지수용 절차에서 그 토지상 지장물의 가격 전부를 보상하는 이유는 사업시행자가 직접 그 지장물을 취득하여 스스로 제거(철거)하기 위함이다. 따라서 건축물의 가격보상을 지급받은 건축물 소유자는 건축물을 사업구역 밖으로 이전할 의무를 부담하지 않는다. 다만 건축물 가격을 모두 보상받은 종전의 건축물 소유자는 사업시행자가 지장물을

---

419) 高田賢造/國宗正義, 앞의 책, 234-235면 참조.
420) 제3장 제2절 II. 3.

직접 철거(제거)할 수 있도록 사업시행자에게 지장물을 인도할 의무를 부담한다(지장물인 건축물 인도의무).

또한 앞서 상세히 살펴보았듯이,[421] 현재 판례의 입장[422]과는 달리 지장물인 건축물의 가격을 수용절차에서 모두 지급한 사업시행자는 별도로 명시적인 지장물 수용재결을 신청하지 않은 경우에도 수용재결의 수용개시일에 토지와 함께 건축물의 소유권을 취득한다고 본다(토지보상법 제45조 제1항).

(4) 제3자의 인도 또는 이전의무

「토지보상법」은 수용재결의 상대방이 아닌 제3자에 대하여도 사업시행자에 대한 토지·물건의 인도 또는 이전의무를 부과하고 있다. 「토지보상법」 제43조의 토지·물건의 인도 또는 이전 의무는 수용재결의 상대방이 아닌 제3자에 대하여까지 광범위하게 부과하고 있는 공법상 의무이다. 일본의 통설도 우리의 「토지보상법」 제43조에 상응하는 규정에 관하여 동일하게 해석하고 있다.[423] 「토지보상법」 제43조는 토지·물건의 인도의무 또는 이전의무를 부담하는 자로 '토지소유자' 및 '관계인' 뿐만 아니라 '그 밖에 토지소유자나 관계인에 포함되지 아니하는 자로서 수용하거나 사용할 토지나 그 토지에 있는 물건에 관한 권리를 가진 자'를 규정하고 있다. 이러한 제3자에는 재결의 상대방이 되지 못한 토지의 미등기권리자, 재결 이후에 토지나 지상 건축물을 양수한 자, 건축물의 세입자 등의 점유자가 포함된다.

우리나라와 일본의 수용법제가 재결 상대방이 아닌 제3자에게까

---

421) 제3장 제2절 Ⅱ. 4, 5.
422) 대법원 2012. 4. 13. 선고 2010다94960 판결; 대법원 2014. 9. 4. 선고 2013다89549 판결; 대법원 2015. 4. 23. 선고 2014도15607 판결 등.
423) 일본 토지수용법 제102조, 收用代執行硏究會, 『改訂增補 土地收用の代執行』, プログレス, 2014, 18면 참조.

지 인도 또는 이전의무를 부과하는 태도를 취하는 이유는 수용재결이라는 제도의 목적 자체가 공익사업의 시행을 위하여 사업시행자로 하여금 토지등을 강제취득하도록 하는 것이므로, 일정 시점에서는 결국 사업시행자가 다른 모든 자의 점유를 배제하고 토지와 그 지상물의 점유를 장악하여야 하기 때문이다.

3. 토지의 인도의무

사업시행자가 수용재결로 소유권을 취득한 토지에 관하여 종전 토지소유자는 이를 사업시행자에게 인도할 의무가 발생한다(토지보상법 제43조). 토지의 인도의무와 관련하여, 수용재결의 상대방과 종전의 토지소유자가 일치하는 일반적인 경우에는 특별한 문제가 없다.

만약 수용재결의 상대방과 진정한 토지소유자가 일치하지 않는 경우라 하더라도, 진정한 소유자 역시 사업시행자에 대하여 원칙적으로 토지 인도의무를 부담한다(토지보상법 제43조). 판례는 일관되게 사업시행자가 과실 없이 진정한 소유자를 알지 못하여 형식적 소유자를 대상으로 수용재결절차를 밟았다면 수용재결의 효력에 의하여 종전 소유권은 상실되고 사업시행자가 확실하게 토지소유권을 취득한다고 판시하고 있다.424) 그 효력의 본질은 공익사업 시행을 위하여 종전의 토지 소유권자의 소유권을 박탈하고 사업시행자가 토지를 취득하도록 하는 「토지보상법」이라는 공법의 규정에서 비롯한다.

토지상에 지장물인 건축물 등이 존재하지 않는 나지(裸地)의 상태에서 토지 자체만을 점유하고 있는 소유자 이외의 제3자는 흔하지는

---

424) 대법원 1971. 6. 22. 선고 71다873 판결(소유권확인); 대법원 1995. 9. 15. 선고 94다27649 판결(소유권보존등기말소); 대법원 1995. 12. 22. 선고 94다40765 판결(손해배상(기)) 등.

않지만 존재할 수 있다. 가령 빈 땅 자체를 임차하거나 지상권 등 제한물권을 설정하여 건축물 등 정착물을 설치하지 않고 활용하는 점유자를 예로 들 수 있다. 이러한 경우의 토지점유자도 역시 수용개시일 이후에 사업시행자에 대하여 토지를 인도할 의무를 부담한다(동법 제43조).

4. 지장물(건축물)의 이전의무

이전비 보상이 완료된 지장물인 건축물에 대하여는 수용개시일에 지장물 소유자에게 지장물 이전의무가 발생한다(토지보상법 제43조). 이전비 보상이 지급된 경우는 지장물인 건축물 등의 사업구역 외 이전이 가능한 경우이므로 이전비 보상을 받은 상대방은 지장물을 사업구역 밖으로 이전할 의무를 부담하게 된다.

현행법은 수용개시일에 보상을 지급받은 지장물(건축물) 소유자 외의 세입자 등 제3자에게도 인도 또는 이전 의무가 있는 것으로 규정하고 있다(동법 제43조). 이는 건축물 소유자와 점유자 사이의 사법상 법률관계, 예컨대 임대차계약에 따른 반환의무나 (무단점유인 경우) 물권적 반환청구권에 기한 반환청구에 따른 사법상의 의무가 아니라, 수용재결의 효력으로서 「토지보상법」 제43조의 규정에 따라 발생하는 공법상의 인도의무 또는 이전의무이다.

지장물인 건축물의 소유자가 아닌 세입자 등의 점유자는 건축물을 사업구역 밖으로 이전할 수 있는 권한이 없으므로, 지장물 이전의무를 부담한다고 해석할 수는 없다. 그렇다면 소유자 이외의 건축물 점유자는 종전 건축물 소유자가 이를 사업구역 밖으로 이전할 수 있도록 이를 종전 건축물 소유자에게 인도할 의무가 있다고 해석하여야 한다.

5. 철거를 위한 지장물의 인도의무

(1) 지장물의 인도의무

지장물인 건축물의 이전이 사회통념상 불가능하거나 적합하지 아니한 경우에 해당하여 건축물의 가격 전액을 보상하는 경우에는 규범적으로 종전 건축물 소유자에게 사업구역 밖으로의 이전을 기대할 수 없다. 따라서 이러한 경우 사업시행자는 지장물의 소유권을 취득하여 직접 제거하기 위한 목적으로 건축물의 가격 전부를 보상하게 된다. 그 결과 토지의 수용개시일 이후에도 상대방에게 토지상의 건축물 이전 의무가 발생하지 않고, 사업시행자가 스스로의 비용으로 직접 해당 건축물을 제거(철거)하면 된다. 이 때 종전 건축물 소유자로서는 사업시행자가 건축물을 자기의 지배하에 넘겨받아 직접 제거할 수 있도록 이를 사업시행자에게 인도할 의무가 있다(토지보상법 제43조). 前述하였듯이[425] 이 경우에 사업시행자는 토지수용절차를 통하여 그 지상 지장물의 소유권을 취득한다고 해석하는 것이 타당하다.

그리고 건축물 소유자가 아닌 세입자 등 제3자도 역시 철거를 위하여 사업시행자에게 건축물을 인도할 의무가 있다(동법 제43조). 이 경우 세입자 등은 토지수용재결의 절차에서 목소리를 낼 기회가 보장되지 않고, 집행의 단계에서 비로소 영업보상, 이주대책 등을 요구하지만 실제로 「토지보상법」이 규정하는 보상이 관철되었는지 여부가 재결절차나 집행절차 내에서 다루어지지 않는 문제가 있다. 이에 대하여서도 전술한 바 있다.[426]

우리 「토지보상법」은 수용 목적물인 토지와 그 지상에 존재하는

---

425) 제3장 제2절 II. 5.
426) 제3장 제3절 I. 5.

지장물을 구별하지 않고 수용개시일에 사업시행자는 소유권을 취득한다라고만 규정하고(동법 제45조) 그 결과 그 밖의 모든 권리자는 토지와 지장물을 사업시행자에게 인도하든지 아니면 이전할 의무가 있다고 포괄적으로 규정하고 있다(동법 제43조). 그러나 지장물의 이전의무와 지장물의 인도의무는 그 개념과 의무의 내용이 서로 다르므로, 위 규정의 해석상 (i) 토지 자체의 인도의무와 (ii) 지장물인 건축물의 사업구역 외로의 이전의무, (iii) 지장물의 철거를 위한 사업시행자에 대한 인도의무는 서로 구별하여 검토하여야 한다.

토지상에 존재하는 지장물인 건축물에 얽힌 복잡한 점유관계와 토지 수용재결 절차 내에서 현출되지 못한 다양한 보상의 필요성이라는 문제를 내포하고 있는 지장물의 처리가 개괄적인 이전 또는 인도의무조항 하나만으로 해결되리라고 기대하기 어렵다. 토지 및 지장물의 점유이전 및 그에 수반하는 보상에 관하여 수용재결절차에서 세세하게 결정할 수 있도록 제도적 보완이 이루어지든지, 아니면 권리취득재결과는 별도의 처분 또는 재결절차를 통하여 이들에 관하여 구체적으로 결정하도록 할 필요가 있다. 이에 관한 상세한 내용은 후술하기로 한다.

(2) 건축물의 철거비용

현행 「토지보상법 시행규칙」은 지장물인 건축물의 처리 비용과 관련하여 독특한 규정을 두고 있다. 「토지보상법 시행규칙」은 "물건의 가격으로 보상한 건축물의 철거비용은 사업시행자가 부담한다. 다만, 건축물의 소유자가 당해 건축물의 구성부분을 사용 또는 처분할 목적으로 철거하는 경우에는 건축물의 소유자가 부담한다."고 규정한다(제33조 제4항).

연혁적으로 1989년의 공특법 시행규칙은 "건물의 철거비는 사업

시행자가 부담한다. 다만, 소유자가 자기부담으로 철거하고자 하는
경우에는 그러하지 아니하다."라는 규정을 두고 있었다(제10조 제1
항). 공특법은 수용재결절차를 거치지 않는 협의취득을 전제로 하는
규범이고, 지장물의 이전이 현저히 곤란한 경우 가격으로 그 지장물
을 취득하도록 하고 있으므로 사업시행자가 취득한 지장물을 스스
로 철거하도록 하는 규정은 당연한 것이었다. 그리고 위 시행규칙의
단서는 소유자가 건축물을 스스로 철거하면서 그 중 재산적 가치가
있는 부분을 수거하여 가기를 희망할 경우에는 사업시행자가 구태
여 철거비를 부담할 필요가 없다는 의미이었다.

물건의 가격으로 보상한 건축물은 사업시행자가 그 소유권을 취
득하여 직접 철거하기 위한 것이므로, 그 철거는 사업시행자의 사무
로서 그 비용도 사업시행자가 부담한다는 현행 「토지보상법 시행규
칙」 제33조 제4항의 본문은 이해할 수 있다. 그러나 같은 규칙 제33
조 제4항 단서는 쉽게 이해하기 어려운 규정이다.427) 이미 사업시행
자로부터 건축물의 가격 전부를 보상받은 종전 건축물의 소유자가
어떠한 경우에 다시 재산가치가 있는 건축물의 구성부분을 사용 또
는 처분할 수 있다는 것인가?

「토지보상법 시행규칙」 제33조 제4항 단서의 취지를 사업시행자
에게 재산적 가치가 없는 건축물 구성부분을 종전 소유자가 수거하
여 재활용할 수 있도록 하고, 사업시행자는 철거비용을 절약하도록
하는 것이 사회 전체의 효용을 높인다는 관점에 따라 사업시행자의

---

427) 현재 대법원 판례는 물건의 가격으로 보상한 건축물의 철거비용을 사업시
  행자가 부담하는 것을 원칙으로 규정한 「토지보상법 시행규칙」 제33조 제
  4항을 논거의 하나로 제시하고 있으나, 지장물의 소유권 귀속은 법률 차
  원에서 직접 정하여져야 할 문제이고 하위법령인 토지보상법 시행규칙이
  법률의 위임 없이 정할 수 있는 것은 아니므로 위 규정이 지장물인 건축
  물의 소유권 귀속을 결정하는 근거가 될 수 있는 것은 아니라는 점은 앞
  서 언급한 바 같다.

동의 없이도 종전 건축물 소유자가 이를 수거하여 갈 수 있는 것으로 규정한 것으로 해석할 수 있다. 이 견해에 따르면 종전 건축물 소유자는 자신의 필요에 따라 사업시행자의 동의 없이도 가격보상을 받은 건축물의 구성부분을 수거하여 갈 권리가 있다.

그러나 건축물 가격 전부를 보상금으로 지급한 사업시행자는 수용개시일 이후에는 그 건축물을 철거하는 방법으로 처분할 수 있을 뿐만 아니라, 그 건축물을 구성하는 부분을 활용하거나 이를 수거하여 처분할 수 있는 권능이 있다고 보아야 한다. 이미 지장물 가격 전액의 보상을 받은 지장물 소유자가 수용개시일 이후에도 사업시행자의 동의 없이 지장물의 구성부분에 대한 소유권을 행사할 수 있는 여지를 남겨 놓는 것은 위와 같은 사업시행자의 지장물 또는 지장물 구성부분의 처분권을 침해하는 결과가 되므로 타당하지 않다. 또 건축물 가격 보상을 모두 지급받은 종전 소유자가 사업시행자의 동의 없이도 다시 그 건축물 중에서 경제적 가치가 있는 물건들을 수거하여 갈 수 있도록 허용하는 것은 이중의 보상이 되므로 「토지보상법」이 추구하는 정당보상의 이념과 조화되기 어렵다.

생각건대 「토지보상법 시행규칙」 제33조 제4항 단서는 구 공특법 시행규칙의 규정과 유사한 취지에서, 사업시행자가 건축물의 철거 비용을 절약할 목적으로 종전 지장물 소유자가 그 건축물을 스스로 철거할 수 있게끔 양해한 경우를 규정한 것으로 보인다. 그러나 이는 당사자 사이의 합의에 따른 것이므로 법령에서 따로 규정하여야 할 필요는 없다. 「토지보상법 시행규칙」 제33조 제4항 단서는 삭제하는 것이 타당하다.

II. 소유자 이외의 권리자의 인도의무

현행법상 수용재결에 따른 지장물(건축물)의 인도의무는 재결의 상대방이 아닌 제3자에게도 확대되므로(토지보상법 제43조), 이들은 재결 절차 내에서 보상금 지급을 보장 받았는지 여부와 무관하게 사업시행자에게 토지 또는 건축물을 인도할 의무를 부담하게 된다.

반면 실제 수용재결 절차 안에서 정당한 보상을 요구할 수 있는 당사자는 토지소유자, 건축물 소유자 정도에 불과하고, 수용재결 절차에서 제대로 포착되지 않는 지장물인 건축물의 점유자 등 다양한 이해관계인이 존재할 가능성이 얼마든지 존재한다. 현행법은 수용재결 신청에 앞서 토지 및 물건의 권리자를 적시한 토지·물건 조서를 작성하도록 하지만(토지보상법 제26조, 제14조) 사업시행자가 주도하여 작성하는 것인데다가, 형식(공부)상의 토지소유자, 건축물 소유자가 아닌 사람이 실제로 수용재결절차에 들어와 자기의 권리를 주장할 가능성은 사실상 없기 때문이다. 현행 제도상 수용재결 절차에서 보상을 주장하기 어려운 권리자는 주로 건축물에 관한 이해관계인인 경우가 많다. 이들은 실제로 점유를 박탈당하고도 법령이 정하는 주거이전비 등의 보상에서 누락될 위험성이 있어 점유이전과 보상을 둘러싼 심각한 갈등이 상존하는 원인이 된다.[428]

재결 당사자가 아닌 제3자에 대하여도 토지 및 물건의 인도 또는 이전의무를 확장하여 부과하는 현행법제는 수용재결 절차 내에서 법령이 보장하고 있는 정당한 보상을 받지 못하고 점유만을 박탈하는 이해관계인이 존재할 가능성 또는 위험성을 필연적으로 내포하고 있다. 사업시행자에 대한 토지 및 그 지상 지장물의 인도 또는 이전에 앞서 모든 이해관계인에 대하여 수용절차에 관한 정보를 제공

---

[428] 김종보, "공익사업에서 점유이전과 생활보상", 『서울대학교 法學』, 제62권 제2호, 2021. 6, 86면 참조.

하고, 법령이 보장하고 있는 정당한 보상이 절차 내에서 빠짐없이 지급될 수 있도록 하는 것은 헌법상으로 요청되는 토지보상법의 수용재결절차가 수행하여야 할 핵심 기능이지만, 현행법은 상당한 제도적 한계를 내포하고 있다.

Ⅲ. 점유이전을 규율하는 처분의 절차

1. 개관

수용재결은 크게 두 부분으로 나누어진다. 첫 번째 부분은 수용목적물인 토지 소유권을 종전 소유자로부터 박탈하여 사업시행자가 보상금을 지급하고 그 소유권을 취득하도록 선언하는 부분이다. 이는 권리취득재결이라고 부를 수 있다. 현행 수용 재결 주문 기재례에서 "사업시행자는 위 사업을 위하여 별지 제1목록 기재 토지를 수용하고,"에 해당하는 내용이다. 두 번째 부분은 수용으로 사업시행자가 취득하게 될 토지 및 그 지상 지장물(건축물)의 점유이전과 그에 따르는 보상을 어떻게 할 것인지를 규율하는 부분이다. 이 부분을 점유이전재결이라고 할 수 있다.[429] 앞서의 기재례에 이은 "별지 제2목록 기재 물건을 이전하게 하며,"라는 주문 부분에 해당한다. 그리고 현행 재결 실무상 손실보상은 지장물인 건축물의 보상금은 권리취득과 점유이전에 대한 보상으로 구별하지 않고, 단지 "손실보상금은 금 000,000,000원으로 한다"와 같이 포괄적으로 기재되고 있다.

우리나라의 토지보상법제는 현재까지 토지의 권리취득과 토지 및 지상물의 점유이전을 하나의 수용재결 절차에서 통합하여 일괄

---

429) 중앙토지수용위원회에서도 이전재결이라는 용어를 사용하고 있다. 중앙토지수용위원회, 『2021 토지수용 업무편람』, 2020, 333면 참조.

적으로 처리하고 있다. 반면 일본은 토지의 소유권 취득에 관한 사항도 재결로 결정하지만, 그와 별개로 토지의 인도 및 지장물 이전(또는 인도)에 관한 사항과 그에 수반하는 보상항목의 내용을 재결로 따로 결정하도록 하고 있다. 즉 일본의 수용재결절차는 ① 토지의 권리취득재결과 ② 명도재결(明渡裁決)이라는 점유이전재결 절차로 구성된다. 이하에서는 우리 법제와의 비교와 시사점 도출을 위하여 일본의 점유이전재결에 관하여 살펴보기로 한다.

2. 일본의 점유이전재결 제도

(1) 일본 토지수용법의 명도재결

일본의 권리취득재결은 수용대상 토지의 소유권을 사업시행자가 취득하도록 하는 재결절차로 우리 「토지보상법」에서 통상 수용재결 절차로 인식하고 있는 재결절차이다. 반면 명도재결은 토지상의 지장물을 이전·제거하고 토지를 인도하도록 하기 위한 재결절차이다. 사업시행자에게만 재결신청권이 있는 권리취득재결과 달리 명도재결은 사업시행자 뿐 아니라 토지소유자 및 관계인도 신청할 수 있다(일본 토지수용법 제47조의2 제3항). 명도재결은 권리취득재결과 동시에 또는 권리취득재결 이후에 행한다(동법 제47조의2 제4항). 모든 수용재결을 사업시행자만 신청할 수 있도록 하는 우리 법제와는 달리 일본은 점유박탈에 관한 보상을 요구하는 이해관계인도 명도재결을 신청할 수 있도록 함으로써 재결 절차 내에서 점유이전에 수반되는 보상을 직접 요구할 수 있도록 하는 제도적 방안을 확보하고 있다고 평가할 수 있다.

(2) 명도재결의 내용 및 효과

명도재결에 포함될 사항은 ① 토지 및 토지에 관한 소유권 이외의 권리에 대한 손실보상을 제외한 그 밖의 손실의 보상[지장물을 이전하는 경우 그 이전으로 인한 손실의 보상을 의미한다. 여기에는 "이전보상"(동법 제77조)과 통상 생기는 손실에 대한 보상으로서 이른바 "통손보상"(通損補償: 이전잡비보상과 영업보상 등, 동법 제88조)이 있다], ② 토지 및 물건의 인도 또는 물건의 이전의 기한["명도기한(明渡しの期限)"이라 한다], ③ 그 외 토지수용법이 규정한 사항이다(동법 제49조 제1항). 이러한 재결사항은 재결서에 구체적으로 표시하여야 한다.

사업시행자는 명도재결에 표시된 명도기한까지 토지소유자 및 관계인에게 이전보상금 및 그 밖의 보상금을 지급하여야 하고(동법 제19조 제2항 참조), 당해 토지 및 토지에 있는 물건을 점유하고 있는 자는 사업시행자에게 토지 및 물건을 인도하며 물건을 이전하여야 한다(동법 제102조).

일본 「토지수용법」상 사업시행자가 권리취득재결로 정한 권리취득의 시기(우리법제상 수용개시일에 해당한다)까지 권리취득재결과 관련된 보상금을 지급하지 않으면 권리취득재결이 실효되는 것과 마찬가지로(동법 제100조 제1항), 사업시행자가 명도재결로 정한 명도기한까지 명도재결에 관한 보상금을 지급하거나 공탁하지 않으면 명도재결이 실효된다(같은 조 제2항). 이처럼 일본 「토지수용법」은 점유이전에 수반하는 보상항목들에 관한 판단이 재결절차로부터 누락되는 결과를 최대한 방지할 수 있도록 제도적 배려를 기울이고 있다.

(3) 명도재결 강제주의

특기할 것은 일본의 현행 「토지수용법」상 수용 대상토지 위에 지장물이 존재하는지 여부와 무관하게 사업시행자는 사업인정고시일부터 4년 이내에 반드시 명도재결을 신청하여야 하고, 그렇지 않으면 사업인정이 실효되어 권리취득재결도 취소된다는 점이다(일본 토지수용법 제29조 제2항). 따라서 비록 수용 대상토지가 빈 땅430)이라 할지라도 사업시행자는 반드시 명도재결을 신청하여야 한다. 토지 위에 지장물이 존재하지 않더라도 토지 자체의 점유박탈과 관련한 보상의 필요성이 존재할 수 있기 때문에 이를 사전에 처분으로 결정하기 위한 취지이다. 다만 수용 대상토지가 빈 땅인 경우에는 통상 그 재결절차는 화해로 종결되게 된다(일본 토지수용법 제50조 참조). 명도재결을 필수적으로 거치도록 하고 있는 일본 토지수용법의 규율 태도를 명도재결 강제주의라고 부를 수 있다.

이처럼 일본은 1967년부터 「토지수용법」 개정을 통하여 명도재결을 반드시 거치도록 하고 있고 명도재결이 누락되면 사업인정 자체가 실효되도록 하여 강력하게 명도재결 절차를 강제하고 있다. 이를 통하여 토지 및 그 지상 지장물인 건축물의 점유자가 재결 절차에 포착되어 그 점유이전에 관련한 보상이 재결에서 최대한 누락되지 않도록 하고, 인도 및 이전의무의 구체적인 내용도 처분을 통하여 사전에 결정되도록 하는 동시에, 점유박탈에 수반하는 법령상 보상금이 사업시행자에 의한 점유박탈 이전에 가능한 한 빠짐없이 지급될 수 있도록 제도적 배려를 기울이고 있다.

3. 우리 토지보상법상 점유이전의 규율

우리나라의 현행 「토지보상법」은 수용재결에서 결정되어야 할 재결사항으로 ① 수용하거나 사용할 토지의 구역 및 사용방법, ② 손실

---

430) 일본 법률에서는 갱지(更地)라는 용어를 사용하고 있다.

보상, ③ 수용 또는 사용의 개시일과 기간, ④ 그 밖에 동법 및 다른 법률에서 규정한 사항을 규정하고 있다(토지보상법 제50조 제1항). 이처럼 우리 현행법이 규정하는 수용재결의 내용은 철저히 사업시행자가 토지 소유권을 강제취득하기 위한 내용에 집중되어 있고, 토지 및 지장물인 건축물의 점유이전과 그에 수반하는 보상에 관한 사항에 대한 배려에는 매우 인색하다.

현행 수용재결 제도의 기본 구조는 사업시행자의 토지소유권 취득을 위한 토지수용재결 절차에서 지장물 이전 또는 인도에 관한 원칙적인 처리 방안을 부대사항으로 통합하여 그 일부를 수용재결의 한 부분으로 규율하고, 나머지는 임의이행 또는 집행의 단계에 맡겨두고 있다. 즉 우리나라의 현행 수용재결제도는 토지의 권리취득재결을 중심으로 지장물 이전 또는 인도에 관한 사항의 일부만을 권리취득재결에 부수하여 일괄처분되도록 하는 제도라 할 수 있다. 이러한 우리나라의 입법태도는 일본의 독립재결주의에 대비하여 일괄재결주의라고 부를 수 있다. 일본법은 1967년 「토지수용법」 개정 이래 명도재결 제도를 규정하고 반드시 명도재결을 거치도록 하고 있는데, 이는 재결절차를 통하여 토지 인도 및 지장물의 점유이전에 관한 사항 및 그로 인한 보상항목들을 권리취득과는 별도로 결정하고자 하는 태도라고 할 수 있다.

물론 우리 「토지보상법」도 지장물인 건축물에 관하여는 사업시행자는 사업예정지에 있는 건축물등이 ① 사회통념상 이전할 수 없는 경우, ② 이전비가 그 물건의 가격을 넘는 경우에는 사업시행자가 그 건축물 등의 수용 재결을 신청할 수 있다는 근거 규정을 두고 있다(동법 제75조 제5항).431) 그리나 우선 건축물의 이전이 가능한 경우

---

431) 이 규정도 「토지수용법」 제정 당시에는 법률에서 누락되어 시행령상에 위치하고 있었고, 2007년의 법률개정에서야 비로소 신설된 것임은 전술한 바와 같다.

에는 법률상 그 건축물의 이전 및 이전에 수반하는 보상에 관한 점유이전재결의 근거규정을 찾아볼 수 없다. 다음으로 건축물 이전이 사회통념상 불가능하여 가격보상을 하는 경우에도 법문상으로는 마치 수용재결을 신청할지 여부는 사업시행자의 재량에 맡겨져 있는 것처럼 표현하고 있는 등 지장물인 건축물의 이전 또는 인도 및 그에 관한 보상을 포함하는 점유이전에 관한 사항을 재결로 결정할 수 있도록 하는 근거규정은 매우 미비하다.

즉 우리 현행법은 토지소유권이라는 권리취득 위주의 토지수용재결 절차에서 지장물 인도·이전 및 그 보상에 관한 사항을 일부 수용재결에 포함할 수 있는 가능성을 열어놓고는 있으나, 그 범위는 매우 제한적이고, 재결 절차 내에서 의견을 제출할 수 있는 이해관계인도 실제 토지 및 물건조서에 나타난 바를 기초로 하는 토지와 지상물의 관계인 정도에 불과하다. 건축물의 세입자는 법률상 '관계인'에 속하지만, 실제 제도운용에서 수용재결절차에 참여하는 경우는 희박하다.432) 이처럼 현행 수용재결제도는 실제로 토지 인도 및 지장물 이전 또는 철거 및 철거를 위한 인도의 방식과 그에 수반하는 보상에 관한 사항이 사전에 빠짐없이 결정되도록 규율하지 못하고 있어 '불완전한 형태의 일괄재결주의'라고 표현할 수 있다.

현재 일반적인 수용재결례에서 지장물인 건축물 처리에 관한 "별지 2 목록 기재 물건(=지장물인 건축물)은 이전하게 하고" 라는 형태의 주문 작성 관행은 이러한 제도적 미비에 기인한 오류라고 할 수 있다. 대부분의 건축물은 사회통념상 사업구역 밖으로의 이전이 불가능하여 사업시행자가 직접 철거할 목적으로 가격보상을 지급하는데, 이런 경우에 종전 건축물 소유자에 대하여 다시 지장물의 '이전'을 명하는 관행은 규범적으로 불가능을 요구하는 것일 뿐 아니라 법

---

432) 김종보, "공익사업에서 점유이전과 생활보상", 92면 참조.

률관계의 실질과도 맞지 않는다.

여기에 더하여 현재의 수용재결제도는 비공개433)·서면심리를 원칙으로434) 운용되고 있어 소유자가 아닌 건축물의 점유자들이 재결의 상대방이 되어 절차에 참여할 수 있는 가능성이 거의 없다. 건축물의 점유자가 수용재결절차 내에 들어와 절차적 권리를 보장받는 것이 사실상 거의 불가능한 구조라고 할 수 있다. 따라서 수용재결을 통하여 이들 점유자의 점유이전의무를 구체적으로 특정하기 어렵고 점유박탈로 인한 보상을 사전에 결정하기도 어려운 근본적인 한계가 있다. 우리나라에서 현재 운용되고 있는 수용재결의 제도과 실무는 토지 및 지장물의 이전 또는 인도라는 측면에서 보면, 모두 권리취득재결과 불완전한 형태로 결합된 점유이전재결 또는 극단적으로는 점유이전재결 자체가 누락된 형태의 미흡한 제도라고 평가할 수 있다.

반드시 일본의 명도재결과 같은 형태의 독립된 점유이전재결의 절차가 아니라 하더라도, 사업시행자의 점유취득에 앞서 토지와 지장물인 건축물의 점유이전에 관한 이해관계인을 최대한 빠짐없이 인식·포착하고, 구체적인 점유이전의무의 내용과 그에 수반하는 보상 문제를 수용절차 내에서 사전에 처분으로 결정할 수 있도록 하는 제도개선이 필요하다.

---

433) 「중앙토지수용위원회운영규정」(2019. 7. 1. 개정) 제7조(회의의 비공개)
434) 「토지보상법」 제32조 제2항, 「중앙토지수용위원회운영규정」 제8조의2(서면의결).

제2절 인도의무 및 이전의무의 강제집행

I. 행정상 강제집행

1. 토지보상법상 대집행 및 대행 규정

현행 「토지보상법」은 토지나 물건의 인도의무 및 이전의무에 관한 공법상 집행강제 수단으로서 대집행과 대행(代行)을 규정하고 있다. 먼저 대행에 대하여 특별자치도지사, 시장·군수 또는 구청장은 ① 토지나 물건을 인도하거나 이전하여야 할 자가 고의나 과실 없이 그 의무를 이행할 수 없을 때 또는 ② 사업시행자가 과실 없이 토지나 물건을 인도하거나 이전하여야 할 의무가 있는 자를 알 수 없을 때 사업시행자의 청구에 의하여 토지나 물건의 인도 또는 이전을 대행하여야 한다고 규정한다(동법 제44조). 대집행에 대하여서는 「토지보상법」 또는 동법에 따른 처분으로 인한 의무를 이행하여야 할 자가 그 정하여진 기간 이내에 의무를 이행하지 아니하거나 완료하기 어려운 경우 또는 그로 하여금 그 의무를 이행하게 하는 것이 현저히 공익을 해친다고 인정되는 사유가 있는 경우에는 사업시행자는 시·도지사나 시장·군수 또는 구청장에게 「행정대집행법」에서 정하는 바에 따라 대집행을 신청할 수 있고 이 경우 신청을 받은 시·도지사나 시장·군수 또는 구청장은 정당한 사유가 없으면 이에 따라야 한다고 규정한다(동법 제89조).

우리나라 「토지보상법」의 행정강제 조항에 많은 영향을 미친 일본 「토지수용법」의 해석상으로는, 대행은 의무자의 고의나 과실이 없음을 요건으로 하고 있는 반면, 대집행은 의무자가 고의로 인도나 이전의무를 이행하지 않는 경우를 대상으로 한다고 이해하고 있다.[435] 그러나 우리나라에서는 위와 같은 이해방식이 일반적으로 받아들여지는 것은 아닌 것으로 보인다. 국내 학설은 일반적인 행정대집행의 요건으로 통상 (i) 타인이 대신하여 행할 수 있는 의무(대체적 작위의무)의 불이행을 대상으로 (ii) 다른 수단으로는 그 의무 이행을 확보하기 곤란하고, (iii) 그 의무의 불이행을 방치하는 것이 심히 공익을 해한다고 인정될 것을 요구한다고 해석하고, 의무자의 귀책사유를 요하는 것으로는 보지 않는다.[436] 따라서 우리 「토지보상법」의 해석상으로는 대행은 의무자에게 고의나 과실이 없는 경우에 가능하고, 대집행은 의무자의 고의나 과실이 있는 경우는 물론 귀책사유가 없는 경우에도 가능하다고 이해하는 것이 일반적이다.[437] 그리고 후술하듯이 현재의 대법원 판례는 사람이 점유하고 있는 토지, 건물 등의 인도는 실력으로 점유를 풀어 점유이전을 행하지 않으면 목적을 달성할 수 없으므로, 대집행의 대상이 될 수 없다고 한다.

2. 일본 토지수용법상 행정강제 규정의 변천

(1) 행정강제법제의 변천과 토지수용법상 행정강제

일본에서도 우리나라와 마찬가지로 사업시행자는 권리취득시기에 토지소유권을 취득하므로, 소유권에 근거한 민사적 강제집행의 방식으로 토지와 물건을 인도받고 물건의 이전의무 불이행을 해소할 수 있다. 또한 현행 일본 토지수용법도 우리 「토지보상법」과 마찬

---

435) 收用代執行研究會, 『改訂增補 土地收用の代執行』, 28면 참조.
436) 金道昶, 『一般 行政法論 (上)』, 靑雲社, 1992, 556면; 김동희, 『행정법 Ⅰ』, 463-465면; 김철용, 『행정법』, 357-358면; 정하중, 『행정법개론』, 법문사, 2019, 439-441면 참조.
437) 신경직, 앞의 책, 859면 참조.

가지로 동법상의 의무불이행에 대하여 행정강제로서 「행정대집행법」
에 따른 대집행이 가능하도록 하고 있다(일본 토지수용법 제102조
의2 제2항).

전통적으로 일본에서 행정강제는 ① 직접강제, ② 행정대집행, ③
집행벌의 세 종류가 있는 것으로 이해되어 왔다. 직접강제는 의무자
의 신체나 재산에 직접 유형력을 행사하여 의무이행을 실현하는 것
으로, 강제의 대상이 되는 의무가 작위·부작위임을 묻지 않는다. 작
위의무인 경우에도 그 이행을 타인이 대신할 수 있는가(대체적) 또는
그렇지 않은가(비대체적)를 묻지 않고 직접강제가 가능하다. 행정대
집행은 불이행한 의무가 대체적 작위의무인 경우 행정기관 스스로
또는 제3자에게 의무자 본인을 대신하여 이행하고, 그 비용을 본인
에게 부담하도록 하는 행정강제 수단이다. 집행벌은 의무불이행자
에게 벌금 등의 불이익을 과하여 간접적으로 이행을 촉구하는 수단
이다.

메이지(明治)헌법 시대에는 위 세 가지 종류의 행정강제의 근거법
으로 「행정집행법」이 제정(1900년)되어 있었다. 패전 이후, 1946년에
일본국 헌법이 제정되면서 기본권 인권의 침해가 잦았던 종래의 행
정강제 규정에 대한 반성적 조치로서 새로운 행정강제의 일반법으
로 「행정대집행법」을 제정(1948년)하였다. 동법에 따라 행정대집행이
행정강제의 원칙적인 수단이 되고, 직접강제나 행정벌은 개별 법률
에서 따로 규정한 경우에 한하여 예외적으로 인정하게 되었다.[438)
일본에서 행정강제법제의 변천은 「토지수용법」의 규정에도 큰 영향
을 주었다. 새 헌법의 제정에 따라 종전의 토지수용법상 이행강제수
단에 대한 재검토가 이루어졌고, 1900년에 제정된 구 「토지수용법」
은 1951년에 동명의 새로운 「토지수용법」이 제정됨으로써 폐지되었

---

438) 塩野 宏, 『行政法 Ⅰ』, 有斐閣, 1999, 206면 이하 참조.

다. 일본 「토지수용법」상 토지와 지장물의 인도·이전의무의 행정강
제에 관한 조문 변천을 살펴보면 다음 표와 같다(표 5).439)

〈표 5〉 일본 토지수용법상 행정강제 규정

1900년 구 토지수용법	1951년 제정 토지수용법 *[ ] 안은 현행법
제61조 토지소유자 및 관계인은 수용 및 사용의 기간에 토지물건을 인도하고 물건을 이전한다. 단 좌 2항의 경우 기업자의 청구에 의하여 시정촌장은 토지소유자 및 관계인을 대행한다. ① 토지소유자 및 관계인의 토지물건의 인도 및 물건의 이전이 가능하지 않은 때 ② 기업자의 과실 없이 토지소유자 및 관계인을 확지하는 것이 가능하지 않은 때	제98조 [제102조] 토지소유자 및 관계인 등 수용 및 사용할 토지 및 토지에 있는 물건에 관한 권리를 가지고 있는 자는 수용 및 사용의 시기[명도재결이 있는 경우는 당해 토지 및 당해토지에 있는 물건을 점유하고 있는 자는 명도재결에서 정한 명도의 기한까지, 기업자에게 토지 및 물건을 인도하고, 물건을 이전하여야 한다. 제99조 [제102조의 2] 제1항 전조의 경우, 좌의 각호에 해당하는 때에는 시정촌장은 기업자의 청구에 의하여 토지 및 물건의 인도 또는 물건을 이전할 자를 대신하여 토지 및 물건을 인도하고 물건을 이전하여야 한다. ① 토지 및 물건의 인도, 물건을 이전할 자가 책임질 수 없는 사유로 인하여 의무를 이행할 수 없는 때 ② 기업자가 과실 없이 토지 및 물건의 인도, 물건의 이전할 자를 확지할 수 없는 때
제73조 제1항 의무자가 본법 및 본법에 따라 발한 명령의 규정에 의한 의무를 이행하지 않거나 일정한 기간 내에 종료할 것으로 예상되지 않는 경우 지방장관은 스스로 집행하거나 타인에게 집행하도록 할 수 있다.(대집행)	제2항 전조의 경우, 토지 및 물건의 인도, 물건을 이전할 자가 의무를 이행할 수 없거나 이행하여도 충분하지 않은 때, 또는 이행하여도 수용 또는 사용의 기한까지 완료할 것으로 예상되지 않는 때에는 도도부현지사는 기업자의 청구에 따라 행정대집행법(昭和23년법률제43호)이 정한 바에 따라, 스스로 의무자를 대신하여 행위하거나, 또는 제3자로 하여금 행하도록 할 수 있다. 물건을 이전할 자가 제48조제1항의 규정에 따른 재결에 의한 제85조제2항의규정에 따른 이전의 대행의 제공의 수령을 거부하는 경우에도 같다.

---

439) 표 출처 : 收用代執行研究會, 『改訂增補 土地收用の代執行』, 25면.

제2항 의무자가 본법 및 본법에 따라 발한 명령의 규정에 의한 의무를 이행하지 않는 경우 전항의 규정에 따른 조치가 가능하지 않은 경우 지방장관은 직접 강제할 수 있다.(직접 강제)	[규정 없음]

(2) 토지소유자등의 점유이전의무에 관한 규정

수용재결에 따른 토지소유자등의 의무에 관하여, 일본국 헌법 제정 이전의 구「토지수용법」제61조는 "토지소유자 및 관계인은 수용기간에 토지물건을 인도하고 물건을 이전한다"고 규정하였다. 이 규정은 현행 일본 토지수용법이 계승하고 있다(제102조). 1951년「토지수용법」은 토지소유자 및 관계인 등 수용 및 사용할 토지 및 토지에 있는 물건에 관한 권리를 가지고 있는 자는 수용 및 사용의 시기까지, 기업자에게 토지 및 물건을 인도하고, 물건을 이전하여야 한다(제98조)라고 규정한다.

그 후, 1967년의「토지수용법」개정에 따라 수용재결을 권리취득재결과 명도재결로 2분하게 되었고, 그에 따라 수용재결의 의무이행에 관하여서도 종전의 제98조를 제102조로 개정하면서 당해 토지 및 당해 토지에 있는 물건을 점유하고 있는 자는 명도재결에서 정한 명도의 기한까지 사업시행자에게 토지 및 물건을 인도하고, 물건을 이전하여야 한다고 규정하게 되었다.

(3) 시정촌장의 이행의 대행

현행 일본「토지수용법」은 토지소유자 등의 의무이행이 불가능한 경우를 의무자의 귀책사유가 없는 경우와 의무자의 귀책사유로 인한 경우로 나누어 취급하고 있다.[440] 의무자의 귀책사유가 없는 경우는 대행의 대상으로, 사업시행자의 청구에 의하여 시정촌장(市町村長)이 이행의무자를 대신하여 이행하여야 한다(동법 제102조의 2 제1항). 반면 의무자의 귀책사유로 인도·이전의무가 이행되지 않는 경우 사업시행자의 청구에 의하여 도도부현 지사(都道府県 知事)가 「행정대집행법」에 따라 대집행할 수 있다(같은 조 제2항). 시정촌장의 대행에 관하여 구법상으로는 "대행한다"고 규정하였던 것을, 1951년 「토지수용법」에서는 '대행하여야 한다'는 표현으로 개정하여 시정촌장의 의무임을 선명하게 하였다. 이 규정은 우리 토지보상법 제44조에 상응하는 조문이다.

(4) 도도부현 지사의 대집행

일본 「토지수용법」상 점유이전의무의 대집행에 관한 규정은 구 「토지수용법」과 1951년 「토지수용법」이 중요한 면에서 다르다. 구법에서는 대집행이 가능한 의무불이행은 대집행으로, 대집행이 가능하지 않은 의무불이행은 직접강제가 가능하도록 규정하고 있었다(구법 제73조 제2항). 이 규정에 대하여 일본의 학설은 대집행에 의하여도 목적을 달성할 수 없는 경우에는 직접강제의 수단을 사용할 수 있다고 설명하고 있었다.[441]

1951년 「토지수용법」은 의무의 대행에 관한 규정 및 대집행에 관한 규정은 구법을 승계하고 있으나, 직접강제에 관한 규정을 두고 있지 않다. 「토지수용법」상 직접강제의 폐지에 관하여 일본의 주석서에서는 구법상 직접강제 규정은 「행정대집행법」의 제정(1948년)

---

440) 收用代執行研究會, 『改訂增補 土地收用の代執行』, 28면 참조.
441) 美濃部達吉, 앞의 책, 201면 참조.

이후에도 3년간 존치되었다가 1951년 신 토지수용법 제정으로 폐지
되었는데 동법상 직접강제규정의 폐지 이유는 미상이라고 하고 있
다.442)

(5) 대집행과 대체적 작위의무

사업시행자는 수용을 통하여 취득한 토지 소유권에 근거한 민사
적인 강제집행을 신청할 수 있다. 여기에 더하여 피수용자가 의무의
이행을 실현하지 않는 경우 「토지수용법」상의 행정강제를 신청하는
것도 가능하다. 사업인정을 통하여 당해 개발사업의 공익성이 인
정되었고, 수용에 따른 대체적 작위의무의 이행기한이 행정처분
(명도재결)으로 정해져 있는데도 기한 내에 이행하지 않아 공익실현
을 저해하는 경우 행정강제를 통하여 의무를 실현할 가치가 있기 때
문이다.443)

일반적으로 행정기관이 사법부의 도움을 받지 않고 자력으로 강
제력을 발동하는 것을 행정의 자력강제라고 한다.444) 대집행에 있어
강제력의 발동은 법률의 규정에 의한 행정처분에 따라 대체적 작위
의무를 의무자에게 부과하였으나, 의무자가 그 대체적 작위의무를
이행하지 않는 것을 가장 중요한 요건으로 한다. 반면, 직접강제는
의무자가 이행하지 않은 의무가 작위의무이기만 하면 되고 대체적
이든 비대체적이든 묻지 않는다.

수용에 따라 피수용자가 부담하는 의무는 "토지 또는 물건을 인
도할 의무"와 "물건을 이전할 의무"이다(일본 토지수용법 제102조).
이 점은 우리나라의 법제상으로도 마찬가지이다(토지보상법 제43

---

442) 小澤道一, 『逐條解說 土地收用法(下)』, 534면 참조.
443) 広岡 隆, 『行政代執行法』, 有斐閣, 1970, 34면 참조. 高田/国宗, 290면에서
   는 수용재결에 따른 명도의무를 '공법상 의무'라고 설명한다.
444) 塩野 宏, 앞의 책, 203, 207면 참조.

조). 토지 또는 물건을 사업시행자에게 인도할 의무는 유체물 급부의무이고, 지장물을 사업구역 바깥으로 이전할 의무는 대체적 작위의무이다. 전자는 그 이행의 원칙상 의무자 본인의 의사에 기하여야 유효한 이행이 되므로 비대체적 작위의무이지만, 후자는 의무자 본인의 의사와 관계없이 타인에 의하여 대체이행이 가능한 대체적 작위의무로 분류된다.445) 일본 「토지수용법」은 이러한 의무불이행에 대한 행정강제의 방법으로 시정촌장의 대행과 도도부현지사의 대집행이라는 두 가지 수단을 채택하고 있지만, 토지 또는 물건의 인도의무는 비대체적 작위의무라는 점에서 대집행의 대상이 되는지 여부가 학설상 다투어지고 있다(표 6 참조).446)

〈표 6〉 일본 토지수용법의 인도의무·이전의무와
대행 및 대집행

구 분		시정촌장의 대행	도도부현지사의 대집행
① 토지 또는 물건의 인도의무 : 비대체적 작위의무	이행불능	○	X
	이행지체·불완전 이행	X	학설대립 있음
② 물건의 이전의무 : 대체적 작위의무	이행불능	○	X
	이행지체·불완전 이행	X	○

---

445) 收用代執行研究會, 『改訂增補 土地收用の代執行』, 34-35면 참조.
446) 표 출처 : 收用代執行研究會, 『改訂增補 土地收用の代執行』, 35면.

3. 우리 토지보상법상 대집행의 활용가능성

(1) 민사상 강제이행과 행정강제

일본에서는 대집행의 대상이 '대체적 작위의무' 불이행인 것으로 이해하고 있어, 비대체적 작위의무인 토지 및 물건의 인도의무를 대상으로 규정된 일본 「토지수용법」의 대집행 조항이 과연 실효적인 규정인가에 대하여 다툼이 있다.447)

이행강제의 대상이 되는 의무의 성질을 분류하고, 그에 대응하여 강제집행의 방법이 결정되도록 하는 방식은 민법의 의무분류에 따른 강제이행 이론과 비교하여 볼 수 있다. 민법상 의무의 강제이행에는 ① 직접강제, ② 대체집행, ③ 간접강제가 있다. 직접강제는 원칙적으로 물건 인도의무와 같이 '주는 의무'의 불이행이 그 대상이 되고(민법 제389조 제1항),448) 대체집행은 '하는 의무' 중 대체적인 성질의 것, 즉 '대체적 작위의무'의 불이행을 그 대상으로 한다.449) 민사법의 영역에서 직접강제는 집행의 상대방에 대한 신체적 강제

---

447) 일본 토지수용법의 대집행 조항의 해석에 관하여 (i) "무의미하고 공허한 규정"이라는 견해, (ii) 대집행이라는 조문의 문언에 불구하고 직접강제를 규정한 것이라는 견해, (iii) 인도의무는 비대체적 의무가 아니므로 위 규정에 따라 대집행이 가능하다는 견해 등 학설상 다양한 의견이 주장되고 있다. 小澤道一, 『逐條解說 土地收用法(下)』, 540-544면 참조.

448) 민사집행에서 강학상 물건의 인도 등을 목적으로 하는 채권에 대응하는 채무를 주는 채무(L'obligation de donner)라고 부르고, 주는 채무에 관한 강제집행의 방법은 원칙적으로 직접강제에 의한다. 編輯代表 金祥源/朴禹東/李時潤/李在性, 『註釋 民事執行法(V)』, 韓國司法行政學會, 2004(이하 『註釋 民事執行法(V)』), 34면(徐基錫 집필부분) 참조.

449) 민사집행에서 강학상 작위나 부작위를 목적으로 하는 채권에 대응하는 채무를 하는 채무(L'obligation de faire ou de ne pas faire)라 부르고, 이러한 채무는 성질상 대체성이 있는지 여부에 따라 그 강제집행수단이 대체집행과 간접강제로 나뉜다. 『註釋 民事執行法(V)』, 34면, 81-82면(徐基錫 집필부분) 참조.

가 없기 때문에 가장 인도적(人道的)인 강제집행이라고 이해되고 있다.[450] 따라서 민사법에서는 직접강제의 한계나 집행 제한에 관하여 기본권 제한의 측면을 중점적으로 강조하고 있지 않다.[451] 이러한 시각은 일본에서도 공통적이다.[452] 민사집행에서 직접강제의 대상이 되는 '주는 의무' 그 자체는 청구권의 목적이 된 물건을 직접 주는 것에 불과하기 때문에 상대방에게 어떤 신체적 제약을 가하는 것이 아닌 것으로 이해된다. 이는 동일한 사안에 대하여 사법과 공법이 서로 다른 시각을 가지고 있는 경우에 해당한다.

민사법과 달리 공법상 행정강제에서는 직접강제를 가장 심각한 기본권 침해적 효과가 있는 최후의 집행수단으로 보고 있다. 독일 연방행정집행법(Verwaltungs-vollstreckungsgeset, VwVG)은 행정강제로서 대집행, 강제금, 직접강제, 즉시강제를 규정하고 있다.[453] 독일의 학설은 연방행정집행법 제9조 제2항에 규정된 ① 대집행, ② 강제금, ③ 직접강제의 순서로 상대방에 대한 침해의 정도가 심각해지는 것이라고 보고 강제수단은 강제의 목적과 적절한 비례를 유지하는 범위 내에서 적용되어야 한다고 해석하고 있다.[454]

---

[450] 『註釋 民事執行法(V)』, 82면(徐基錫 집필부분) 참조.

[451] 우리나라 「민사집행법」은 채무자가 부동산을 인도하여야 할 때에는 집행관은 채무자로부터 점유를 빼앗아 채무자에게 인도하여야 한다고 규정하고(제258조), 독일 민사집행법도 채무자가 부동산을 인도하여야 할 때에는 집행관은 채무자로부터 점유를 빼앗아 채권자에게 점유를 이전하여야 한다고 규정하고 있을 뿐(§885 Abs. 1 ZPO), 비례원칙을 고려한 특별한 규정은 찾아보기 어렵다(문영화 譯, 『민사소송법 번역집(독일)』, 법무부, 2019, 609면). 다만 학설상으로 채무자의 퇴거를 강제함에 있어서는 條里를 따라야 하고, 특히 채무자가 臥病 중이어서 퇴거 강제가 병세를 현저히 악화시키는 사정이 있는 때에는 집행을 일시 보류함이 상당하다고 한다. 『註釋 民事執行法(V)』, 59면(徐基錫 집필부분) 참조.

[452] 中野貞一郞/下村正明, 『民事執行法』, 靑林書院, 2016, 10면 참조.

[453] VwVG § 9 Zwangsmittel

[454] Wolff/Bachof/Stober/Kluth, Verwalungsrecht Ⅰ, 12. Aufl., Müchen 2007, S.

제2차 세계대전 패전 이전에 일본은 「행정집행법」(1900년 제정)에 따라 행정강제의 수단으로 (i) 대체적 작위의무에 대하여는 대집행(동법 제5조 제1항 제1호)을, (ii) 비대체적 작위의무나 부작위 의무에 대하여서는 집행벌(같은 항 제2호)을, (iii) 앞의 수단들에 의해서 의무이행을 확보할 수 없는 경우에는 직접강제(같은 조 제3항)를 활용할 수 있도록 하고 있었다. 패전 이후 일본의 행정강제 법제는 큰 폭의 변화를 경험하게 된다. 즉시강제는 대폭 제한된 형태로 그 일부가 「경찰관 직무집행법」에 인계되었을 뿐, 일반적으로 인정되는 행정강제 수단에서 제외되었고, 대집행의 근거법으로 「행정대집행법」이 제정되었다(1948년). 이에 따라 직접강제는 특별한 경우 개별 법률에서 규정하고 있지 않은 한 원칙적으로 허용되지 않게 되었다.[455]

우리나라는 일제 강점기에는 패전 이전의 일본 법제와 같은 내용의 「행정집행령」(1914년 제정)에 따라 행정강제가 이루어지고 있었으나, 정부 수립 이후 일본 법제의 영향을 받아 1953년에 「경찰관직무집행법」이 제정되었고 1954년에는 「행정대집행법」이 제정되었다. 이에 따라 행정대집행을 원칙적인 행정강제 수단으로 하고, 직접강제는 개별 법률에서 특별히 규정하고 있지 않는 한 원칙적으로 허용하지 않는 패전 이후 일본 행정강제의 기본 구조는 우리나라 행정강제법제에서도 유사하게 나타나고 있다.[456]

---

910 참조; 박재윤, "행정집행에 관한 통일적 규율의 가능성과 한계", 『공법연구』 제40집 제1호, 2011. 10, 447면 각주 38)에서 재인용.

[455] 당시 미군정당국은 일본에서 패전 이전에 직접강제가 남용되었음을 이유로 직접강제에 관한 일반법적 근거 규정의 입법에 반대하였다고 한다. 일본 행정강제 법제의 변천에 관하여는 趙淵八, "行政上 義務履行强制와 民事訴訟 – 韓日間의 學說·判例의 比較를 中心으로 – ", 『공법학연구』, 제11권 제3호, 2010. 8, 416-518면 참조.

[456] 金道昶, 『一般行政法論 (上)』, 554면 각주 2); 趙淵八, 앞의 논문, 417면 각주 17) 참조.

(2) 토지 및 물건의 이전·의무에 대한 대집행이 가능한가?

1) 주류적인 판례의 입장

우리나라의 현행 「토지보상법」은 "이 법 또는 이 법에 따른 처분으로 인한 의무를 이행하여야 할 자가 그 정하여진 기간 이내에 의무를 이행하지 아니하거나 완료하기 어려운 경우 또는 그로 하여금 그 의무를 이행하게 하는 것이 현저히 공익을 해친다고 인정되는 사유가 있는 경우에는 사업시행자는 시·도지사나 시장·군수 또는 구청장에게 「행정대집행법」에서 정하는 바에 따라 대집행을 신청할 수 있다. 이 경우 신청을 받은 시·도지사나 시장·군수 또는 구청장은 정당한 사유가 없으면 이에 따라야 한다."라고 규정하고 있다(제89조 제1항).

법문의 표현에 그대로 따르면 사업시행자가 수용재결로 소유권을 취득한 토지의 인도 및 그 지상 지장물에 관하여 피수용자 및 제3자의 이전의무의 불이행이 있는 경우, (비록 그 의무불이행이 공익을 해한다는 조건이 추가적으로 요구되기는 하지만) 사업시행자는 별다른 제한 없이 시·도지사나 기초 자치단체장에게 대집행을 신청할 수 있고, 그 신청을 받은 행정청은 대집행을 실시하여야 할 것처럼 보인다.

그러나 현재 주류적인 대법원 판례는 사업시행자가 수용으로 취득한 부동산 또는 물건의 인도에는 '명도'가 포함되어 실력행사가 수반되므로 이는 대체적 작위의무에 해당한다고 보기 어렵고, 직접강제의 대상이 될 수 있을 뿐이라고 해석하고 있다.[457]

구 토지수용법 제63조는 "토지소유자 및 관계인 기타 수용 또는 사용할 토지나 그 토지에 있는 물건에 관하여 권리를 가진 자는 수용 또는 사용의 시기까지 기업자에게 토지나 물건을 인도하거나 이전하여야 한다."라고 규정하고 있고, 제64조는 "다음 각 호의 1에 해당할 때에는 시장·군수 또는 구청장은 기업자의 청구에 의하여 토지 또는 물건의 인도나 이전을 대행하여야 한다."라고 규정하면서, 제1호에서 "토지나 물건을 인도 또는 이전할 자가 고의나 과실 없이 그 의무를 이행할 수 없을 때"를, 제2호에서 "기업자가 과실 없이 토지나 물건을 인도 또는 이전할 자를 알 수 없을 때"를 각 규정하고 있으며, 제77조는 "이 법 또는 이 법에 의한 처분으로 인한 의무를 이행하지 아니하거나 기간 내에 완료할 가망이 없는 경우 또는 의무자로 하여금 이를 이행하게 함이 현저히 공익을 해한다고 인정되는 사유가 있을 때에는 시·도지사나 시장·군수 또는 구청장은 기업자의 신청에 의하여 행정대집행법의 정하는 바에 의하여 이를 대집행할 수 있다."라고 규정하고 있는데, 위 각 규정에서의 '인도'에는 명도도 포함되는 것으로 보아야 하고, 이러한 명도의무는 그것을 강제적으로 실현하면서 직접적인 실력행사가 필요한 것이지 대체적 작위의무라고 볼 수 없으므로 특별한 사정이 없는 한 행정대집행법에 의한 대집행의 대상이 될 수 있는 것이 아니다.[458]

현재의 주류적인 판례 상황에 따르면 사업시행자가 수용으로 취득한 토지나 그 지상 건축물에 점유자가 존재하고 있고, 인도 또는 이전을 거부하고 점유를 계속하고 있는 경우 실제로 대집행은 허용되지 않는다. 그리고 현행 「토지보상법」은 이런 경우에 직접강제가 가능하다고 별도로 규정하고 있지도 않으므로, 결국 현행 「토지보상

---

458) 대법원 2005. 8. 19. 선고 2004다2809 판결[가처분이의][공2005.9.15.(234), 1493]

「법」상 수용대상이 된 부동산 또는 물건의 인도의무 불이행에 대한 행정강제 수단은 존재하지 않는다는 결론에 이른다.

2) 학설상의 논의

그동안 국내 학설상으로도 토지나 건축물의 인도의무에 대하여 대집행이 허용될 수 있는지가 논의되어 왔다. (i)「토지보상법」의 대집행 규정은 토지 등의 인도의무에 대한 대집행을 허용하고 있는 규정이라고 해석하는 견해,459) (ii) 토지 등 인도의무에 대한 대집행은 직접강제가 되지 않는 범위에서만 가능하다고 보는 견해,460) (iii)「토지보상법」이 대집행 규정을 두고 있는 이상 대집행이 가능하지만 그 법적 성질은 직접강제를 인정한 것이라고 하는 견해,461) (iv) 실력에 의한 점유배제는 직접강제의 대상이 되는 것이므로 대집행 규정에 따라 의무이행이 실현되기 어렵지만, 사업시행자에 대한 토지의 인도를 선언하고 그 취지를 표시하는 방식으로 집행 목적을 달성할 수 있다고 하는 견해,462) (v)「토지보상법」의 대집행 조항에는 은폐된 흠결(verdeckte Lücke)이 있어 입법적 보완이 필요하다는 견해,463) (vi) 인도의 대상인 토지 등을 사람의 신체로 점유하고 있는 경우에는 대집행을 할 수 없지만, 가재도구 등 동산으로 점유하고 있는 경우에

---

459) 김용섭, "代執行에 관한 法的 考察", 『행정법연구』, 제4호, 1999. 132면 참조.
460) 박규하, "代執行의 要件, 節次, 不服", 『고시연구』 제238호, 1994 1. 104면 참조.
461) 박균성, 『행정법론(하)』, 519면 참조.
462) 김동희, 『행정법 Ⅱ』, 408-409면 참조.
463) 이 견해에서는 「토지보상법」상 대집행 조항의 입법적 보완이 필요함을 전제로, 현재의 규범 상태는 사업시행자가 토지소유자 및 관계인과 의견 합치 없이 수용절차를 일방적으로 진행하는 경우 결과적으로 이러한 시도를 어느 정도 저지하는 효과를 발휘할 수 있는 측면도 존재하는 점을 지적하고 있다. 안동인, "私人의 公用收用과 公·私益의 調和", 『행정법연구』, 제46호, 2016. 8, 327-328면 참조.

는 대집행이 가능하다고 보는 견해,[464] (vii) 「토지보상법」상 대집행
의 주된 목적은 토지를 그대로 인도받는 것보다는 토지상의 건축물
을 철거하려는 것에 있으므로, 건축물을 철거함으로써 인도의무가
집행될 수 있고, 건축물 철거라는 주된 의무에 대하여 대집행이 완
료된 이상 기존 점유자의 점유도 상실된 것으로 해석하는 견해[465]가
있다.

3) 판례상 대집행이 허용되지 않는 이유

현재 대법원 판례의 주류적인 입장은 「토지보상법」에 따른 인도
의무는 행정대집행의 대상이 되지 못하지만, 오히려 민사상 명도단
행가처분의 대상은 될 수 있다고 한다.[466] 판례가 수용취득한 부동
산 또는 물건의 인도에 대한 대집행을 허용하지 않는 결론을 도출하
는 과정에서 제시한 논거는 크게 두 가지로 압축할 수 있다. 첫째,
이론적으로 부동산이나 물건의 인도의무의 법적 성질은 대체적 작
위의무가 아니므로 직접강제의 대상이 될 수 있을지언정 대집행의
대상이 될 수는 없다. 둘째, 집행의 실제상 '인도'에는 '명도'가 포함
되므로 토지나 건축물을 점유하고 있는 사람에 대한 실력행사가 수
반되어 인신에 대한 제약이 가해지게 된다.

'명도(明渡)'는 일본법에서 사용하는 용어로 토지나 건축물을 비
워서 인도하여 준다는 의미를 가지고 있다. 우리 민사집행법 주석서
에서는 부동산의 인도는 채무자로 하여금 점유를 완전히 포기하게
하는 것으로서 채무자가 부동산에 살림을 가지고 거주하거나 점유

---

464) 박윤흔, 『최신행정법강의(하)』, 박영사, 2004, 508-509면 참조.
465) 이상덕, "행정대집행과 민사소송의 관계 - 대법원 2000. 5. 12. 선고 99다
    18909 판결에 대한 평석 -", 『재판실무연구』, 2009. 1, 471-472면; 박재윤,
    앞의 논문, 451-452면 참조.
466) 대법원 2005. 8. 19. 선고 2004다2809 판결.

하는 경우 이들 물건들까지 가지고 나가게 하는 것을 뜻하는 '명도'를 포함하는 개념이라고 설명하고 있다.[467] 판례는 의도적으로 이 용어를 채택함으로써 집행과정에서 현재 토지나 건물을 점유하고 있는 사람을 내보내는 강제적 작용이 수반된다는 측면에 주목한다. 전체 집행의 과정 중 현재 집행의 대상이 된 물건을 점유하고 있는 사람이 자기의 점유를 풀고 나간다는, 退去라는 측면을 떼내어 조명하면 이는 비대체적 작위의무로서 (직접강제의 가능성은 존재하지만) 성질상 대집행이 불가능하다.

그러나 주류적인 판례의 입장과는 달리 대법원 2017. 4. 28. 선고 2016다213916 판결은 "행정대집행의 방법으로 건물철거의무의 이행을 실현할 수 있는 경우에는 건물철거 대집행 과정에서 부수적으로 그 건물의 점유자들에 대한 퇴거 조치를 할 수 있는 것"이라고 판시하고 있다. 또한 형사판결인 대법원 2011. 4. 28. 선고 2007도7514 판결에서는 행정대집행의 방법으로 건물철거의무의 이행을 실현할 수 있는 경우에는 건물철거 대집행 과정에서 부수적으로 그 건물의 점유자들에 대한 퇴거 조치를 할 수 있는 것이고, 점유자들이 적법한 행정대집행을 방해한 경우 공무집행방해죄를 구성하는 것이라고 하였다. 민사집행에 관한 학설상으로도 점유자가 철거의무자인 경우에는 건물철거의무에 퇴거의무까지 포함된 것으로 볼 수 있으므로 별도로 퇴거를 명하는 집행권원이 필요하지 않다고 이해한다.[468]

물론 앞의 2016다213916 판결은 행정주체가 공법상의 수단을 보유하고 있으면서 이를 선택하지 않고 민사소송으로 우회하는 것을 막고자 하는 취지이므로 일반화하기에는 한계가 있다.[469] 그러나 「토지보상법」상 인도·이전의무의 대집행 가능성에 관한 주류적인

---

467) 『註釋 民事執行法(Ⅴ)』, 54-55면(徐基錫 집필부분) 참조.
468) 『註釋 民事執行法(Ⅴ)』, 55면(徐基錫 집필부분) 참조.
469) 김종보, "공익사업에서 점유이전과 생활보상", 103면 각주 31) 참조.

판례의 입장과는 달리 건축물 철거의무의 대집행의 과정에서 그 건축물 점유자에 대한 퇴거도 부수적으로 집행될 수 있다고 보는 판례의 흐름이 분명히 존재하고 있다. 그런데 이들 판례는 모두 「토지보상법」상의 대집행 규정이 적용되는 사안은 아니었고, 「공유수면관리법」(2016다213916 판결 사안)이나 「공유재산 및 물품관리법」(2007도7514 판결 사안)과 같은 다른 공법의 규정에 따른 대집행이 문제되었다. 이러한 사안들에서는 특별히 대집행의 상대방인 점유자의 점유박탈에 대한 보상의 문제는 제기되지 않았다. 반면, 「토지보상법」의 토지 등 인도의무의 강제에 있어서는 많은 경우 집행 상대방이 동시에 동법에 따른 보상 권리자이기도 하기 때문에, 이들의 점유를 박탈하는 집행현장에서는 정당 보상의 문제가 제기된다는 점에서 중요한 차이점이 있다.

행정강제에 있어서는 집행에 수반되는 상대방 또는 관계인의 모든 세부적인 동작 또는 행위를 모두 강제의 대상으로 포착하는 것은 적절하지 않고 또한 현실적으로 가능하지도 않지만, 분명한 것은 집행의 상대방에 대한 기본권 제한의 측면에서 법적으로 중요한 효과를 갖는 요소들은 행정강제의 성질을 규정하는데 있어서도 충분히 고려되어야 한다는 점이다. 특히 「토지보상법」상 인도·이전의무의 행정강제에 있어서는 점유자의 점유 박탈이 보상과 견련되어 있다는 점에서 주류적인 판례의 결론은 상당한 설득력을 갖는다.

한편 현재의 주류적인 판례에서 제시된 첫 번째 논거와 두 번째 논거는 개념적으로는 서로 상충하는 양상을 보인다. 토지 또는 건축물의 인도의 법적 성질이 대체적 작위의무가 아니라는 점을 강조하는 것은 민사법적인 의무 분류론의 관점이 강하게 투영된 것이라고 할 수 있다. 이에 따르면 논리적 귀결로는 오히려 민법상 직접강제를 바라보는 시각과 같이 집행 상대방의 신체에 대한 제한이 없는 대체적 집행으로서 집행과정에 특별히 고려할만한 인격적 침해가 없다는 측면이 부각될 수도 있다. 반면 두 번째 논거; 인도 집행과정에서 상대방에 대한 '실력행사'가 수반된다는 점은 행정강제의 목적과 침해되는 이익 사이의 비례원칙을 강렬하게 환기시키며, 행정강제의 한계가 전면에 부각되도록 한다. 이는 전형적인 공법적 관심사이다.

판례는 결론을 도출함에 있어 두 가지 논거를 동시에 구사하고 있지만 실제로 결론을 정당화하는 과정에서 제시하고 싶은 논거는 후자에 보다 집중되어 있다고 추측할 수 있다. 민사집행법에서 물건 인도의무의 강제는 적어도 실무적으로는 그 한계에 대한 심각한 고민이 없이 단순한 집행 가능(직접 강제의 대상)의 영역으로 이해되고 있다. 행정법 이론상으로도 '대체적 작위의무'의 불이행이 대집행의 대상이 된다는 설명은 민사법적인 의무 분류론에 상응하여 행정강제의 종류를 범주화하고 있다. 이러한 이해방식은 우리나라 뿐 아니라 일본에서도 마찬가지로 통용력을 가지고 있는 것으로 보인다.[470]

그런데 「토지보상법」상 수용재결에 따른 토지나 물건의 인도의무의 강제에 있어서 이 이론이 실제로 사안을 해명하고 문제를 해결하는 능력을 충분히 발휘하고 있는지에 대해서는 약간의 의문이 생긴다. 민법의 세계에서는 '주는 의무'나 '대체적 작위의무'나 모두 직접강제에 의하든 대체집행에 의하든 결국 강제집행의 대상이 된다는 점에서 결론적으로는 아무 차이가 없다. 그러나 공법의 영역에서 원칙적으로 직접강제는 법률의 특별한 규정이 없으면 허용되지 않기 때문에, 물건의 인도의무는 직접강제의 대상만 될 뿐 대집행의 대상이 되지 못한다는 관념적 이해는 사실상 공법상 물건 인도의무 불이행에 대한 행정강제의 가능성 자체를 전적으로 봉쇄하는 결과를 초래한다. 공법적으로는 행정 상대방이 불이행하고 있는 급부의 내용

---

[470] 小澤道一, 『逐條解說 土地收用法(下)』, 540-544면 참조.

그 자체가 개념적으로 어디에 해당하는가라는 분류보다는 ① 행정강제로 달성하고자 하는 행정목적의 중요성과 ② 행정강제로 상대방이 입게 되는 법익 침해의 효과 사이의 비례관계가 훨씬 더 중요한 의미를 갖는다고 생각된다.

그러므로 사업시행자가 수용절차에 따라 토지등의 소유권을 취득하였음에도 상대방이 그 인도의무를 불이행하고 있는 경우, 그 집행 과정에서 수반하는 점유자의 신체에 대한 퇴거 강제나 주거 내에 있는 물건의 반출 등으로 행정강제의 상대방에 대한 기본권 침해가 심각한 효과를 갖고, 또한 「토지보상법」상 점유자의 점유 박탈은 정당 보상의 관철이라는 중요한 이익과 밀접하게 관련되어 있기 때문에 법률이 따로 직접강제의 대상으로 명시하고 있지 않은 이상 행정강제의 대상이 되지 못하고, 법관에 의한 별도의 판단을 거치지 않고는 허용되지 않는다고 설명하는 편이 사안의 실체를 보다 더 명확하게 하는 것이 아닐까라는 생각을 하게 된다.

4) 현행 수용재결의 제도적 결함과 판례의 결론

대법원 판례가 실제로 주목하고 있는 점은 인도 집행의 과정에서 점유자에 대한 실력행사가 수반된다는 점이다. 이러한 판단의 근저에는 우리 수용재결 제도가 일본 법제에서와 같이 실제로 지장물 점유이전의 문제를 어떻게 처리할 것인지를 처분으로 명확히 결정하는 점유이전재결 절차를 따로 마련하고 있지 않고, 재결절차에서 토지의 권리취득 위주로만 다루고 있어 점유박탈로 인한 보상 문제가 누수 없이 해결되지 못하고 있는 우리 수용 법제의 제도적 공백 또는 제도적 불안이 의식되고 있다고 할 수 있다.

민사법적으로는 계약상 의무자나 불법행위자에 대한 의무이행강제에 있어 직접강제의 한계라는 측면이 심각하게 고려할 사항이 되지는 않는다. 강제의 대상이 곧 의무를 부담하는 사람이기 때문이다.

양자가 일치하지 않는 예외적인 경우에는 집행불능이 되거나 승계 집행문의 부여와 같은 절차가 추가적으로 수반된다.

그러나 토지수용에 따른 의무이행에 있어서는 현실적으로 수용 재결의 상대방인 토지소유자와, 토지나 그 지상 건축물을 실제로 점유하고 있는 세입자 등의 다양한 형태의 점유자는 서로 다른 경우가 많고, 이들에 대한 퇴거를 어떻게 규율할 것인지는 기본권 제약의 측면에서 매우 중요한 문제이다. 그러나 우리 법제는 점유이전재결 제도를 별도로 두고 있는 일본과는 달리 이들의 퇴거와 그 점유박탈에 필수적으로 수반되어야 하는 보상 문제를 구체적으로 어떻게 처리할 것인지를 수용재결의 단계에서 사실상 거의 다루지 못하고, 이를 처분의 형태로 사전에 구체적으로 결정하여 주지 못하고 있다. 수용 재결서에서는 단지 사업시행자의 토지 소유권 취득과 지장물인 건축물 등의 이전의무만을 포괄적으로 선언할 뿐이고, 실제 수용 목적인 토지상에 현존하는 지장물과 그것을 점유하고 있는 사람의 퇴거 또는 이주와 그에 수반하는 보상 문제를 어떻게 처리할 것인지는 사실상 집행의 과정에서 처리될 문제로 떠넘기고 있다.

(3) 수용재결의 집행권원으로서의 불완전성

어떤 의무이행을 명하는 문서가 집행권원(Vollstreckungstitel)으로 될 수 있기 위해서는 제1차적으로 집행의 내용 및 범위와 방법을 명확히 특정할 수 있어야 한다.[471] 수용 토지상에 지장물인 건축물이 존재하는 경우 토지와 함께 그 건축물을 사업시행자가 취득한 경우에도 수용재결만으로 지장물인 건축물 철거를 위한 건축물 인도의무의 집행권원이 된다고 보기 어렵다. 수용재결을 통하여서는 집행할 의무의 범위와 방법이 구체적으로 확정되지 못하기 때문이다.

---

[471] 전원열, 『민사소송법 강의』, 제2판, 박영사, 2021, 34면 참조.

현재 수용재결서는 재결 주문에서 지장물인 건축물을 사업시행
자가 취득하게 한다는 것인지 또는 어떤 의무자로 하여금 이전하게
끔 한다는 것인지를 명확히 구분하고 있지 않으며, 의무의 주체를
특정하지 않고 단지 "이전하게 한다."라고만 관행적으로 기재하고
있다. 구체적으로 그 재결에서 명하는 건축물의 '이전'(移轉)의 의미
는 정확히 어떤 것인지, 예컨대 건축물을 해체 후 사업구역 밖으로
옮겨 재축할 것을 요구하는 것인지, 아니면 건축물의 점유를 사업시
행자에게 '인도'(占有의 移轉)하라는 것인지도 재결 주문상으로 명확
히 구별하지 않는다. 또한 지장물인 건축물의 이전(또는 철거)는 누
가 누구에게 이행하여야 의무인지도 특정하지 않고 막연히 "이전하
게 한다"라고만 한다. 수용재결서를 법률전문가가 읽어보아도 사업
시행자가 건축물을 철거하는 것을 피수용자더러 참고 견디라고 명
하는 것인지(受忍下命) 아니면 피수용자인 건축물 소유자에게 자기
의 비용으로 그것을 해체하여 옮길 것을 명하는 것인지(作爲下命)를
알 수가 없다. 실제 그 의미를 어떻게 해석할 것인지는 소송을 통하
여 자주 다투어지고 있다.472)

반대로, 지장물의 처리와 점유이전에 수반되는 보상에 있어서도
건축물 이전비 또는 건축물 자체의 가격 뿐만 아니라 건축물 안에
거주하는 사람들을 위한 영업보상, 이사비, 이주대책 등 다양한 보상
항목이 존재하는데, 현행 수용재결시스템에서 토지수용위원회가 이
러한 각 보상항목들을 명확히 결정하지 못할 뿐 아니라, 보상 내역
도 사실상 사업시행자가 제출한 토지조서·물건조서만으로 판단하기
때문에 실제 건축물의 존립에 이해관계를 가지고 보상을 받아야 할
사람이 재결서상 보상항목에 포함되지 못하고 누락되는 경우도 얼
마든지 발생할 수 있다. 즉 이러한 보상항목들은 제도적으로 수용재

---

472) 대법원 2012. 4. 13. 선고 2010다94960 판결; 대법원 2014. 9. 4. 선고 2013
　　다89549 판결; 대법원 2015. 4. 23. 선고 2014도15607 판결 등.

결에 포함될 것이 보장되지 않으며, 혹시 포함될지 말지는 우연에 달려 있다. 아직까지도 제도상 수용재결에 의하여 목적물의 이전의무는 부담하지만, 재결절차를 통하여 보상금 지급을 보장받지는 못하는 재결외 보상영역에 속하는 다양한 보상항목이 존재하고 있고, 이러한 보상유형은 주로 영업보상, 이주대책, 주거이전비 등으로 건축물의 세입자 등 건축물의 인도의무를 부담하는 점유자에게 지급되어야 하는 보상금에 해당하는 경우가 많음은 앞서 지적한 바 있다.[473]

이처럼 현재 우리나라의 수용재결은 수용 목적물 및 지장물의 점유이전과 관련하여 구체적인 의무의 내용과 범위 및 방식, 의무자, 의무이행에 수반하는 각각의 보상항목을 사전에 명확하게 결정하여 주지 못하는 중요한 결함이 있기 때문에, 집행권원으로서의 효용은 소유권이전등기와 같은 문서적인 방식의 집행 영역 이외에서는 거의 발휘되기 어렵다.

현 시점의 주류적인 대법원 판례가 수용재결만을 근거로 수용 목적물의 인도의무에 관한 대집행이 이루어지기 어렵다고 판단한 이유에는 비록 판결이유에 명시적으로 적시되지는 않았지만 위와 같은 현행 수용재결 제도의 집행권원으로서의 결함이 중요한 고려요소가 되었을 것으로 추측된다. 처분 형식으로 구성된 현행 수용재결 제도가 본래 예정된 집행권원으로서의 기능을 실제 발휘할 수 없는 장애를 가지고 있으므로, 사법부가 공법상 수용의 점유이전에 관한 집행권원 생성 기능을 사실상 자신이 관장하는 민사소송의 영역으로 받아들인 것이라고도 말할 수 있다.

---

[473] 제3장 제3절 I. 5.

4. 사실상 기능을 상실한 대집행 및 대행 조항

현행 「토지보상법」은 집행의 단계에서는 일본 「토지수용법」과 동일하게 대집행과 대행의 근거 조문을 두고 있으나, 대법원 판례에 의하여 토지상 지장물인 건축물의 점유자가 존재하여 인도집행의 과정에 명도가 수반되는 경우에는 대집행이 불허되어 있고, 현실적으로도 대집행은 집행 현장의 반발 등을 의식하여 사실상 사문화되어 있다. 「토지보상법」 제87조에 따른 대집행 및 동법 제44조에 따른 대행이 실제 거의 실시되지 않고 있음은 다음의 표에서 확인할 수 있다(표 7).[474]

「토지보상법」 제정 이전 구 「토지수용법」 체제 하에서 작성된 정책 자료에서도 이미 민선 지방자치단체장의 출범으로 인하여 지방자치단체의 협조가 미흡하여 대집행이 효율적으로 이루어지지 못하고 있음을 언급하고 있다.[475] 이러한 문제의식에 따라 제정 「토지보상법」은 대행 조항에서는 "대행하여야 한다"는 의무 조항으로 표현을 수정하고(제44조 제1항), 대집행 조항에서는 사업시행자의 대집행 신청이 있으면 신청을 받은 시·도지사 등은 "정당한 사유가 없는 한 응하여야 한다"고 규정하였다(제89조 제1항).[476] 그러나 집행권원으로 기능할 수 없는 현행 수용재결의 근본적 한계가 제도적으로 보완되지 않는 한 조문의 자구 수정만으로 이 문제가 해결되기는 어려울 것으로 생각된다.

---

[474] 아래 표는 저자가 2021. 8. 20. 서울특별시 및 각 자치구를 상대로 청구한 정보공개청구 결과를 취합하여 작성한 것이고, 형식상 정보부존재 통지를 한 경우라도 정보공개 이유에서 해당 기간 내 대집행 신청 및 실적 건수가 없다고 밝힌 경우에는 신청 및 집행 건수로 표시하였다.

[475] 허재준, "수용보상법제의 정비방향", 『국토』, 1996. 11, 61면 참조.

[476] 국회 건설교통위원회 수석전문위원 손성태, 『토지보상법안 검토보고서』, 2001. 4, 24-25면 참조.

〈표 7〉 최근 5년(2016-2020)간 토지보상법에 따른
서울특별시 및 자치구의 대집행/대행 신청 및 실시 내역

구 분	대집행 신청 건수	대집행 실시 건수	비 고	대행 신청 건수	대행 실시 건수	비 고
서울특별시	-	-	'정보 부존재'	-	-	권한 없음
종로구	0건	0건		0건	0건	
중구	0건	0건		-	-	'정보 부존재'
용산구	0건	0건		0건	0건	
성동구	0건	0건		0건	0건	
광진구	0건	0건		0건	0건	
동대문구	0건	0건		0건	0건	
중랑구	0건	0건		0건	0건	
성북구	-	-	'정보 부존재'	-	1건 (2019년)	
강북구	0건	0건		0건	0건	
도봉구	0건	0건		0건	0건	
노원구	0건	0건		0건	0건	
은평구	0건	0건		0건	0건	
서대문구	0건	0건		0건	0건	
마포구	0건	0건		0건	0건	
양천구	1건 (2017년)	1건 (2017년)		0건	0건	
강서구	0건	0건		0건	0건	
구로구	(미답변)	0건		0건	0건	
금천구	0건	0건		0건	0건	
영등포구	-	-	'정보 부존재'	0건	0건	
동작구	0건	1건 (연도미상)		0건	0건	
관악구	(미답변)	0건		0건	0건	
서초구	0건	0건		0건	0건	
강남구	0건	0건		0건	0건	
송파구	0건	0건		0건	0건	
강동구	0건	0건		0건	0건	
합 계	1건	2건		0건	1건	

결론적으로 현행 「토지보상법」의 대집행 조항은 현행 수용재결의 제도적 미비를 의식한 판례와 함께, 보상미완료 또는 보상절차로부터 배제된 건축물 점유자 등에 의한 집행현장의 강력한 반발과 같은 복합적인 원인으로 그 기능을 발휘하지 못하고 사실상 사문화되어 있는 것으로 보인다.

II. 민사집행

1. 민사집행으로 처리되고 있는 인도·이전의 강제

지금까지 살펴본 바와 같이 현행법상 공용수용절차에서 취득한 토지 및 지장물의 인도의무가 이행되지 않는 경우 그 의무이행에 관한 공법적 강제수단은 사실상 없으므로, 토지를 수용한 사업시행자의 입장에서 집행의 대안으로 고려할 수 있는 것은 수용재결의 효력으로 취득한 토지 소유권을 근거로 민사적인 강제집행을 시도하는 방법이다.

즉, 사업시행자는 ① 수용개시일에 취득한 토지 소유권에 근거한 목적물인도청구 및 방해배제청구권을 청구원인으로 하여 토지 및 건축물의 점유자를 상대로 민사소송인 수용 목적물(토지) 인도청구 소송을 제기하고, ② 위 민사소송을 통하여 얻게 된 집행권원(확정판결 또는 명도단행가처분 결정)의 집행이라는 민사법적인 강제수단을 모색하게 된다.

우리나라 판례의 주류적 경향은 행정상 강제집행수단이 법정되어 있는 경우 의무이행의 실현을 위하여 민사소송을 제기하는 것을 허용하지 않는다. 대법원 2000. 5. 12. 선고 99다18909 판결에서는 "행정대집행의 절차가 인정되는 경우에는 따로 민사소송의 방법으로 공작물의 철거, 수거 등을 구할 수는 없다"고 하였고, 대법원 2012. 3. 15. 선고 2011다17328 판결은 「보조금의 예산 및 관리에 관한 법률」에 따라 보조금 반환을 구하는 경우 국세체납처분의 예에 따라 강제징수할 수 있으므로 민사소송으로 그 반환을 청구할 수는 없다고 하였다. 이러한 판례의 입장에 대하여 公法과 私法의 관계를 일반법과 특별법의 관계로 보는 기초에서, 어떤 의무이행확보에 관하여 적용될 공법의 절차규정이 존재한다면 공법의 규정이 우선 적용되어야 하는 관계로 파악하고 있는 것으로 분석하는 견해가 유력하다.[477] 다만 주류적 판례의 입장과는 달리 국유재산의 변상금 부과처분을 할 수 있는 관리청이 민사상 부당이득반환청구소송을 제기할 수도 있다고 한 예외적인 판결례도 있다.[478]

학설상으로는 행정상 강제집행수단이 법정되어 있는 경우에 민사소송을 통하여 의무이행의 결과를 실현하는 것은 허용할 수 없다는 입장이 일반적이다. 그 이유로는 행정상 강제집행수단이 법정되어 있음에도 민사상의 집행수단에 의하여 의무이행을 확보하는 것은 행정상 강제집행수단을 규정한 법률의 취지에 반한다는 점이 제시된다.[479] 반면, 행정상 강제집행수단이 별도로 법정되지 않은 경우라면, 달리 의무이행을 확보할 수단이 없게 되고 행정주체를 사인보다 더 불리하게 취급하여야 할 이유도 없으므로 민사적 강제집행을 이용하는 것이 허용된다.[480]

「토지보상법」에 따라 사업시행자는 수용개시일에 토지나 물건의

---

477) 이상덕, 앞의 논문, 455-457면 참조.
478) 대법원 2014. 7. 16. 선고 2011다76402 전원합의체 판결. 이 판결에서는 변상금 징수권과 부당이득반환청구권은 그 목적과 성립요건이 다르고, 변상금 부과처분을 할 수 없는 때에도 민사상 부당이득반환청구권은 성립하는 경우가 있을 수 있다는 점 등이 논거로 제시되었다.
479) 김동희, 『행정법 Ⅰ』, 478면; 김철용, 『행정법』, 367면 참조.
480) 김동희, 『행정법 Ⅰ』, 479면; 김철용, 『행정법』, 369면 참조.

소유권을 취득하므로(동법 제45조 제1항) 私法상 소유권자가 된다.
이러한 私法상의 권리행사를 민사소송 및 민사집행의 방법으로 실
현할 수 있다는 것에는 특별한 異見이 발견되지 않는다.[481]

　우리나라의 주류적 판례는 「토지보상법」의 인도·이전의무의 강제
집행에 관하여, 사실상 「토지보상법」에 따른 대집행이라는 행정강제
절차를 불허하고 민사소송을 통하여 그 의무이행을 확보하도록 하
고 있다. 현행 수용재결은 헌법상 정당보상 원칙을, 특히 점유의 박
탈과 관련된 보상항목들에 있어서는 제대로 구현하지 못하고 있으
며, 수용제도의 개념 본질에 따른 기능(사업시행자의 물건에 대한 지
배권 확보) 역시 불명확하고 포괄적인 점유이전 판단으로 인하여 제
대로 구현하지 못하고 있다. 현재의 판례에 따라 수용재결이 된 토
지 및 그 지상물의 인도·이전의무를 민사소송으로 재차 판단하게 될
경우 적어도 이행판결로 표시되는 명확한 이행명령을 통하여 누가
누구에게 어떤 의무를 어떻게 이행하여야 할지를 명하는 구체적인
집행권원을 생성할 수 있다. 이에 따라 적어도 사업시행자의 수용
목적물에 대한 지배권 확보 기능은 실현될 수 있게 된다.

2. 민사절차화된 이행강제의 문제점

　그러나 현재의 주류적 판례들에서는 「토지보상법」상의 점유이전
의무이행에 관한 행정강제를 불허하고, 민사소송과 민사집행절차를
통하여 그 의무이행을 확보하도록 선언하였을 뿐, 실제 그 민사소송
절차 안에서 헌법적 통제원리, 즉 정당보상 원칙의 관철과 비례원칙
을 고려한 해결방법을 채택할 수단을 명시하지는 않았다. 결국 우리
나라에서 수용 토지 및 건축물에 대한 강제집행은 단순히 민사절차

---

481) 이상덕, 앞의 논문, 463면 참조. 이는 일본에서도 마찬가지인 것으로 보인
　　다. 收用代執行研究會, 『改訂增補 土地收用の代執行』, 23면 참조.

화되었다고 할 수 있다. 이러한 결과는 또 다른 문제를 낳게 된다.

첫째, 본안 판단의 측면에서, 민사소송으로 제기된 인도소송에서 수소법원은 청구원인으로서 사업시행자인 원고의 소유권 취득사실(수용재결이 있는 사실, 수용개시일이 도래한 사실, 수용재결로 정한 보상금을 지급하였거나 공탁한 사실)만을 심리하면 족하고, 반대로 피고들 -토지나 건축물의 점유자-이 법령이 정한 보상금을 지급받지 못하였다는 사정은 민사소송에서 유효한 항변사유가 되지 못하며, 별도로 행정소송을 통하여 구제받아야 할 사정에 불과하다고 판단할 가능성이 높다. 실제로도 종래 정당 보상이 완료되지 않았다는 피고의 주장은 적법한 항변사유가 되지 않는다고 보고 사업시행자의 인도 청구를 단순 인용하는 판결을 선고하는 경우가 많았다.[482]

둘째, 집행의 측면에서, 민사법의 영역에서 물건 인도의무에 대한 직접강제는 원칙적으로 신체에 대한 침해가 없는 것으로 이해되므로 비례원칙에 따른 공법적 한계를 관철할 수 있는 적절한 수단이 없다. 기존 점유자의 점유를 박탈하고 사업시행자로 하여금 수용 목적물의 점유를 취득하도록 하는 민사집행의 과정에서 '정당한 보상'의 관철이라는 「토지보상법」의 목적이 고려될 수 있는 방법이 사실상 없으며, 그 집행의 시기와 방법 및 절차 등에 있어서도 비례원칙의 준수라는 공법적 목적과 관심사가 고려되기 어렵다.

---

[482] 대법원 2017. 2. 15. 선고 2013다40643 판결 : "원심이 그 판시와 같은 이유로 사업시행자의 주거용 건물의 거주자에 대한 주거이전비, 이사비 등 지급의무와 수용보상금을 지급받은 주거용 건물의 점유·사용자가 부담하는 부동산 인도의무는 이행상 견련관계를 인정할 수 없다는 이유로 피고의 동시이행항변을 배척한 것은 정당하고"; 대법원 2018. 5. 15. 선고 2018다212269 판결; 대법원 2018. 12. 27. 선고 2018다270470 판결; 서울고등법원 2019. 1. 25. 선고 2018나2061148 판결 등.

3. 향후 판례의 전개와 제도 개선의 방향

최근 대법원 판례는 「토지보상법」 제78조에서 정한 주거이전비, 이주정착금, 이사비도 구 「도시정비법」 제49조 제6항 단서에서 정한 '「토지보상법」에 따른 손실보상'에 해당하므로 주택재개발사업의 사업시행자가 현금청산대상자나 세입자로부터 토지 또는 건축물을 인도받기 위해서는 주거이전비 등을 지급할 것이 요구된다고 하였다. 그러면서 만일 사업시행자와 세입자 사이에 주거이전비 등에 관한 협의가 성립된다면 사업시행자의 주거이전비 등 지급의무와 세입자의 부동산 인도의무는 동시이행의 관계에 있게 되고, 재결절차 등에 의할 때에는 주거이전비 등의 지급절차가 부동산 인도에 선행되어야 한다고 하였다.[483]

이 판결은 「도시정비법」의 사용수익 정지조항의 해석과 관련된 사안으로서, 비록 「토지보상법」상 점유이전의무의 확보를 위한 인도소송 일반을 다룬 것은 아니지만, (i) 사업시행자가 제기한 민사소송인 토지 등의 인도소송에서 피고가 된 토지나 건축물 점유자가 법령상 보상금이 미지급된 사정을 적법한 항변사실로 주장할 수 있다고 인정한 점과, (ii) 사전 보상의 기준이 되는 시점을 수용 목적물의 인도, 즉 점유이전시점으로 파악한 점에서 중요한 의의가 있다.

위 판결을 기점으로 향후 우리 판례는 사업시행자가 제기한 민사소송인 수용목적물 인도소송에서도 피고의 점유 박탈 이전에 법령상 보상이 빠짐없이 이루어졌는지 여부를 심리하는 방향으로 확대 전개되어, 헌법상 정당보상의 관철과 수용법령이 규정한 보상청구권 보장에 더욱 충실한 제도 운용으로 진전할 것으로 기대된다.

다른 한편 입법론으로는, 현재 거의 기능을 발휘하지 못하고 있

---

483) 대법원 2021. 6. 30. 선고 2019다207813 판결[공2021하, 1364].

는 토지보상법상 대집행 조항을 입법적으로 보완하여, 엄격한 실체적·절차적 요건과 철저한 권리구제를 전제로 직접강제를 인정함으로써 공법적 절차에 따라 수용재결의 집행력을 확보할 수 있도록 하는 방안이 마련될 필요가 있다고 생각된다.[484] 그러나 이에 앞서 수용재결 자체로 집행권원의 기능을 수행할 수 있도록 점유이전의무의 내용을 명확하고 구체적으로 특정될 수 있도록 하는 재결 제도의 개선이 선행되어야 하며, 무엇보다도 수용목적물의 권리취득 뿐만 아니라 토지 및 건축물의 점유 박탈에 관하여 법령이 보장하고 있는 보상청구권들이 재결절차 내에서 빠짐없이 포착되어 판단될 수 있도록 하는 수용재결 절차의 근본적인 개선을 필수적인 전제로 한다.

---

[484] 우리나라의 행정의 실효성 확보수단에 대한 개선방안으로서 직접적 강제수단인 행정상 강제집행제도의 정비 및 엄격한 실체적·절차적 요건과 철저한 권리구제를 전제로 집행벌(이행강제금)과 직접강제를 확대하여야 한다는 점이 제시되고 있다. 박정훈, 『행정법의 체계와 방법론』, 379면 참조.

제6장

결 론

제1절 요약

일반적으로 공익사업에서 사업시행자가 필요로 하는 수용 목적물은 토지이다. 통상 개발사업의 목적은 빈 땅을 대지로 조성하여 그 위에 기반시설을 설치하거나 또는 택지 등을 조성하는 것을 내용으로 하기 때문이다. 따라서 대부분의 건축물은 지장물(支障物)의 성격을 갖는다.

우리나라 일본과 같이 토지와 그 지상 건축물을 독립된 소유권의 객체로 파악하는 법제에서는 토지수용에 있어서 지장물인 건축물의 처리에 관한 별도의 규율이 필요하다. 건축물을 포함한 일반적인 지장물의 처리에 관하여는 사업시행자가 토지와 함께 지장물의 소유권을 취득하는지 여부를 기준으로 취득주의와 이전주의라는 두 가지 상반되는 입법주의가 있다. 우리나라는 일본 수용법제의 영향을 받아 지장물은 사업시행자가 수용하지 않고 단지 이전에 소요되는 비용을 보상금으로 지급하고 지장물 소유자로 하여금 지장물을 토지에서 분리하여 사업구역 바깥으로 옮길 의무를 부과하는 이전주의 원칙을 채택하고 있다. 헌법이 정하는 수용의 요건으로서 '공공필요'는 수용할 재산이 공익사업에 필요한 것이어야 한다는 '필요성'의 원칙을 내용으로 하는 것이므로, 사업시행에 필요하지 않은 지장물의 수용을 최소화하고자 하는 이전주의 원칙에는 헌법상 수용의 원칙을 고려한 나름의 제도적 타당성이 인정된다.

그러나 이전주의 원칙을 규정하는 경우에는 그 원칙의 적용범위에 관한 섬세한 제도 설계가 필요하다. 이전주의는 강제적 소유권 박탈인 수용을 최소화하는 점에서는 피수용자의 권익 보호에 유리한 측면이 있지만, 지장물의 특성과 종류에 따라서는 이전이 불가능한데도 피수용자에게 사업구역 바깥으로 지장물을 이전할 의무를 부과하게 되면 오히려 피수용자에게 더욱 가혹한 결과를 초래하기 때문이다. 따라서 이전주의를 원칙으로 취하더라도 사업시행자가 지장물의 소유권을 취득하도록 하는 일정한 예외(지장물 수용)는 필연적으로 존재하게 된다.

수목이나 공작물과 같은 다른 지장물과 아무런 구별없이 건축물에 대해서도 이전주의 원칙을 적용하고 있는 현행 수용법제의 규율방식은 타당한 입법태도라고 할 수 없다. 이전주의 원칙을 채택한 1900년의 일본 사회에서와 달리 벽돌조·콘크리트조·철근 콘크리트조 건물이 건축물의 주종을 차지하고 있는 우리나라의 현시점에서 건축물에 대하여 다른 지장물과 무차별적으로 이전주의 원칙을 적용하고 있는 것은 현실과 맞지 않을 뿐만 아니라, 사회통념과 동떨어져 있고 사업시행자 및 건축물 소유자 중 어느 당사자도 원하지 않는 결과이기 때문이다. 견고한 구조의 건축물이 아니라고 하더라도 흙집, 판자집, 브럭조 등의 영세한 건축물은 소유자가 사업구역 밖으로의 이전을 희망하지 않으며, 해체 후 그 재료를 재활용하여 사업구역 밖에서 다시 재현하기에 적합하지도 않다. 보상 실무에서 지장물인 건축물은 이전비와 취득비를 비교조차 하지 않고 취득비 보상을 하는 경우가 대부분으로, 우리나라에서 건축물인 지장물의 처리에 관하여서는 규범과 실질이 심각한 괴리현상을 보이고 있다.

이처럼 지장물인 건축물의 처리에 관하여 규범과 실제 생활관계가 괴리되어 있기 때문에, 지장물인 건축물의 수용에 있어서도 수용당사자가 예상하는 권리관계와 규범의 적용 결과 도출되는 법률관계가 불일치하여 다양한 문제가 발생하고 있다. 대표적인 문제점으로 건축물에 대하여서도 지장물의 예외적인 수용재결신청조항을 문언 그대로 적용하면, 건축물을 철거할 의사로 그 가격 전부를 보상한 사업시행자가 수용개시일 이후에도 소유권을 취득하지 못하게 된다. 판례는 사업시행자는 지장물의 건축물의 소유권은 취득하지 못하지만 이를 철거할 수 있는 권능은 보유하며, 건축물 소유자는 이를 수인할 지위에 있다는 논리로 문제해결을 시도하고 있으나, 소유권 없는 처분권을 인정할 근거가 없다는 점에서 再考를 필요로 한다.

또 건축물에 대하여 이전비 보상 원칙을 취하는 일본 수용법제가 무허가건축물에 대한 보상제한을 가할 특별한 필요성을 느끼지 못하여 보상제한규정을 별도로 두지 않고 있는 것의 영향을 받아, 우리 「토지보상법」도 무허가건축물 자체의 보상제한에 관하여 아무런 규정을 두지 않고 있다. 그러나 우리나라는 일본과는 달리 규범 명목상으로만 건축물에 대한 이전비 보상 원칙을 채택하고 있을 뿐, 실제로는 가격보상에 따른 사업시행자의 소유권 취득을 전제로 사업시행자가 철거하는 방식으로 처리되고 있으므로, 무허가건축물의 부지 보상에만 관심을 기울이고 건축물 가격 자체의 보상제한규정을 전혀 두고 있지 않은 것은 타당한 입법이라고 평가하기 어렵다.

한편 현행 수용법제상 건축물에 대하여서는 수용 절차 뿐만 아니라 보상에 있어서도 중요한 제도적 미비점이 존재하는 것으로 확인된다.

과거 우리나라에서는 토지등의 협의취득에 대해서는 구 공특법에 따르고, 수용재결에 의한 취득에 대해서는 구 「토지수용법」이 적용되는 이원적 수용제도를 운용하고 있었다. 수용절차를 거치지 않는 협의취득에 적용되는 공특법에서는 사업시행에 협력하는 자들에 대한 유인 내지 보상으로서 「토지수용법」에 없는 다양한 보상들을 추가로 규정하였다. 이러한 보상 유형은 종래 생활보상이라는 유형으로 분류되는 것이 일반적이었다. 이들은 시혜적인 성격의 보상으로 취급되어 사업시행자의 재량에 따라 지급되는 것으로 제도가 운용되었다.

이후 1981년의 「토지수용법」 개정으로 공특법상의 보상기준이 수용재결에 따른 재산권 취득에 대한 보상기준으로도 중첩적으로 준용되게 되었다. 그러나 당시 「토지수용법」은 공특법에 존재하는 보상항목들을 수용재결에서 보상금으로 결정할 수 있도록 제도적으로 강제하는 절차적 근거 규정을 마련하지는 못하였다. 이러한 규범적 불완전성은 「토지보상법」이 제정되면서도 개선되지 못하고 현재까지 그대로 이어지고 있다. 구 공특법에 규정된 보상항목들은 영업보상, 농업보상, 주거이전비, 이주대책 등 대부분 건축물의 점유자가 점유를 상실함으로써 받게 되는 보상금에 해당한다. 이들 보상항목들은 수용재결에 포함될 수도 있고, 그렇지 않을 수도 있다. 불고불리 원칙을 따르는 현행 수용재결제도상 보상권의 존부에 대한 다툼이 있는 경우에는 재결신청권자인 사업시행자에 의하여 재결 신청에서 제외됨으로써 재결의 판단을 받지 못하게 되는 것이 통상적이다. 이 연구에서는 이러한 보상영역을 재결외 보상이라고 지칭하고, 보상권자의 절차적 권리 보장과 권리구제수단의 양 측면에서 간과하기 어려운 제도적 누수가 존재하고 있음을 확인하였다.

이처럼 현행 수용재결제도가 점유이전에 따른 보상항목들을 완결적으로 판단하지 못하는 한계는 수용재결에 뒤따르는 건축물 점유이전의무(인도의무·이전의무)의 집행에서도 문제가 된다. 수용재결이 내려지더라도 과연 법령이 정하고 있는 정당한 보상이 빠짐없이 지급되었는지 여부를 확신할 수 없으며, 집행현장에서도 건축물 점유자의 보상미완료를 둘러싼 다툼과 갈등이 이어지는 구조이기 때문에 대집행을 통하여 점유이전의무를 강제이행하도록 하는 것에는 상당한 부담이 따르게 된다. 이 연구에서는 현행 「토지보상법」에 규정된 대행이나 대집행 등 행정강제 수단이 사실상 활용되고 있지 않음을 정보공개결과를 통하여 확인하였으며, 그 원인을 대집행 조항 자체의 문제와 현행 수용재결제도가 갖는 제도적 한계의 문제로 나누어 살펴보았다.

  결과적으로 현행법상 수용의 결과로 발생하는 수용 목적물 점유
이전의무의 이행확보는 전적으로 민사소송 및 그에 따른 집행절차
에 의하고 있는데, 이에 따르면 그 소송절차와 집행에 있어서 고려
되어야 하는 「토지보상법」의 정당보상 원칙과 비례원칙 등 공법적
원칙을 반영할 수단이 없다는 점에서 역시 문제가 있다.

제2절 제도운용 및 개선을 위한 제언

첫째, 건축물과 그 밖의 지장물을 구별하여 적어도 건축물에 대하여는 이전주의 원칙을 폐기하고 취득주의 원칙을 취하는 것으로 제도를 변경할 필요가 있다. 다만, 지장물인 건축물의 처리에 관하여 취득주의 원칙으로 「토지보상법」을 개정하더라도, 건축물 소유자가 사업구역 바깥으로의 이전을 희망하고 또한 건축물의 재료와 구조상 합리적인 비용의 범위 내에서 이전이 가능하다면 이전비 보상을 하고 건축물을 이전할 수 있도록 예외 규정을 마련하여야 한다.

둘째, 현행 수용재결제도는 권리취득의 측면에 치중하고 있고, 토지 및 토지상 건축물의 점유이전의무의 규율에 관하여는 상당히 취약한 구조를 가지고 있어 개선을 필요로 한다. (i) 현재와 같이 점유이전을 권리취득에 부수한 절차로 처리할 것이 아니라 수용재결을 통하여 점유이전의무를 점유자 유형별로 구체적·개별적으로 결정할 수 있도록 하는 제도개선이 필요하다. 여기에서는 권리취득재결 이외에 반드시 명도재결절차를 거치도록 함으로써 점유자 별로 점유이전의무를 구체화하고 집행권원화하도록 하며 점유상실로 인한 보상이 가능한 한 누락없이 판단되도록 하고 있는 일본의 법제를 참고할 만하다. (ii) 점유이전에 따르는 각종 보상항목을 수용재결을 통하여 판단할 수 있도록 하는 재결제도의 대개혁이 필요하다. 「토지보상법」에 존재하고 있는 재결외 보상항목들에 대하여서도 수용재결에서 판단되도록 강제할 수 있는 규정을 두고, 보상권리자에게도 재결신청권을 부여하며, 사업시행자가 수용재결을 신청하면서 상세한 점유자 목록과 점유자의 권리현황 및 법령상 보상항목별 판단을 기재한 서류를 제출하도록 하는 규정을 신설할 필요가 있다. (iii) 불고

불리·비공개·서면심사방식으로 운영되며 토지소유자 위주로 설계되어 있는 수용재결 절차규정을 수정하여, 토지 및 건축물의 점유자들이 재결절차 안에서 목소리를 낼 수 있도록 하여야 한다. 아울러 실효성 있는 통지, 공고 등으로 정보를 제공하고 사업인정절차의 실효성 있는 보장과 공청회 의무화 등을 통하여 토지소유자 뿐 아니라 건축물에 관한 권리자들의 절차적 권리를 대폭 강화할 필요가 있다.

셋째, 수용에 뒤따르는 점유이전의 의무이행확보를 목적으로 사업시행자가 제기하는 인도청구소송은 단기적으로는 민사소송의 관할에서 공법적 통제원칙을 반영하기 용이한 공법상 당사자소송으로 이관하는 것이 타당하다. 우선 이를 통하여 인도청구소송의 피고가 되는 건축물 점유자가 「토지보상법」의 보상 미완료를 항변사유로 주장·제출하고 이를 판단 받기에 유리한 사건 심리 구조를 마련할 필요가 있다. 장기적으로는 현행 「토지보상법」의 대집행 규정을 보완하여 엄격한 실체적·절차적 요건과 빠짐없는 권리구제를 전제로 직접강제 규정으로 발전시킬 필요가 있다. 이를 위하여서는 앞서 언급한 수용재결 제도의 개혁이 선행되어야 함은 물론이다.

참고문헌

국내문헌

단행본

곽윤직, 『물권법』, 박영사, 2002.

김남진/김연태, 『행정법 Ⅱ』, 법문사, 2021.

김도창, 『일반행정법론(하)』, 청운사, 1992.

김도창, 『행정법각론』, 박영사, 1956.

김동희, 『행정법 Ⅰ』, 박영사, 2013.

김동희, 『행정법 Ⅱ』, 박영사, 2019.

김문현, 『사회·경제질서와 재산권』, 법원사, 2001.

김성수, 『개별행정법』, 법문사, 2004.

김은유/임승택/김태원, 『실무 토지수용보상』, 파워에셋, 2019.

김종보, 『건설법의 이해』, 도서출판 피데스, 2018.

김준호, 『민법총칙』, 법문사, 2019.

김철용, 『행정법』, 고시계사, 2019.

김철용, 『행정법 Ⅱ』, 박영사, 2010.

류해웅, 『신수용보상법론』, 부연사, 2012.

박균성, 『행정법론(하)』, 박영사, 2019.

박균성/도승하, 『토지보상행정법』, 박영사, 2014.

박수혁/김채규/김동천, 『해설 토지보상법』, 한국감정원, 2003.

박윤흔, 『최신행정법강의(하)』, 2004.

박정훈, 『행정법의 체계와 방법론』, 박영사, 2005.

박정훈, 『행정소송의 구조와 기능』, 박영사, 2006.

석종현, 『신토지공법론』, 박영사, 2019.

성낙인, 『헌법학』, 법문사, 2010.

손정목, 『서울 도시계획이야기 Ⅰ』, 한울, 2003.

송덕수, 『민법총칙』, 박영사, 2011.

신경직, 『손실보상법 해설』, 진원사, 2020.
양창수/권영준, 『권리의 변동과 구제』, 박영사, 2015.
장인태/조장형, 『토지보상법 이해』, 법률출판사, 2021.
전원열, 『민사소송법 강의』, 제2판, 박영사, 2021.
정기상, 『공용수용과 손실보상법 실무연구』, 도서출판 유로, 2017.
정종섭, 『헌법학원론』, 박영사, 2016.
정하중, 『행정법개론』, 법문사, 2019.
한견우, 『행정법 Ⅱ』, 홍문사, 1996.
홍정선, 『행정법원론(하)』, 박영사, 2021.

학술논문

강신은, "재개발사업에 따른 수용과 손실보상", 『건설법연구』 제2호, 2019. 10.
강지은, "프랑스 수용제도상 공공필요(utilité publique)와 비용편익분석(théorie du bilan coût-avantage)", 『행정법연구』 제51호, 2017. 12.
강현호, "공용수용에 있어서 무허가건축물의 보상에 대한 법적 고찰", 『토지공법연구』 제90집, 2020. 5.
구동회/노태욱/양승철/전소영/황효숙/이지은, "토지 및 건물의 적정가격 평가와 공시에 관한 연구", 『연구보고서 요약집 2001~2003』, 한국부동산연구원, 2004.
김성욱, "공익사업을 위한 토지수용절차에서 보상금에 관한 고찰", 『감정평가학논집』 제20권 제1호, 2021. 4.
김용섭, "代執行에 관한 法的 考察", 『행정법연구』, 제4호, 1999. 4.
김종보, "건축의 개념과 불법건축", 『공법연구』 제29집 제1호, 2000. 11.
김종보, "건축허용성의 부여와 반영", 『서울대학교 法學』 제53권 제3호, 2012. 9.
김종보, "계획확정절차의 도입-계획확정절차의 형식과 실질-", 『행정법학』, 제5호, 2013. 9.
김종보, "공익사업에서 점유이전과 생활보상", 『서울대학교 法學』, 제62권 제2호, 2021. 6.
김종보, "建築法과 都市計劃法의 關係", 『공법연구』 제26권 제2호, 1998. 6.
김종보, "새로운 재건축제도의 법적 쟁점", 『한국 공법이론의 새로운 전개』(牧村金道昶博士八旬記念論文集), 2005. 6.
김종보, "이주대책의 개념과 특별공급의 적용법조", 『행정법연구』 제28호, 2010. 12.

김종보, "特殊한 形態의 收用과 補償 – 都市開發法·都市再開發法을 중심으로 –", 『토지보상법연구』 제3집, 2003. 2.

김종보/박건우, "국토계획법상 토지형질변경허가와 건축허용성 –대법원 2020. 7. 23. 선고 2019두31839 판결–", 『행정법연구』 제64호, 2021. 3.

김효진, "일본의 초기 근대건축의 양상과 변모", 『일본비평』 15호, 2016. 8.

김휘경/최경란, "한·중·일 전통주거의 재료적용 특성 비교 연구", 『한국과학예술융합학회』, 제19호, 2015. 3

류하백, "일본의 토지수용과 보상제도", 『토지공법연구』, 제49집, 2010. 5.

박건우, "공용수용절차에서 지장물인 건축물의 보상과 소유권 취득", 『행정법연구』 제65호, 2021. 8.

박규하, "代執行의 要件, 節次, 不服", 『고시연구』 제238호, 1994 1.

박균성, "프랑스 공용수용법제와 그 시사점", 『토지공법연구』 제30집, 2006. 3.

박균성, "프랑스 행정법상 공익개념", 『서울대학교 법학』, 제47권 제3호, 2006. 9.

박재윤, "행정집행에 관한 통일적 규율의 가능성과 한계", 『공법연구』 제40집 제1호, 2011. 10.

박정훈, "公·私法 區別의 方法論的 意義와 限界-프랑스와 독일에서의 발전과정을 참고하여-", 『공법연구』 제37집 제3호, 2009. 2.

박정훈, "불확정개념과 판단여지", 『행정작용법』(中凡金東熙教授停年記念論文集), 2005.

박현정, "공익사업시행자가 실시하는 생활대책의 법적 성격과 사법심사", 『法學論叢』, 제36집 제2호, 한양대학교 법학연구소, 2019. 6.

박해식, "무허가건물의 부지의 의미와 범위(공공용지의취득및손실보상에관한특례법시행규칙 제6조 제6항과 관련하여)", 『안암법학』 제15호, 2002. 11.

변해철, "프랑스 공용수용법제에 대한 연구", 『토지공법연구』, 제73집 제2호, 2016. 2.

서동천, "일본 목조주택의 현재: 우리 한옥의 미래를 위한 교훈", 『건축』 제60권 8호, 대한건축학회, 2016. 7.

서원우, "공용수용제도의 발달", 『행정논집』 세5집, 동국대학교 행정대학원, 1974.

석호영, "사업인정제도에 있어 공익성 판단에 관한 비교법적 고찰", 『토지공법연구』, 제85집, 2019. 2.

소성규/전철/윤익준, "위험건축물의 긴급정비사업에 따른 원주민의 조기이
　　주 및 보상의 법정책적 과제", 『부동산법학』 제25집 제1호, 2021. 3.

송시강, "프랑스 건축공법의 현황과 쟁점", 『행정법연구』 제32호, 2012 4.

신동호, "독일 도르트문트시의 도시재개발 사업: 피닉스와 슈타트크로네지
　　구에 대한 사례연구", 『부동산연구』 제24집 제4호, 2014. 12.

안동인, "私人의 公用收用과 公·私益의 調和", 『행정법연구』, 제46호, 2016. 8.

오승규, "프랑스법상 공용수용과 보상에 관한 고찰과 시사점", 『토지공법연
　　구』 제81집, 2018. 2.

유현숙, "미국의 재산권 수용제도", 『토지보상법연구』, 제16집, 2016. 2.

윤수진, "생활보상 및 간접손실보상 개념의 재검토", 『토지공법연구』 제34집,
　　2006. 12.

이부하, "토지수용절차에서 헌법적 쟁점 – 헌재 2009. 9. 24. 2007헌바114 결
　　정을 평가하며 –", 『토지공법연구』 제73집 제1호, 2016. 2.

이상덕, "행정대집행과 민사소송의 관계 – 대법원 2000. 5. 12. 선고 99다
　　18909 판결에 대한 평석 –", 『재판실무연구』, 2009. 1.

이상태, "로마법에 있어서의 토지·건물 간의 법적 구성", 『일감법학』 제16호,
　　2009. 8.

이순우, "프랑스 公用收用法에 있어서 公益槪念의 司法的 統制", 『한양법학』
　　제19권 제3호(통권 제24집), 2008. 10.

이원우, "행정조직의 구성 및 운영절차에 관한 법원리 – 방송통신위원회의
　　조직성격에 따른 운영 및 집행절차를 중심으로 –", 『경제규제와 법』
　　제2권 제2호, 2009. 11.

이홍렬, "토지소유권과 건물소유권의 이원적 체계에 관한 재검토", 『不動産
　　法學』, 제23집 제1호, 2019. 3.

이현수, "공법상 당사자소송의 연원과 발전방향", 『일감법학』 제32호, 2015.
　　10.

전학선, "프랑스 공용수용에 있어서 보상액 산정", 『토지공법연구』 제9집,
　　2000.

전훈, "프랑스 공용수용법제의 특징과 시사점", 『유럽헌법연구』 제25호, 2017.
　　12.

정우형, "토지소유권과 건물소유권의 이원적 체계에 관한 법제사적 고찰", 『不
　　動産法學』, 제11집, 2004. 12.

정재하, "일본의 건설산업 동향", 『건설경제』, 국토연구원, 1996. 6.

정하명, "영·미의 공용수용과 보상제도", 『토지공법연구』 제49집, 2010. 5.

정호경, "글로벌 시대의 행정소송의 전망과 과제", 『저스티스』 통권 제158-3호, 2017. 2.

조연팔, "行政上 義務履行强制와 民事訴訟 – 韓日間의 學說·判例의 比較를 中心으로 – ", 『공법학연구』, 제11권 제3호, 2010. 8.

최계영, "건축신고와 인·허가의제", 『행정법연구』 제25호, 2009. 12.

최종권/강신은, "지장물에 대한 보상과 철거의 법적 쟁점", 『중앙법학』 제17집 제3호, 2015. 9.

최환용, "미국의 손실보상기준(Relocation Act)에 관한 연구 – 특히 이주대책과 생활재건조치를 중심으로", 『부동산연구』 제15권 제1호, 2005. 6.

표명환, "헌법상 공용수용규정과 헌법재판소의 해석 법리에 관한 고찰", 『토지공법연구』 제57집, 2012. 5.

한견우, "프랑스 공용수용법제에 있어서 사법절차", 『저스티스』 제29권 제3호, 1996. 12.

허재준, "수용보상법제의 정비방향", 『국토』, 1996. 11.

주석서

편집대표 곽윤직, 『民法註解(II)』, 박영사, 1992.

편집대표 곽윤직, 『民法註解(VI)』, 박영사, 2001.

편집대표 김상원/박우동/이시윤/이재성, 『註釋 民事執行法(V)』, 한국사법행정학회, 2004.

한국헌법학회, 『헌법주석(I)』, 박영사, 2013.

학위논문

강신은, 관리처분계획방식 정비사업에 관한 법적 연구 – 주택재개발·재건축사업을 중심으로-, 중앙대학교 대학원 법학박사학위논문, 2012.

김현근, 무허가건축물에 대한 손실보상에 관한 연구, 서울대학교 대학원 법학석사학위논문, 2020.

이상현, 가구 및 획지 세분화를 통한 건축 매스 다양화 – 한국과 독일의 사례 비교를 중심으로, 한양대학교 석사학위논문, 2008.

이수안, 무허가건축물의 법적 지위에 관한 연구, 서울대학교 대학원 법학전문석사학위논문, 2015.

장민선, 미국 헌법상 재산권 수용에 관한 연구, 이화여자대학교 법학박사학위논문, 2009.

정광호, 공익사업을 위한 주거용 무허가건축물 취득에 따른 손실보상규정의
　　개선방안에 관한 연구, 동아대학교 석사학위논문, 2012.

연구보고서

사법정책연구원, 『집행관제도 개선방안 연구 – 부동산 등 인도집행을 중심
　　으로 –』, 2021.
한국개발연구원, 『우리나라 수용법제에 대한 법경제학적 검토』, 2013.

실무편람 등

건설부, 『공공용지취득 및 손실보상업무편람』, 1985.
건설부, 『收用 및 補償便覽』, 1992.
국가철도공단, 『용지보상업무 편람』, 2013.
법원행정처, 『재개발·재건축재판실무편람』, 2006.
중앙토지수용위원회, 재결통계, 2019.
중앙토지수용위원회, 『2020 토지수용 업무편람』, 2019.
중앙토지수용위원회, 『2021 토지수용 업무편람』, 2020.
한국감정원, 『보상평가(上)』, 2000.
한국감정원, 『보상평가(下)』, 2000.

번역서

문영화 譯, 『민사소송법 번역집(독일)』, 법무부, 2019.
藤田邦昭, 이동근 譯, 『日本 都市再開發의 實際』, 명보문화사, 1989.

일본문헌

荒 秀/小高 剛, 『都市計劃法規槪說』, 信山社, 1998.
今村成和, 『損失補償制度の硏究』(オンデマンド版), 有斐閣, 2004.
小澤道一, 『逐條解說 土地收用法(上)』, ぎょうせい, 2019.
小澤道一, 『逐條解說 土地收用法(下)』, ぎょうせい, 2019.
塩野 宏, 『行政法 Ⅰ』, 有斐閣, 1999.
須田 政勝, 『槪說 土地法』, 明石書店, 2000.

高田賢造/國宗正義, 『土地收用法』(法律學體系コンメンタル編22), 日本評論新社, 1953.

武井群嗣, 『土地收用法』(現代法学全集 第二十五卷), 日本評論社, 1930.

中野貞一郎/下村正明, 『民事執行法』, 青林書院, 2016.

中村孝一郎, 『アメリカにおける公用收用と財産權』, 大阪大學出版會, 2009.

美濃部達吉, 『公用收用法原理』(行政法叢書 第1卷), 有斐閣, 2012(復刻板)

三好 登, 『土地·建物間の法的構成』, 成文堂, 2002.

安本典夫, 『都市法概說』, 法律文化社, 2015.

渡邊宗太郎, 『土地收用法論』, 弘文堂書房, 1929.

楊官鵬, 『日中の土地收用制度の比較法的研究』, プログレス, 2017.

星野英一, "民法典に与えたフランス法の影響", 『民法論集 I』, 有斐閣, 1983.

見上崇洋, "土地收用における公益性判斷の裁量統制", 『政策科學』 13卷 3号, 2006.

國土交通省 綜合政策局 土地收用管理室, 『改正土地收用法の解說』(補訂版), 大成出版社, 2004.

公共用地補償研究會, 『公共用地の取得に伴う損失補償基準要綱の解說』(補訂版), 大城出版社, 2021.

公共用地補償研究會, 『損失補償關係裁決例集』(增補版), 大成出版社, 2010.

收用代執行研究會, 『改訂增補 土地收用の代執行』, プログレス, 2014.

不動産法調査會, 『韓國ニ於ケル土地ニ關スル權利一斑』, 1907.

독일문헌

Battis/Krautzberger/Löhr, Baugesetzbuch Kommentar, C.H.Beck., 12. Aufl., 2014.

Berkemann in: Schlichter/Stich, Berliner Kommentar, Carl Heymanns Verlag KG, 1995.

Ernst/Zinkahn/Bielenberg, Baugesetzbuch Kommentar, Band II, C. H. Beck., 1995.

H. Maurer, Allgemeines Verwaltungsrecht, 18.Aufl., C. H. Beck, 2011.

Hoppenberg/de Witt(Hrsg.), Handbuch des Öffentlichen Baurechts Band II, C. H. Beck, München, 2005.

Jochen Seitz, Planungshoheit und Grundeigentum, Kölner Schriften zu Recht und

Staat Band 7, Peter Lang GmbH, 1999.
Matthias Wehr, Rechtspflichten im Verfassungsstaat, Schriften zum Öffentlichen
    Recht Band 1003, Duncker&Humbolt, Berlin, 2005.

기타

Barry Denyer-Green, Compulsory purchase and compensation, Routledge,
    London, Newyork, 2019.
Julius Sackman/Russel van Brunt/Patrick J. Rohan/Melvin Reskin/Tony Prince
    Brigham, Nichols on Eminent Domain, Matthew Bender, 1997.
Miceli, Thomas J./Kathleen Segerson, The Economics of Eminent Domain :
    Private Property, Public Use, and Just Compensation. Now Publishers,
    2007.
Susan Reynolds, Before Eminent Domain, The University of North California
    Press, 2010.
Willianm D. McNulty, "Eminent Domain in Contiental Europe", The Yale Law
    Journal, vol. 21. no. 7, May, 1912.

Abstract

Land Compensation Act and Buildings
Legal lssues in Building Expropriation and Compensation

Park Kunwoo

In Korean expropriation law system, under the influence of Japanese legislation regarding the disposal of obstacles, the principle of transfer is adopted, which requires that obstacles be moved outside the project area. It has a basic structure that allows exceptions to acquire obstacles. Therefore, under the current expropriation procedure, the project operator's acquisition of a building appears to be the acquisition of property rights identical to the acquisition of land, but the two have a completely different logical structure in law. This study has the purpose to clarify the fact that the legal structures of land acquisition and building acquisition of project operators are different from each other.

The current expropriation law, which applies the principle of relocation to buildings so far, is difficult to see as a proper legislative attitude. Unlike the Japanese society in 1900, which adopted the principle of relocation, the application of the principle of relocation to buildings at the present time in Korea is not only in line with reality, but is also far from common sense, and neither the project operator nor the owner of the building wants it. Accordingly, there is a serious discrepancy between the norm and practice regarding the treatment of buildings in Korea. As a typical problem, if the clause on the application for adjudication of expropriation of obstacles is applied literally to buildings as well, the project operator who has compensated the entire price with the intention to demolish the building will not be able to acquire ownership even after the date of commencement of expropriation.

It is confirmed that there are important institutional deficiencies in compensation for buildings under the current expropriation law. With the amendment of the Land Expropriation Act in 1981, the compensation standard under the Act on Special Cases concerning the Acquisition of Land for Public Use and Compensation was applied to the compensation for the acquisition of property rights following the expropriation decision. However, at that time, the Land Expropriation Act did not provide a procedural basis for compensation rights existing in the Act on Special Cases concerning the Acquisition of Land for Public Use and Compensation to be determined as compensation in the adjudication of expropriation. These normative imperfections have not improved even after the Act on Acquisition of and Compensation for Land for Public works projects('Land Compensation Act') was enacted and continued to the present, and the compensation rights stipulated in the former Act on Special Cases concerning the Acquisition of Land for Public Use and Compensation may or may not be included in the adjudication of expropriation. Most of this corresponds to the compensation that the occupant of a building receives when he/she loses his/her occupancy. In this study, this compensation area is referred to as non-adjudication compensation, and it is confirmed that there is a systematic leak that is difficult to overlook in the principle of just compensation stipulated in the Constitution.

The limitation that the current adjudication of expropriation does not provide a full judgment on compensation for loss of occupancy is also a problem in the execution of the obligation to transfer the possession of a building following the adjudication of expropriation. Even if an adjudication of expropriation is made, it is not certain whether the fair compensation stipulated by the law has been paid, it is difficult to force the duty to transfer the occupation through administrative vicarious execution carries a significant burden. In this study, it was confirmed through the results of information disclosure that the provision of administrative vicarious execution of the current Land Compensation Act was not actually used. After all, under the current system, securing the fulfillment of the duty to transfer possession according to the expropriation depends on the civil litigation and the enforcing procedures.

In this study, three major institutional improvement directions were presented as follows. First, it is necessary to distinguish between buildings and other obstacles, and at least for buildings, it is necessary to abolish the principle of transfer and change the system to the principle of acquisition. Second, there is a need for a major reform of the adjudication of expropriation system to allow specific and individual determination of the duty to transfer possession and the accompanying compensation for each type of occupant. Third, in the short term, it is appropriate to transfer the litigation for delivery of land from civil litigation to a party suit under the Administrative Litigation Act. In the long term, it is desirable to supplement the administrative vicarious execution provisions of the Land Compensation Act and develop it into a direct compulsory rule on the premise of full remedy for rights.

박건우

한양대학교 법과대학 졸업(법학사)
서울대학교 법학전문대학원 졸업(법학전문석사)
서울대학교 대학원 법학과 졸업(법학박사)
법무법인 세종 변호사
법무부 국가송무과 사무관
서울대학교 법학전문대학원 연구펠로우
현재 영남대학교 법학전문대학원 조교수

토지보상법과 건축물

건축물 수용과 보상의 법적 쟁점

초판 인쇄 2023년 03월 03일
초판 발행 2023년 03월 10일

저 자   박건우
펴낸이   한정희
펴낸곳   경인문화사
등 록   제406-1973-000003호
주 소   경기도 파주시 회동길 445-1 경인빌딩 B동 4층
전 화   (031) 955-9300   팩 스 (031) 955-9310
홈페이지 www.kyunginp.co.kr
이메일   kyungin@kyunginp.com

ISBN 978-89-499-6692-2 93360
값 24,000원